ENSINO DE HISTÓRIA
Sujeitos, saberes e práticas

ENSINO DE HISTÓRIA
Sujeitos, saberes e práticas

Ana Maria Monteiro
Arlette Medeiros Gasparello
Marcelo de Souza Magalhães

Organizadores

*M*auad X

Copyright © by
Ana Maria F.C. Monteiro, Arlette Medeiros Gasparello,
Marcelo de Souza Magalhães (orgs.) *et alii*, 2007
2ª edição: 2009
3ª edição: 2012

Direitos desta edição reservados à
MAUAD Editora Ltda.

Rua Joaquim Silva, 98, 5º andar
Lapa — Rio de Janeiro — RJ — CEP: 20241-110
Tel.: (21) 3479.7422 — Fax: (21) 3479.7400
www.mauad.com.br

1ª edição publicada com o apoio da
FAPERJ – Fundação Carlos Chagas Filho de Amparo à Pesquisa do Estado do Rio de Janeiro

Projeto Gráfico:
Núcleo de Arte/Mauad Editora

CIP-BRASIL. CATALOGAÇÃO-NA-FONTE
SINDICATO NACIONAL DOS EDITORES DE LIVROS, RJ.

E52
    Ensino de história : sujeitos, saberes e práticas / Ana Maria F.C. Monteiro, Arlette Medeiros Gasparello, Marcelo de Souza Magalhães, organizadores. - Rio de Janeiro : Mauad X : FAPERJ, 2007.
    Trabalhos apresentados no V Encontro Nacional Perspectiva de Ensino de História, Ensino de história : sujeitos, saberes e práticas, realizado no Rio de Janeiro, de 26 a 29 de julho de 2004

    Inclui bibliografia

    ISBN 978-85-7478-231-7

    1. História - Estudo e ensino - Congressos. 2. História - Filosofia - Congressos. 3. História - Metodologia - Congressos. I. Monteiro, Ana Maria F.C. II. Gasparello, Arlette Medeiros, 1939-. III. Magalhães, Marcelo de Souza. IV. Encontro Nacional Perspectiva de Ensino de História (5 : 2004 : Rio de Janeiro, RJ). V. Fundação de Amparo à Pesquisa do Estado do Rio de Janeiro.

07-3171.   CDD: 907
                                                         CDU: 930

Sumário

APRESENTAÇÃO 7

PARTE I – HISTÓRIA, MEMÓRIA E ESCOLA 11

- História e ensino de história: memória e identidades sociais ... 13
  Ismênia de Lima Martins

- Elza Nadai e o ensino de qualidade 23
  Joana Neves

- Quando a casa vira escola: a modernidade pedagógica no Brasil ... 39
  Clarice Nunes

PARTE II – ENSINO DE HISTÓRIA E HISTÓRIA DA EDUCAÇÃO ... 57

- Uma proposta de mapa do tempo para artesãos de mapas do tempo:
  história do ensino de história e didática da história 59
  Luis Fernando Cerri

- Encontros de saberes:
  as disciplinas escolares, o historiador da educação e o professor ... 73
  Arlette Medeiros Gasparello

- História da história não ensinada na escola: a história da educação ... 91
  Libânia Xavier

PARTE III – PROFESSORES E A HISTÓRIA ENSINADA:
DIFERENTES APROPRIAÇÕES 105

- A história nossa de cada dia:
  saber escolar e saber acadêmico na sala de aula 107
  Katia Maria Abud

- Narrativa e narradores no ensino de história 119
  Ana Maria Monteiro

- O livro didático e o professor: entre a ortodoxia e a apropriação ... 137
  Kazumi Munakata

- A constituição de saberes pedagógicos na formação inicial
  do professor para o ensino de história na educação básica ... 149
  Selva Guimarães Fonseca

♦ Do formar ao fazer-se professor — 157
Elison Antonio Paim

PARTE IV – HISTÓRIA LOCAL: MEMÓRIA E IDENTIDADE — 173

♦ História local:
o reconhecimento da identidade pelo caminho da insignificância — 175
Márcia de Almeida Gonçalves

♦ O ensino de história local e
os desafios da formação da consciência histórica — 187
Maria Auxiliadora Schmidt

♦ Os desafios da história local — 199
Helenice Ciampi

♦ Ensinando história nas séries iniciais: alfabetizando o olhar — 215
Leila Medeiros de Menezes e *Maria Fatima de Souza Silva*

PARTE V – DOCUMENTO E ENSINO — 229

♦ Repensando o documento histórico e sua utilização no ensino — 231
Vera Cabana Andrade

♦ Uma imagem vale mais que mil palavras! — 239
Regina Maria da Cunha Bustamante

PARTE VI – DESAFIOS ATUAIS: INCLUSÃO E INFORMAÇÃO — 251

♦ Ensino de história e educação inclusiva: suas dimensões formativas — 253
Valdelúcia Alves da Costa

♦ Sociedade da informação no ensino de história:
roteiro de uma abordagem crítica — 263
Lídia Silva de Freitas

♦ Reflexões acerca de informação, conhecimento, história e ensino — 271
Raquel Goulart Barreto

APRESENTAÇÃO

Perspectiva, no plural, é a melhor palavra para definir este livro. "Forma ou aparência sob a qual algo se apresenta" é uma das acepções da palavra presente no *Dicionário Houaiss da Língua Portuguesa*. O livro trata, justamente, das formas sob as quais o ensino de História se apresenta no Brasil, por meio de seus diferentes sujeitos, saberes e práticas.

O ensino de História é um campo de pesquisa em processo de constituição, que se legitima e se afirma tanto nos espaços institucionais de produção do conhecimento na área de Educação quanto na área de História. No Brasil, tal campo situa-se, fundamentalmente, na área de Educação, como um espaço interdisciplinar construído na inter-relação da História e dos saberes pedagógicos para a busca da compreensão dos processos de ensino-aprendizagem da disciplina. Além disso, existe a preocupação de se compreenderem as implicações sociais, políticas e culturais presentes no ensino de História.

O fato de o campo se constituir de forma interdisciplinar possibilita o diálogo com diferentes enfoques e perspectivas de análise. Como ensinar determinados conteúdos? Como o aluno aprende conceitos? Por que este currículo e não outro? Por que esta opção por determinados conteúdos e orientação metodológica? Quais poderes o ensino de História ajuda a legitimar? Que identidades sociais o ensino de História contribui para constituir? Tais questões precisam ser respondidas com base em investigações que utilizam instrumentais teóricos tanto do campo educacional quanto do campo da História.

A necessidade de articulação das questões plurais que se apresentam aos diferentes sujeitos e saberes envolvidos na prática do ensino de História levou à criação dos *Encontros Nacionais Perspectivas do Ensino de História*,[1] organizados por profissionais da área ligados a diversas universidades e instituições brasileiras. Um aspecto fundamental dos *Encontros Nacionais Perspectivas do Ensino de História* foi a sua organização para atender às demandas de professores da educação básica junto à Associação Nacional de História (Anpuh), no sentido de que fossem criados espaços, no âmbito da Associação, para reflexões e discussões sobre o ensino desta disciplina. No contexto brasileiro da redemocratização, nos anos de 1980, as lutas pelo retorno do ensino de História ao currículo do então 1º Grau exigiram estudos e reflexões sobre o que e como ensinar no lugar dos Estudos Sociais e da antiga História tradicional. Assim, no Simpósio Nacional da Anpuh[2] de 1987, foi aprovada a proposta de organizar um primeiro Encontro com este objetivo.

Os *Encontros Nacionais Perspectivas do Ensino de História* consolidaram-se como lugares importantes em que os professores da educação básica apresentam e discutem pesquisas e experiências de ensino, em conjunto com os professores da universidade que lecionam e pesquisam na área.

Em 2004, foi realizado o *V Encontro Nacional Perspectivas do Ensino de História*,[3] com o tema "Ensino de História: sujeitos, saberes e práticas". O *Encontro* teve como problemática central a identidade da disciplina escolar História diante das questões postas pelos debates e diálogos com o conhecimento historiográfico, a produção do campo educacional e das demais ciências sociais; das demandas postas pelos documentos curriculares oficiais que questionam radicalmente a organização disciplinar; das questões que emergem dos movimentos sociais que optaram por diferentes conteúdos e caminhos; e da reflexão sobre o ensino de História e a sociedade da informação.

O livro visa trazer a um público maior algumas das reflexões apresentadas nas mesas-redondas e conferências do *V Encontro*. Por ser constituído a partir de textos que foram apresentados em um encontro acadêmico de porte nacional, é que utilizamos a palavra perspectivas para definir o livro. O ensino de História é tratado aqui de forma múltipla. Diversos profissionais da área, vinculados a instituições universitárias de todo o país, apresentam suas perspectivas para questões caras ao campo do ensino de História.

Na primeira parte, *História, memória e escola*, Ismênia de Lima Martins apresenta uma reflexão sobre as relações entre história, memória e identidade, fazendo uso, dentre outras, das contribuições de Jacques Le Goff e Michael Pollak. Joana Neves reconhece a importância da trajetória intelectual e da obra de Elza Nadai para a constituição do campo do ensino de História e a criação do *Encontro Nacional Perspectivas do Ensino de História*. Clarice Nunes desenvolve uma reflexão sobre a formação docente e o processo de escolarização em nosso país, com questões para se repensarem o lugar e o papel das políticas educacionais.

Na segunda parte, *Ensino de história e história da educação*, Luis Fernando Cerri examina a definição do fenômeno social "ensino de História" como um objeto de pesquisa, seus diversos aportes teórico-metodológicos e as temáticas que começam a se configurar e que respondem a necessidades contemporâneas ligadas ao ensino escolar da disciplina. Arlette Medeiros Gasparello discute o lugar da história das disciplinas escolares como um território novo associado à

História da Educação e defende que este estudo seja incorporado na formação dos professores. Já Libânia Xavier analisa os avanços produzidos no campo da História da Educação e defende a sua incorporação ao currículo do ensino de História nos níveis fundamental e médio, destacando o potencial de caráter formativo, cognitivo e autorreflexivo desta disciplina.

Na terceira parte, *Professores e a história ensinada: diferentes apropriações*, Katia Maria Abud analisa a permanência da concepção de História do Brasil como caudatária da História europeia nos manuais didáticos, vistos como os mais poderosos instrumentos na produção do currículo no cotidiano escolar. Ana Maria Monteiro enfatiza a autoria dos docentes no processo de ensino, quando analisa a construção da forma narrativa do saber histórico escolar na sala de aula. Kazumi Munakata examina o desencontro entre a estratégia dos autores, das editoras e do governo em relação ao livro didático e defende a apropriação efetiva do livro pelos professores para a elaboração de uma possível educação criadora. Selva Guimarães Fonseca analisa possibilidades de trabalho pedagógico, saberes e fazeres na formação do professor, no contexto sociopolítico e educacional brasileiro. Elison Antonio Paim discute as concepções teórico-metodológicas que embasam os cursos de formação, propondo uma reflexão sobre o formar e o fazer-se professor.

A quarta parte, intitulada *História local: memória e identidade*, é aberta por Márcia de Almeida Gonçalves, que desenvolve reflexões sobre a história local a partir de uma discussão acerca da identidade e da escala de observação. Maria Auxiliadora Schmidt analisa a história local por meio das contribuições da prática pedagógica e dos referenciais teóricos sobre a formação da consciência histórica. Helenice Ciampi discute os procedimentos metodológicos da história local, por meio da análise da prática pedagógica de um professor de História da educação básica. Leila Medeiros de Menezes e Maria Fatima de Souza Silva apresentam questões fundamentais para o ensino de História nas séries iniciais, como a postura investigativa, o trabalho com o tempo, a identidade e a memória, a partir de um trabalho desenvolvido no bairro do Rio Comprido, situado na cidade do Rio de Janeiro.

A quinta parte, *Documento e ensino*, é formada por dois textos. Vera Cabana Andrade destaca algumas questões relacionadas à concepção, ampliação e utilização do que se reconhece teórica e metodologicamente como documento. Regina Maria da Cunha Bustamante examina as novas perspectivas de abordagem da imagem.

A sexta e última parte, *Desafios atuais: inclusão e informação*, convida à reflexão sobre questões-chave para a educação e o ensino de História na construção de uma sociedade inclusiva. Valdelúcia Alves da Costa enfatiza a importância de uma educação política e inclusiva, criticando a permanência da dicotomia educação regular x educação especial. Lídia Silva de Freitas analisa a trajetória acadêmica da noção de sociedade da informação, destacando seu caráter recente, instável e polêmico. Raquel Goulart Barreto examina o estatuto da expressão "sociedade do conhecimento" nos discursos sobre as tecnologias da informação e da comunicação, bem como a incorporação educacional dessas tecnologias.

Resta ainda fazer uma observação e um agradecimento. Por serem textos produzidos para um encontro acadêmico, alguns possuem marcas da oralidade, que o leitor logo perceberá. Agradecemos à Fundação Carlos Chagas Filho de Amparo à Pesquisa do Estado do Rio de Janeiro o apoio que tornou realidade esta publicação.

Rio de Janeiro, julho de 2007

Ana Maria Monteiro
Arlette Medeiros Gasparello
Marcelo de Souza Magalhães

Notas

[1] O *I Encontro Nacional Perspectivas do Ensino de História* foi realizado em 1988, na Faculdade de Educação da Universidade de São Paulo.

[2] No âmbito da Associação Nacional de História (Anpuh), o grupo de professores da área reúne-se periodicamente em Grupos de Trabalho (GTs) que possuem coordenações regionais e nacional.

[3] O *V Encontro Nacional Perspectivas do Ensino de História* ocorreu na Universidade do Estado do Rio de Janeiro, entre 26 e 29 de julho de 2004. Para a sua realização, foram fundamentais os apoios recebidos da Faperj, da Capes, da Fundação José Bonifácio/UFRJ, da Fundação Noel Rosa/Uerj e do Colégio Pedro II, bem como o apoio institucional das universidades ligadas aos professores da Comissão Organizadora, composta por: Ana Maria Ferreira da Costa Monteiro (UFRJ), Ana Maria de Almeida Santiago (Uerj), Arlette Medeiros Gasparello (UFF), Helena Maria Marques Araújo (Uerj), Helenice Aparecida Bastos Rocha (Uerj), Juçara Luzia Leite (Ufes), Marcelo de Souza Magalhães (Uerj), Nicolas Alexandria (Uerj), Paulo Rogério Marques Sily (Colégio Pedro II), Regina Maria da Cunha Bustamante (UFRJ), Selma Rinaldi de Mattos (PUC-Rio), Sonia Maria Leite Nikitiuk (UFF) e Vera Lúcia Cabana Andrade (Colégio Pedro II).

PARTE I

HISTÓRIA, MEMÓRIA E ESCOLA

HISTÓRIA E ENSINO DE HISTÓRIA: MEMÓRIA E IDENTIDADES SOCIAIS[*]

Ismênia de Lima Martins[**]

Nas três últimas décadas do século XX, ocorreram a implantação, consolidação e expansão dos programas de pós-graduação em História, particularmente nas universidades públicas. A pesquisa histórica ganhou significativo impulso, contexto em que foram surgindo as revisões de interpretações consagradas, inclusive das teses generalizantes produzidas a partir dos centros hegemônicos do país, especialmente São Paulo, onde existia a única universidade do país que, até então, mantinha programa naquele nível.

No panorama internacional, o período conheceu a problematização de novas questões, entre elas as ligadas à *memória* e *identidade*, sobretudo na historiografia francesa, que influenciou fortemente a produção acadêmica brasileira.

O catálogo de dissertações e teses, publicado pela Anpuh, cobrindo o período de 1974 a 1995, comprova a tendência acima apontada. Inúmeros autores entendem que na base dos estudos sobre a memória estariam as céleres transformações e rupturas, o desenvolvimento científico e tecnológico ou as percepções da velocidade do tempo, que teriam afetado os mecanismos de preservação, dissolvendo as condições de perpetuação vivenciadas por nossos antepassados.

---

[*] Conferência de abertura proferida no *V Encontro Nacional Perspectivas do Ensino de História: sujeitos, saberes e práticas*, ocorrido na Universidade do Estado do Rio de Janeiro, entre 26 e 29 de julho de 2004.

[**] Professora do Programa de Pós-graduação em História da Universidade Federal Fluminense.

De outra parte, a queda dos paradigmas, o colapso do Leste Europeu e a crise do marxismo ou a interdisciplinaridade – com o peso da influência da Antropologia sobre os estudos históricos, fazendo emergir preocupações com a cultura, o simbólico, o pluralismo ou a diversidade – reforçaram a ampliação desse campo de estudo. As abordagens totalizantes saíram de cena e deram lugar aos fragmentos e caleidoscópios.

Conforme Ulpiano Bezerra de Meneses,

> o tema da memória está em voga, hoje mais do que nunca. Fala-se da memória da mulher, do negro, do oprimido, das greves do ABC, memória da Constituinte e do partido, memória da cidade, do bairro, da família. Talvez apenas a memória nacional, tantas vezes acuada (e tantas vezes acuadora), esteja retraída. Multiplicam-se as casas de memória, centros, arquivos, bibliotecas, museus, coleções, publicações especializadas (até mesmo periódicos). Os movimentos de preservação do patrimônio cultural e de outras memórias específicas já contam com força política e têm reconhecimento público. Se o antiquariato, a moda retrô, os *revivalles* mergulham na sociedade de consumo, a memória também tem fornecido munição para confrontos e reivindicações de toda espécie.

Segundo Márcia D'Alessio,

> a consequente profusão de estudos sobre a memória reduziu a história e, no limite, modificou-lhe a escrita. As emoções do lembrar o seu uso pelo historiador desmancham a rigidez da reflexão científica e a aridez de seu discurso. Embora a oposição permaneça, memória e história – conhecimento estão mais próximas, a primeira em colaboração com a segunda.

Os estudos sobre a memória se universalizaram no momento em que, como nunca, o passado está distante do presente, quando as pessoas não mais identificam sua herança, pela perda dos antigos padrões de relacionamento social e desintegração dos antigos laços entre as gerações.

Eric Hobsbawm, no seu balanço sobre o último século, afirmou:

> A destruição do passado – ou melhor, dos mecanismos sociais que vinculam nossa experiência pessoal às das gerações passadas – é um dos fenômenos mais característicos e lúgubres do final do século XX. Quase todos os jovens de hoje crescem numa espécie de presente con-

tínuo, sem qualquer relação orgânica com o passado público da época em que vivem. Por isso os historiadores, cujo ofício é lembrar o que os outros esquecem, tornam-se mais importantes do que nunca no fim do segundo milênio.

A ideia de que a memória é um fenômeno individual está inteiramente superada desde Maurice Halbwachs. O sociólogo francês mostrou que a memória deve ser entendida como um fenômeno social, construído coletivamente e sujeito a constantes recriações.

Os elementos da memória, segundo Michael Pollak, podem ser elencados: os acontecimentos, as personagens e os lugares.

Os acontecimentos são vivenciados pessoalmente ou pelo grupo e ainda por aqueles que o autor chamou de *vividos por tabela*. Em Niterói, por exemplo, o incêndio do Circo Americano, em 1961, pela tragicidade de suas proporções, marcou de tal forma a memória urbana local que, durante décadas, nenhum circo conseguiu atuar na cidade.

Igualmente, as pessoas fora do tempo-espaço de um fato, ou mesmo as que lhe foram contemporâneas sem qualquer envolvimento direto, relatam situações como se tivessem participado do acontecimento. No caso brasileiro, um exemplo eloquente é a ditadura militar – torturas, resistência, luta pela anistia ou campanha das diretas, como se os narradores tivessem tomado parte, tal a força desse acontecimento na memória política do país.

Em relação às personagens, observa-se o mesmo fenômeno. No caso francês, o nome a ser citado é o do general De Gaulle. No caso brasileiro, na dolorosa fragilidade de nossa memória política, parece escapar, para o aplauso ou para a crítica, a figura do presidente Getúlio Vargas.

Quanto aos lugares, além daqueles particularmente ligados aos pertencimentos e lembranças, podem ser destacados os que se relacionam aos aspectos mais públicos da vida das pessoas, que são os lugares das comemorações: maioria das pessoas não esteve na Segunda Guerra, mas conhece perfeitamente o significado dos monumentos aos mortos, em diferentes países.

Da mesma forma, fora do espaço-tempo de vida de uma pessoa, um lugar destacado para a memória coletiva pode se tornar importante para o indivíduo, por sua condição de pertencimento ao grupo. Um exemplo próximo é o caso dos nordestinos no Rio de Janeiro, particularmente em São Cristóvão. A animada feira, que ali se realiza, é o coroamento de uma forte expressão cultural que manteve viva na metrópole as lembranças dos migrantes. Paraibanos, pernambucanos, sergipanos, baianos guardam suas memórias, mas constroem uma identidade coletiva, apresentando-se como nordestinos diante do outro. E a repassam a seus descendentes.

Além dos acontecimentos, personagens e lugares, Pollak mostra que a memória é um fenômeno socialmente construído, resultado de um trabalho de organização, a qual se dá em função das preocupações do presente: "O que a memória individual grava, retém ou exclui é o resultado de um trabalho de organização".

Não é novidade que o melhor exemplo de memória organizada seja o da memória nacional, que, mais do que qualquer outra, representa um trabalho político. Em seu tempo, Halbwachs, seguindo a tradição europeia no século XIX, acreditou que a nação fosse a forma mais acabada de um grupo, e a memória nacional, a forma mais completa de memória coletiva. Também é consabido que a última obra de Fernand Braudel foi sobre a identidade na França, quer dizer, a preocupação na *longa duração* com a memória nacional.

As coisas vêm mudando. Nos últimos tempos, está sendo desmontado o caráter uniformizador e opressor da noção de memória coletiva nacional.

Em artigo sobre a memória e o ensino de História, centrado na temática do patrimônio histórico, Ricardo Oriá mostra que, tradicionalmente, na política de preservação, procurou-se passar

> a ideia de uma memória unívoca e de um passado homogêneo e de uma História sem conflitos e contradições sociais. A concepção predominante era a de se forjar uma identidade nacional única para o País, excluindo as diferenças, e a pluralidade étnico-cutural de nossa formação histórica.

Paulo Knauss, em sua tese sobre imagens urbanas e poder simbólico, dedica dois itens especiais à reflexão acerca da promoção do civismo e recurso didático. Ao analisar um livro sobre monumentos principais do Distrito Federal, mostra a explicitação do método para a promoção do civismo nos "espíritos jovens", tendo como objeto destacado a vida e os feitos dos grandes homens, como José Bonifácio, citado no exemplo.

A ênfase na biografia não é aleatória. O biografado é um modelo a ser seguido. O amor dedicado ao caso exemplar e um orgulho pela excepcionalidade são elementos de uma identidade afetiva.

O método sustentado no princípio da empatia fixa uma indissociação entre o indivíduo e a ordem social estabelecida, construindo-se uma situação de identidade positiva. Indissociado e confundido, só lhe resta produzir e expandir os padrões sociais determinados.

Nesse trabalho de organização, existe um verdadeiro enquadramento da memória. A tarefa corre em boa parte por conta dos historiadores. A história nacional, hegemônica e monolítica do século XIX não satisfaz aos questionamentos da complexa sociedade contemporânea, como já vimos.

Revisitar o passado com novas questões, a partir do presente, afeta as memórias cristalizadas e produz novas histórias.

As recentes comemorações de centenários são exemplares. No Centenário da Abolição jogou-se a "última pá de cal" sobre a tese da abolição concedida e ressaltou-se o papel do negro na luta pela sua liberdade. No 5º Centenário da América e do Brasil, o descobrimento foi proclamado conquista e face cruel da colonização ressaltada.

Em 2004, os eventos sobre 1964 referiram-se ao golpe e não à revolução. Os participantes dos diferentes seminários e congressos, alguns deles no próprio campo da esquerda, testemunharam os debates que revelaram, revividos nas discussões acadêmicas, conflitos que permaneciam na memória dos antigos militantes! Foi uma rara demonstração dos limites entre memória e identidade, história e historiografia.

A grande imprensa noticiou fartamente, muitas vezes de maneira incorreta, mas inspirada por aqueles debates, teses que ganharam corpo, como a falta de apoio popular a João Goulart, ou que o golpe seria dado de qualquer forma, pela direita ou pela esquerda! Como vemos, nem sempre a memória, individual ou de grupo, colabora positivamente com a historiografia.

Segundo Jacques Le Goff, "a memória é um elemento essencial do que se costuma chamar identidade, individual e coletiva". Para Michael Pollak,

> a memória é um elemento constituinte do sentimento de identidade, tanto individual como coletivo, na medida em que ela é também um fator extremamente importante do sentimento de continuidade e de coerência de uma pessoa ou de um grupo em sua reconstrução de si.

Assim é que a identidade se fundamenta na memória e na interpretação do passado, quase sempre em função do presente e do futuro. E esse trabalho é limitado por exigências de credibilidade e coerência nos sucessivos discursos. Pollak, que fundamenta suas reflexões na realidade europeia, chama atenção para o fato de que toda organização política – partido, sindicato, etc. – veicula seu próprio passado e a imagem que ela forjou para si mesma. Ela não pode alterar subitamente esta imagem, sob pena de enfrentar tensões, rachas e mesmo o seu desaparecimento, quando seus filiados não mais se reconhecem na nova imagem.

Não quero utilizar uma simplificação provocadora, pois os argumentos não caberiam nos limites desta conferência, mas pergunto-me se, no Brasil de hoje, muitos dos fundadores do partido atualmente no poder não se sentem estranhos.

Assim é que, tal qual a memória, a identidade é uma construção social também sujeita a redefinições no tempo. Ambas podem ser negociadas e estão expostas a rearrumações, questionamentos e disputas.

No Brasil, a memória nacional e a identidade uniformizadora tiveram seus artífices na construção de uma história oficial que preponderou até a primeira metade do século XX, sem qualquer brecha para as disputas de memória ou para a afirmação da diversidade.

A partir dos últimos anos do século passado, com as aceleradas transformações econômicas, sociais e políticas, esfacelou-se a unidade imposta, aflorou a diversidade e explicitaram-se as disputas e conflitos.

Os movimentos populares, na direção da cidadania, ganharam grande força neste período, quando os excluídos e as chamadas minorias adquiriram visibilidade e seus relatos e depoimentos, resgatados pela História Oral, tornaram-se fontes privilegiadas para a construção de novas histórias. Neste caso, ressalta-se também a possibilidade de apreensão das complexidades do campo da memória que o método propicia.

Entrevistas que realizei com operários comuns da Primeira República revelaram a subordinação da memória individual e até da memória do grupo à história oficial ou à ideologia dominante, isolando as lideranças em suas críticas.

Assim, por exemplo, o senhor Alberto, um operário de Petrópolis, que nasceu em 1898 e começou a trabalhar em 1904, com 6 anos, na Fábrica Petropolitana, falando sobre o trabalho infantil, tão duramente acusado pelas lideranças anarquistas, o define positivamente, dizendo: "Como os pais tinham que trabalhar, mal ou bem, a gente não ficava na rua, ganhava um trocado pra ajudar em casa e ainda aprendia um ofício!" Quando inquirido pela entrevistadora sobre os maus-tratos, justificou: "A gente era levado mesmo". E perguntou: "A senhora nunca deu uma palmada nos seus filhos?" Eram os mesmos argumentos arrolados pelo industrialista Roberto Simonsen.

Todos os depoentes da mesma condição, no mesmo projeto, que, através de seus filhos ou em alguns poucos casos por esforço próprio, vivenciaram possibilidades de ascensão social e/ou econômica, tiveram grande dificuldade em resgatar as lembranças do tempo da pobreza. Para o entrevistador, visivelmente era um processo inconsciente, mas quando finalmente afloravam as recordações dos tempos difíceis, o seu constrangimento era visível e suas expressões se materializavam no volume da voz que diminuía, na dicção que apresentava problemas e na frequência que se tornava trêmula.

Os *silêncios* também estavam presentes. Variadas censuras se impunham também inconscientemente. Os nomes dos chefes de seção e contramestres, que eram *durões* ou que aplicavam castigos físicos, eram sempre omitidos e quando o entrevistador perguntava, não conseguiam se lembrar.

O tempo retido nas lembranças era muito diferenciado entre os depoentes, homens e mulheres. Mesmo tendo em conta que os dois trabalhavam, as referências de datas da mulher sempre passavam por fatos relacionados ao privado: "A maior greve foi no ano em que eu casei, o incêndio foi no mesmo mês que nasceu minha filha etc". Os homens, por seu lado, os relacionavam mais com referências públicas.

Praticamente, em todos os campos da entrevista, neste projeto, o aspecto seletivo da memória era evidente. Pode-se, no entanto, afirmar que as lembranças mais detalhadas encontravam-se ancoradas no campo afetivo, de forma positiva ou negativa.

Foi surpreendente, por exemplo, constatar que muitos dos depoentes não possuíam lembranças da greve geral de 1917, cuja repercussão é destacada pelos memorialistas militantes, e, por outro lado, davam detalhes minuciosos sobre a *Gripe Espanhola*, ocorrida na mesma época. Neste caso, tratava-se de uma motivação negativa, porque o processo de produção têxtil do período propiciou o alastramento pelo contágio da doença e, praticamente, não houve família de operário, naquela fábrica, que não tivesse perdido pelo menos um membro.

Em relação às questões da memória e da identidade social, o que caberia ao professor de História? Gostaria de dizer que, neste campo, não consigo estabelecer diferenças entre historiadores, pesquisadores e professores da nossa disciplina.

Minha origem acadêmica é o Departamento de História da Universidade Federal Fluminense, que, como tantas universidades, durante anos, diferenciou a formação do bacharel da de licenciado, reduzindo as exigências neste último caso. Não faz muitos anos, a discussão da reforma curricular alinhou esse desvio. Naquela ocasião, em lugar de debater o número dos créditos e das disciplinas obrigatórias e optativas, discutíamos o perfil dos profissionais que queríamos formar.

Apesar dos acalorados debates, a conclusão era simples. Queríamos formar um profissional de História capaz de exercer a crítica e produzir conhecimento onde quer que atuasse: no instituto superior de pesquisa na universidade, na escola do município e até na TV Globo.

O professor do ensino médio e fundamental que queríamos não seria um repetidor autômato. Deveria ser preparado, do ponto de vista teórico-metodológico, para aprender os conteúdos tradicionais e aprender as novas questões. E ter respostas!

A perfeição é inatingível. E não se podem deixar de lado as críticas em relação aos problemas na formação dos professores no ensino superior.

A nossa disciplina é um lugar privilegiado para a construção da cidadania. E aí, mais uma vez, quero lembrar Jacques Le Goff dizendo: "A memória, onde cresce a história, que por sua vez a alimenta, procura salvar o passado para servir o presente e o futuro. Devemos trabalhar de forma a que a memória coletiva sirva para a libertação e não para a servidão dos homens".

Não posso concluir sem dar a essas palavras o meu tom militante que, na certa, justificou o convite para esta participação. Revi recentemente o adesivo, exibido no vidro traseiro de um automóvel, que diz: "Hei de vencer, mesmo sendo professor!"

Desde o anúncio desse encontro, tenho pensado naquele dístico. Existiria uma memória do professor como grupo, como categoria profissional?

A composição social da categoria sofreu expressivas modificações nas últimas décadas. No período de minha formação, a condição de professor era a que detinha a mais vasta tessitura social: integravam-na preponderantemente as camadas mais favorecidas dos setores médios urbanos.

Atualmente, é difícil que banqueiros, empreiteiros, grandes comerciantes ou bem-sucedidos profissionais liberais incentivem as filhas a ingressar no magistério. Estas são direcionadas, em grande maioria, para as engenharias de ponta, as economias internacionalizadas, as diretorias financeiras, as tramas do mercado (quem sabe o Banco Mundial ou o FMI?). Ou, ainda, para estudar comunicações na PUC!

Por outro lado, é evidente a mudança sofrida pela profissão, em sua composição por sexo. Nas duas últimas décadas, o ingresso no magistério do elemento masculino foi expressivo e crescente. Essa afluência não traduz a valorização da profissão. Pelo contrário, se situa na contramão das expectativas vigentes acerca das trilhas de ascensão social.

E não se trata de uma redistribuição de campos entre os gêneros, ainda que as mulheres progressivamente ocupem os postos de trabalho outrora reservados socialmente aos homens.

O desprestígio da profissão evidencia-se nos baixos salários, nas péssimas condições de trabalho, que, muitas vezes, leva o professor a trabalhar o tema da cidadania numa escola pública onde os banheiros não funcionam.

Na verdade, o que precisa ser dito é que estamos diante de algo novo e instigante: o acesso à profissão dos setores sociais menos favorecidos. (Meu companheiro de pesquisa é um jovem e inteligente professor, filho de uma merendeira e de um pintor de paredes.)

A compreensão desse processo deve ser altamente positiva e estimulante, na medida em que a enriquecedora presença desses novos segmentos leva para a sala de aula, cotidianamente, a pluralidade, a disputa, o conflito, enfim as realidades que ficaram ocultas na sociedade brasileira, graças a sólidos aparatos ideológicos.

A consequência natural dessa inversão é que a imensa maioria dos alunos da rede pública deve se sentir bem mais compreendida e estimulada no convívio com os seus professores e muito mais próxima da conquista de uma efetiva cidadania.

A tarefa não é fácil, mas tenho certeza de que venceremos, não apesar, mas porque somos professores!

Bibliografia

ALESSIO, Márcia Mansor D'. Memória e historiografia: limites e possibilidades de uma aproximação. *Revista de História Oral – Associação Brasileira de História Oral*, São Paulo, n° 4, 2001.

HOBSBAWM, Eric. *A Era dos Extremos: o breve século XX (1914-1999)*. São Paulo: Companhia das Letras, 1995.

KNAUSS, Paulo. *Imagens Urbanas e Poder Simbólico: Esculturas e Monumentos Públicos nas Cidades do Rio de Janeiro e Niterói*. Tese de Doutorado em História, Universidade Federal Fluminense, 1998.

LE GOFF, Jacques. Memória-História. In: *Enciclopédia Einaudi*. Porto: Imprensa Nacional – Casa da Moeda, 1985.

MARTINS, Ismênia de Lima. *Subsídios para a história da industrialização em Petrópolis (1950-1930)*. Petrópolis: Universidade Católica de Petrópolis, 1983.

MENESES, Ulpiano T. Bezerra de. A História, cativa da memória? Para um mapeamento da memória no campo das Ciências Sociais. *Revista do Instituto de Estudos Brasileiros*, São Paulo, n° 34, 1992.

ORIÁ, Ricardo. Memória e ensino de História. In: BITTENCOURT, Circe (org.). *O saber histórico na sala de aula*. São Paulo: Contexto, 1998.

POLLAK, Michael. Memória e identidade social. *Estudos Históricos*, Rio de Janeiro, CPDOC/FGV, n° 10, 1992.

_____. Memória, esquecimento, silêncio. *Estudos Históricos*, Rio de Janeiro, CPDOC/FGV, n° 3, 1989.

ELZA NADAI E O ENSINO DE QUALIDADE[*]

Joana Neves[**]

Que me lembre, nunca quis ser professora. Nunca brinquei de "escolinha" e nem ensinei irmão mais jovem. Não tinha paciência. Gostava de ler e lia, não só grandes autores das literaturas portuguesa e brasileira, mas tudo que me caía às mãos – literatura para moças – Mme Delly, fotonovelas – Grande Hotel, Capricho, revistas dedicadas ao cinema e ao rádio – Cinelândia, Revista do Rádio etc...

Eu tinha uma grande curiosidade intelectual e já manifestava a intenção de cursar uma grande universidade... A minha curiosidade intelectual era impulsionada pelo cinema, rádio, pelas revistas e livros que lia. Na verdade queria "descobrir" o mundo, o que significava "sair" dos limites da pequena cidade, ultrapassar a experiência pessoal e o cotidiano tranquilo e harmonioso e entrar em contato (direto e pelo estudo) com outras maneiras de vida, com as realizações culturais de outros povos e sociedades etc.

Elza Nadai

---

[*] A elaboração desse trabalho contou com o imprescindível e carinhoso apoio de Marco Aurélio Nadai Silvino e de Aurélio Silvino, que me acolheram em sua casa, onde, como sempre, estive muito à vontade e com acesso a todo o material de que precisei, inclusive o computador. Além de todas as mordomias, proporcionadas, principalmente, pela Zilda. Sem falar no delicioso vinho português que ali se bebe. Sou completamente agradecida aos três.

[**] Professora da Universidade Federal da Paraíba.

Introdução

O objetivo proposto para esse trabalho é homenagear **Elza Nadai**.

Nada mais apropriado, nesse momento, em que o encontro *Perspectivas do Ensino de História*, em sua quinta edição, mostra-se consolidado, do que trazer, para conhecimento e reflexão dos seus participantes, a obra de Elza Nadai. Não apenas porque ela teve papel imprescindível na criação desse evento, mas porque sua obra, construída ao longo de mais de 30 anos de trabalho profícuo, tão produtivo quanto inovador, apresenta-se rica e repleta de proposições, não tendo, ainda, perdido a atualidade.

Elza Nadai, ao tratar dos muitos, complexos e variados problemas enfrentados pela educação no Brasil e pelo ensino de História, em particular, não tinha medo de se expor, de errar, de ser criticada, de ser corrigida. Inação, indiferença, descrença, desesperança diante dos problemas, era isso que ela nunca admitia. Examinar e levar em conta essa obra no contexto atual das perspectivas do ensino de História é, portanto, mais do que uma justa homenagem a Elza Nadai, uma oportunidade de enriquecimento para esse V Encontro.

Nesse sentido, assumi o compromisso e a responsabilidade de fazer, nessa Sessão de Abertura, uma apresentação da trajetória intelectual de Elza Nadai, bem como de alguns aspectos fundamentais da obra por ela produzida.

Na construção dessa trajetória, não pretendi fazer uma biografia. Limitei-me a considerar alguns aspectos fundamentais e esclarecedores de sua produção intelectual, de sua formação escolar/intelectual e de sua atuação profissional. Não me atrevi a examinar, explicitar e avaliar **toda** a sua obra acadêmica. Mas, a partir de um panorama sucinto de seus trabalhos, procurei demonstrar o caráter amplo e abrangente de sua obra e, ao mesmo tempo, sua concentração em torno de questões educacionais. Abrangência e concentração que se complementam para possibilitar, permanentemente, a inserção da problemática educacional (o ensino de História aí incluído) no contexto social, econômico, político e ideológico, em cada momento considerado, ou seja, o tratamento da educação brasileira em sua historicidade.

A visualização desse panorama, com a abrangência e concentração destacadas, permitiu a elaboração da síntese que constituiu o eixo central desta exposição: a busca de, ou melhor, a persistente e incansável luta de Elza Nadai por um **ensino de qualidade**.

Para a realização do roteiro elaborado, me vali da memória, mas, também, analisei alguns dos muitos textos produzidos por Elza Nadai e, sobretudo, busquei informações no seu *Memorial*, apresentado ao Concurso de Professor Titular nas disciplinas de Prática de Ensino I e II, junto ao Departamento de Metodologia do Ensino e Educação Comparada da Faculdade de Educação da Universidade de São Paulo, em 1994.

Formação e atuação profissional

1. A opção por história

Na geração de Elza Nadai, a das pessoas que recém completaram 60 anos – a minha geração –, era muito comum que os jovens concluintes do curso colegial escolhessem o curso universitário por exclusão: excluíam-se os cursos que demandavam bons conhecimentos no vestibular (que, então, era específico por curso) das matérias nas quais haviam se saído mal e por isso as de-tes-ta-vam! Ou vice-versa.

Com a Elza não foi assim; ela **escolheu** fazer História. Mas não foi uma escolha fácil. Segundo suas palavras,

> como toda "boa moça" nascida no interior... do Estado de São Paulo... fui educada para me casar aos dezoito, dezenove anos, morar próximo à família, ter vários filhos e ser feliz. Portanto, deveria chegar até à escola secundária – no máximo frequentar o Curso Normal (que havia na cidade), com o objetivo de receber um pouco de ilustração e ainda me instrumentalizar para o futuro, por meio do diploma, caso viesse a necessitar.[1]

Elza Nadai nem questionou, nem seguiu esse roteiro. Ao concluir o ginásio não se matriculou no Curso Normal, adotando estratégia orientada pela mãe – sua aliada na "luta empreendida, visando obter autorização paterna para continuar os estudos na capital".

A ideia de ir para a capital significava a intenção de cursar uma grande universidade, para dar vazão à **curiosidade intelectual**. Assim, vencendo a resistência paterna, matriculou-se no curso **científico**, colocando-se diante de outro desafio: o de, sendo mulher, egressa de uma escola privada, considerada de qualidade "menor", obter bom desempenho em um curso prioritariamente reservado ao sexo masculino. Sua classe contava, inicialmente, com 53 alunos e terminou com apenas 11, dez rapazes e ela.

Ela foi uma das melhores alunas da classe, destacando-se como excelente aluna em Física, Química, Matemática, Desenho, História, Geografia, Português e Francês; não tanto em Biologia, apesar do interesse por Medicina. É importante destacar duas coisas, nas explicações que Elza Nadai fornece para o seu histórico escolar: uma, o fato de reputar seu desempenho não tão bom em Biologia "à ausência de bons profissionais e, em decorrência, a monopolização do seu ensino pelos dentistas da região, como atividade secundária"[2]; e outra, ainda segundo suas próprias palavras,

> não havia nenhum milagre nesse fato. Estudei muito durante o curso científico, aliás foi o período em que mais estudei, mais do que durante o vestibular, a faculdade, a pós-graduação... Tínhamos um grupo de classe que se reunia periodicamente para estudar após as aulas... Criamos portanto hábitos regulares de estudo e saudável prática de encontrar, **no outro**, apoio para a superação das dificuldades pessoais.

Com esse perfil escolar Elza Nadai poderia ter escolhido qualquer carreira. Abandonou a ideia da Medicina não só por causa do fraco desempenho dos professores de Biologia. Concluindo que tinha uma visão romântica da Medicina, acabou por se deixar convencer pelos estereótipos e preconceitos de gênero e de classe do grupo social ao qual pertencia, segundo os quais essa não era uma carreira apropriada para moças, pois não tinha horário definido de trabalho e era muito desgastante.

Na escolha de outra carreira, Química e História disputaram seu coração e mente. E, mais uma vez, por causa dos professores. Naur João Zanzanti (de História) orientou-a nas tramas da pesquisa bibliográfica e do acervo documental da Biblioteca Pública Municipal de São Paulo, e Jayme Monteiro (de Química) introduziu-a (e aos outros alunos), a partir do conhecimento da Química, na apropriação política da pesquisa. Em sua avaliação: "Devo-lhes meu primeiro contato com o mundo intelectual e a compreensão da participação política como condição do exercício pleno da cidadania".[3]

Optou por História, depois de uma breve hesitação entre esse curso e o de Ciências Sociais. Suas explicações, resgatadas pelas lembranças relatadas no *Memorial*, são primores de construção "retrospectiva" do passado atualizado pelo presente.

> De um lado, a cultura da participação, da "abertura" para o mundo, sustentou a "vocação", pois queria entrar em contato com as pessoas, compreender suas experiências no interior de suas realidades, de seu cotidiano. O que implica conhecer formações sociais diferentes, o próprio movimento social numa perspectiva antropológica-cultural,

embora tivesse medo tanto do peso do passado na determinação da natureza da ciência histórica, como da recusa de seus profissionais pelas questões contemporâneas. De outro, prevaleceu o meu senso pragmático, optando pela disciplina que possuía raízes mais profundas na escola secundária.[4]

E desse modo, ela passou pelo vestibular da USP e ingressou no curso de História em 1962 (não em 1961 como está no *Memorial*; a Elza nunca se deu muito bem com datas). Porém, o conteúdo e a compreensão que tornaram possível a elaboração do texto acima, em 1994, só se tornaram realidades, mesmo para uma estudante da estirpe da Elza Nadai, bem depois do término do curso de graduação.

2. O curso de graduação

Para a compreensão do significado do Curso de História na trajetória intelectual de Elza, nenhuma formulação seria mais explícita do que a que ela própria elaborou. Por isso, vou citá-la longamente.

> O curso era assim mais direcionado ao passado, de preferência, o mais longínquo, e acarretou nos meus dezessete, dezoito anos, interessada em compreender a vida e os problemas contemporâneos, uma profunda frustração. Ele não se mostrou à altura das aspirações que nele depositava e compensei essa insatisfação com a descoberta da participação política, do envolvimento na vida estudantil e o engajamento nos grandes projetos que motivaram o movimento dos estudantes nos anos sessenta. Meu primeiro engajamento foi na JUC – Juventude Universitária Católica – que, no bojo do movimento da Ação Católica, exercia uma destacada atividade política. Frequentemente, entrava em conflito com meus colegas, pois achava um absurdo as pessoas cursarem História e viverem isoladas dos problemas do mundo. Eu havia optado pelo Curso para encontrá-lo e não permanecer de costas para ele. Minhas atividades políticas eram recusadas pela maioria dos colegas que as consideravam um deslocamento da preocupação central – o estudo – enquanto eu recusava aquela História e aquele Curso, dedicando-lhe o mínimo necessário de tempo e de esforço.
>
> Apesar disso, o Curso de História ofereceu-me uma aproximação com uma bibliografia atualizada e uma razoável experiência (apesar de individual) com as condições da produção historiográfica por meio de

estágios no Arquivo Público do Estado e de visitas (planejadas por alunos mas com participação docente) a museus e a monumentos (cidades históricas mineiras, Itanhaém e Bertioga). Além disso, o envolvimento no debate dos grandes projetos nacionais evidenciou a necessidade de articulação entre História e Vida e a necessidade de despertar para o pleno exercício da cidadania.

Desta forma, mais do que o Curso de História, que se concentrava naquela época na Cidade Universitária, no antigo prédio da Reitoria, foi a "Maria Antônia", para onde me deslocava, às sextas-feiras para as aulas de Sociologia e de Prática de Ensino e todos os dias em que havia atividades culturais, conferências, reuniões e assembleias, minha "primeira grande escola". Fiz a "famosa greve de um terço", quando colaborei para a "tomada" do prédio da Faculdade e permaneci em suas dependências durante dois dias. Era lá que se concentrava a sede do Grêmio dos alunos e onde conhecíamos estudantes de outros cursos, principalmente pela proximidade espacial, os de Sociologia, Física e Economia. Nunca é demais insistir que aquele espaço, sobretudo seu saguão central, seus pátios e corredores, sua lanchonete e bibliotecas foram o "loci" por excelência da integração curricular, um dos sonhos acalentados pelos idealizadores da instituição, nem sempre possível de ser compatibilizado com as demandas da prática social e das injunções políticas.

Assim, a militância política e o Curso de História colaboraram para a confirmação do desejo de exercer o magistério secundário. O segundo me credenciou para poder integrá-lo, uma vez que tinha plena consciência da opção realizada e, na medida em que havia optado pelo bacharelado e licenciatura, já estava embutida a intenção de me dedicar à docência. O **estágio supervisionado** realizado nas séries experimentais do Colégio de Aplicação serviu para esclarecer, de um lado, a importância da atitude do aluno e de sua interação positiva com seus professores como condição de um processo significativo de aprendizagem e, de outro, a necessidade de a educação resultar de um projeto coletivo dos participantes.[5]

Assim, Elza Nadai por Elza Nadai, essa longa citação permite resgatar uma espécie de **modelo** de formação de professor. Um curso superior escolhido conscientemente e que, embora "frustrante", era capaz de dotar seus alunos dos requisitos formais e intelectuais para o exercício do magistério, incluindo os indispensáveis instrumentos de pesquisa no campo do conhecimento histórico. Um despertar de consciência política, voltada para o conhecimento da realidade social e envolvimento nas grandes questões de seu tempo e de seu mundo. A descoberta da importância do papel do aluno como sujeito de seu processo educativo. Desse modo, Elza Nadai se tornou professora de História.

3. A importância do trabalho no Vocacional

Enquanto ainda era estudante, Elza Nadai, habilitada por Cursos de Suficiência, deu aulas de Ciências em escolas secundárias de São Paulo, mas iniciou sua experiência profissional, como professora licenciada, ingressando no Serviço de Ensino Vocacional – criado e mantido pela Secretaria de Educação e Cultura de São Paulo, durante a década de 1960 –, trabalhando no Ginásio Vocacional de Rio Claro ou Ginásio Estadual Vocacional "Chanceler Raul Fernandes", de 1966 a 1968, e no Colégio Estadual Vocacional "Osvaldo Aranha", na cidade de São Paulo, em 1969.

Sua contratação pelo Vocacional ocorreu em virtude de uma seleção, por meio de uma entrevista feita pela professora Maria Nilde Mascellani, coordenadora do Serviço de Ensino Vocacional, que, nos termos do *Memorial*, teve "como assunto central duas questões: qual o papel que se atribui à História na escola secundária e por que se deveria obrigar crianças e adolescentes a estudá-la?". Obviamente, as respostas dadas foram convincentes.

Ao relatar essa primeira parte de sua trajetória como professora licenciada, Elza Nadai se perguntou: "Que papel atribuo a esse tempo de Vocacional, na minha formação profissional e na **reelaboração do conceito de História que vem permeando a minha trajetória de vida?**" (grifos meus). E para responder a essas questões são utilizadas quatro páginas, das quais limito-me a destacar os seguintes trechos:

> Durante esse período sistematizei uma visão de História que vinha buscando desde a faculdade, caracterizada pelo entendimento **da necessidade de articular o estudo de História à intervenção, entendida em dois sentidos: na prática didática e no conteúdo da disciplina.** Esta não mais era trabalhada **direcionada à contemplação,** mas buscava-se o **sentido da ação, da intervenção social** que possibilitou alcançar uma qualidade diferente no trabalho e permitiu a reelaboração de uma outra concepção, cuja palavra mais apropriada é **História/problema; História/problematizadora.** A partir de determinados eixos-temáticos

(resultantes de uma "leitura" da realidade social, das vivências dos alunos e das demandas exigidas pelo estágio e pela natureza do conhecimento científico das diversas disciplinas), eram definidos os programas nos quais determinavam-se a abrangência espacial a ser perseguida, as rupturas e as durações temporais. (grifos da autora)....

Considero os tempos do Vocacional como um divisor de águas na minha trajetória intelectual. E daí a necessidade de se buscar um **método de abordagem do social** para se atingirem os melhores resultados, uma das lacunas na minha formação inicial.

Nessa perspectiva, formamos um grupo *multidisciplinar* (grifo meu) – pedagogos, historiadores, geógrafos, músicos e sociólogos – que, depois da jornada diária de trabalho, reunia-se para estudar **os métodos das Ciências Sociais** que, de certa forma, pudessem auxiliar o historiador e o educador a desenvolver não só a observação mas também a aprimorar sua abordagem dos fenômenos sociais.[6]

(...) A partir de certo momento, sem deixar a sala de aula passei também a cuidar de outra dimensão da escola – a formação contínua do professor. Recebíamos convites para integrarmos equipes onde se debatiam questões específicas de aprendizagem ou para orientarmos determinados projetos em andamento em uma escola ou Delegacia de Ensino. E assim, ampliei meu campo de ação, que se completou nessa fase, ainda no Vocacional, quando fui convidada a integrar a equipe de "coordenadores de área", com acesso à totalidade de professores de Estudos Sociais (História e Geografia). Todavia, pouco pôde ser realizado, pois no mesmo ano [1969], com a intervenção policial-militar no Sistema de Ensino Vocacional, fomos obrigados a deixá-lo, retornando à nossa cadeira, nos quadros do ensino secundário e normal, em Osasco.[7]

Foi, portanto, a partir da experiência como professora do Vocacional que Elza Nadai construiu os conceitos de história que, *a posteriori*, foram indicados como motivos para a sua vocação para a História.

O retorno às "escolas comuns da rede" (como nós as designávamos) não significou, porém, retrocesso profissional. A **nova formação,** adquirida no Vocacional, havia, então, qualificado a professora Elza Nadai para, com determinação e criatividade, equacionar e buscar soluções (limitadas, é claro, pelos rigores da época) para os novos desafios que a educação brasileira, nela incluído o ensino de História, passou a enfrentar.

4. A atuação no ensino superior

Elza Nadai, como outros integrantes das escolas experimentais, reprimidas pela ditadura, viu-se **obrigada** a deixar o Vocacional, mas sua (re)aproximação do ensino superior, num certo sentido, foi decorrência das demandas e novas expectativas intelectuais criadas pelo trabalho nessa experiência de ensino, como se pode depreender de sua afirmação:

> A partir dos anos iniciais da década de setenta, minha trajetória profissional se bifurcou: de um lado, continuei na escola secundária mas procurei um estabelecimento onde pudesse encontrar um núcleo de profissionais do qual tivesse referência... que servisse de garantia para a elaboração de um possível trabalho coletivo... De outro, retornei à faculdade, à procura da Pós-Graduação que se implantava em novos moldes...[8]

Em 1971, integrava o corpo docente do Centro Pedagógico de Corumbá – Universidade Estadual de Mato Grosso (atualmente, Universidade Federal de Mato Grosso do Sul) – nas disciplinas de Prática de Ensino de História, no curso de Licenciatura em História, e Metodologia de Estudos Sociais, nos cursos de História e Pedagogia. Em 1972, tornou-se professora de Prática de Ensino de História I e II, no curso de Licenciatura de História da Faculdade de Educação da Universidade de São Paulo.

Quanto à pós-graduação, depois de tentativa na Sociologia, frustrada pela aposentadoria de seu orientador, o sociólogo Fernando Henrique Cardoso, e na Educação, acabou indo mesmo para História.

A atuação de Elza Nadai no ensino superior é amplamente conhecida dos pesquisadores do ensino de História. Por isso, seria supérfluo tentar apresentar uma síntese completa; vou, apenas, chamar a atenção e tecer alguns comentários sobre um aspecto que pode bem ser identificado como o "carma" da Prática de Ensino.

A pós-graduação em História tinha que, necessariamente, representar para Elza Nadai a possibilidade de assegurar a concretização de sua "intenção clara de estudar e pesquisar a escola brasileira". Fazer a pós-graduação em História nunca significou para ela afastar-se das questões educacionais. E o que lhe garantiu a concretização dessa intenção foram as inestimáveis compreensão e cumplicidade de Maria de Lourdes Mônaco Janotti, que aceitou orientá-la em projetos que, tendo a escola e a educação como objetos, soavam pouco ortodoxos a muitos dos integrantes, seus pares, do Departamento de História. Por esta razão, a professora e grande amiga Dilu foi a mais importante guia e o suporte para a brilhante atuação de Elza Nadai no complexo e exigente mundo do magistério superior. O Mestrado e o Doutorado feitos por Elza, ambos sob a mesma orientação segura e confiante da Dra. Maria de Lourdes Janotti, equipou-a para o dificílimo trânsito entre a ciência e a educação, em qualquer um dos desdobramentos que esse artificioso par pode provocar.

Aos professores de Prática de Ensino, reserva-se a complicada tarefa de unir o conteúdo específico – tenha sido ele bem ou mal desenvolvido, bem ou mal apreendido – aos recursos e requisitos didático-pedagógicos – tenham sido eles bem ou mal desenvolvidos, bem ou mal apreendidos –, qualificando os futuros professores para ensinar História a crianças, jovens e adultos, a maioria dos quais costuma fazer aos seus professores a mesma pergunta que a coordenadora Maria Nilde fazia na seleção para os quadros do Vocacional: "Por que eu sou obrigada a estudar História?"

Na sua atuação como professora de Prática de Ensino, Elza Nadai não forneceu aos seus alunos a resposta para essa questão. Ela fez bem melhor: ajudou-os a descobrir caminhos e construir instrumentos para procurar (ou criar) as muitas respostas possíveis. Tendo a pesquisa como peça forte de sua atuação como professora, **ensinou** (eu acredito que professor ensina) a necessidade e a importância, para a consecução da tarefa educativa, da formação e atuação profissionais específicas, da dedicação ao trabalho, da integração ensino-pesquisa, do reconhecimento do aluno como sujeito da educação, do trabalho de equipe, da integração história/presente, da história como forma de conhecer e estar no mundo.

Elza Nadai foi uma profissional que se caracterizou por crescimento pessoal e intelectual, ininterrupto, ao longo de toda a sua carreira, mas foi sempre a mesma jovem determinada que se lembrava (em 1994) de, na entrevista à Maria Nilde (no final de 1965), logo que se formou,

> ter discorrido sobre a excelência da História como ciência social que objetiva colaborar para compreender os problemas do mundo e situar os homens numa perspectiva temporal, ampliando sua capacidade de aceitar o outro sem preconceitos ou discriminação e, assim, do ponto de vista educacional, achava ser possível ajudar os jovens a fazer a ponte entre **sua vida e o mundo**. (grifos dela)... Conclamava, coerente com os anos sessenta, uma pedagogia de intervenção social. E a História possuía instrumentos fundamentais para realizá-la.[9]

E nos dois momentos, no início da carreira e no seu ápice (Concurso para Titular), ela foi plenamente aprovada, com louvor e distinção. Um dos mais merecidos conceitos "**A**", para processo de avaliação nenhum botar defeito.

Produção científica

A intenção, neste item, é fornecer, de forma não exaustiva, um resumido quadro das obras de Elza Nadai, a partir das informações do *Memorial*, de 1994, visando demonstrar o quanto seu trabalho como professora foi produtivo e subsidiar o item subsequente.

Dentre seus trabalhos publicados podem ser arrolados, além de dissertação e teses acadêmicas, sete manuais didáticos, sete projetos educacionais, oito capítulos em livros, 21 artigos em revistas e periódicos, nove resenhas e apresentações de publicações, 27 artigos e resumos em anais de eventos nacionais, cinco artigos e resumos em anais de eventos internacionais e quatro organizações e edições de anais. Há, ainda, 30 itens correspondentes a entrevistas e repercussões de sua produção científica, cujos temas são, na sua grande maioria, sobre ensino de História e formação de professores.

A esse conjunto de obras, acrescenta-se uma grande quantidade de trabalhos resultantes de atividades acadêmicas, desenvolvidas na Faculdade de Educação e fora da universidade, em eventos científicos e culturais ou atendendo ao grande número de convites feitos pelas mais diversas instituições ou grupos de trabalho.

Considerando-se apenas o que está arrolado no *Memorial*, além do grande número de atividades impostas por sua vinculação profissional à Faculdade de Educação da USP, tanto na graduação quanto na pós-graduação, no ensino, na pesquisa e na extensão, podem ser destacados, na produção intelectual de Elza Nadai: 19 cursos; participação, quase sempre com apresentação de trabalhos (comunicações, minicursos, conferências, mesas-redondas, painéis), e organização de congressos, seminários e encontros científicos: nove internacionais e 86 nacionais; contam-se, também, organização de reuniões e seminários: cinco; palestras e conferências diversas: 23 e um grande número de bancas examinadoras de teses, dissertações, exames de qualificação e concursos, num total de 49. Integram, também, sua vasta produção a participação em Comissões, Grupos de Trabalho e Colegiados: 41 nas diversas instâncias da USP e sete em outras instituições; 14 trabalhos de assessoria ou consultoria e 11 projetos de pesquisa e apoio didáticos junto a diversas instituições e órgãos públicos.

A produção científica de Elza Nadai tinha também espaço no âmbito das seis associações às quais se filiava, com destaque para a Associação Nacional de História – Anpuh –, que foi responsável, por exemplo, por 22 dos 86 eventos nacionais dos quais Elza Nadai participou, em todos eles com expressiva atuação, incluindo a apresentação de um grande número de trabalhos que foram a base de muitas de suas publicações.

Toda a produção intelectual e atuação profissional dessa sempre disposta e dinâmica professora de História, com certeza, se prestará a análises e críticas qualitativas. As indicações quantitativas aqui apresentadas apenas dão conta do rico material que estaria à disposição de pesquisadores interessados em se aprofundar sobre a problemática do ensino de História e sobre a educação brasileira nos últimos quarenta anos do século XX, os quais foram, significativamente, marcados pelo trabalho de Elza Nadai, primeiro como estudante e depois como professora e pesquisadora.

Formação de professores e qualidade de ensino

A releitura de alguns dos escritos de Elza Nadai, publicados ou não, e a simples consulta aos títulos dos trabalhos listados em seu *Curriculum Vitae* suscitaram reflexões sobre dois aspectos que, nessa primeira abordagem, parecem se apresentar como os eixos sustentadores de sua produção científica. Ou melhor, parecem ter sido os guias norteadores de todos os seus trabalhos, ao mesmo tempo metas a serem alcançadas e roteiros para atingi-las.

Refiro-me às questões sobre a formação de professores e à qualidade de ensino que, de um modo ou de outro, são recorrentes nos textos de Elza Nadai. Estão presentes, na verdade, desde o início de sua trajetória intelectual. A aluna que ousou partir da escola privada para enfrentar os desafios colocados por um ensino de "melhor qualidade", ministrado pela escola pública, e que equacionou seu desempenho escolar em função da qualificação de seus professores, acabou por se tornar uma professora preocupada em questionar toda a problemática de um ensino de qualidade, incluindo a formação adequada para o profissional capaz de promovê-lo.

Essa preocupação, na obra de Elza Nadai, extrapolou sua área de especialização – a História –, que, contudo, nunca foi perdida de vista, pois foi sempre o referencial básico para suas análises, sob todos os pontos de vista: teórico, epistemológico, ideológico, político, econômico e didático-pedagógico.

Ao enveredar pela história da educação brasileira, seu olhar perscrutador buscou sempre a atuação do professor e sua qualificação. Muitos de seus trabalhos estão centrados na questão das licenciaturas e na luta dessas para se afirmarem e se firmarem como indispensáveis na formação de professores. Não foi por acaso que ela copiou, de próprio punho, a "oração do professor Eurípedes Simões de Paula que paraninfou a turma de licenciandos de 1951", da Faculdade de Filosofia, Ciências e Letras da USP, datada de sábado, 23 de fevereiro de 1952. Seu propósito, tenho certeza, foi trazer para reflexão algumas das exortações da oração. Por exemplo:

> Que dizer a licenciandos oriundos de onze cursos diferentes: Filosofia, Matemática, Física, Química, História Natural, Geografia e História, Ciências Sociais, Letras Clássicas, Letras Neolatinas, Letras Anglo--Germânicas e Pedagogia? No entanto, o denominador comum de todos os nossos estudantes é o problema do licenciado e o que fazer com o diploma tão arduamente conquistado na Faculdade.

E mais adiante:

> Outro motivo de incompreensão em relação à nossa Faculdade foi o fato de ter o governo de Armando de Salles Oliveira enviado o saudoso professor Teodoro Ramos, nosso primeiro diretor, à Europa, em busca de professores para as disciplinas em que, entre nós, não havia especialistas à altura de uma Faculdade de nível superior. Tivemos então um movimento de repulsa pela Faculdade. Muitos autodidatas se insurgiram contra ela, sentindo-se prejudicados. Um deles propunha-se apenas para professor de Literatura Mundial!... Com esse, muitos, e alguns ainda aparecem na diretoria da Faculdade, dispostos a lecionar quatro, cinco, seis disciplinas diferentes: são especialistas "polivalentes". Isso mostra que apesar de 18 anos de vida da nossa Faculdade, ela não conseguiu ser compreendida até mesmo por parte de nossos intelectuais.

Sem sombra de dúvida, a atualidade dessa "oração" deve ter chamado a atenção de Elza. Grande parte de sua obra é produto do esforço que fez, ao longo da carreira de pesquisadora e professora, para explicitar e formular propostas de soluções para questões contidas na fala do professor Eurípedes: qual é a importância do especialista, quando se vai lecionar uma disciplina? Que tipo de especialista a Faculdade produz em seus cursos de Licenciatura? Como esse especialista se torna professor? E se isso vale para o ensino superior, o que ocorre no ensino dos outros níveis?

Uma possível resposta para essas questões foi apresentada logo no início da "oração". Homenageando o professor André Dreyfus, "falecido no sábado último", portanto uma semana antes da solenidade de formatura, Eurípedes Simões de Paula assim o caracterizou: "Além de ser um pesquisador e impulsionador de pesquisas de primeira ordem, André Dreyfus aliava a essa qualidade uma outra, a de ser um excelente **expositor e transmissor de conhecimentos**" (grifos meus).

Também, sem sombra de dúvidas, não escapou a Elza Nadai a **desatualização** de uma solução desse tipo, para o momento em que a oração estava sendo copiada.

A essa problemática Elza Nadai acrescentou, no núcleo de suas principais preocupações, a questão da qualidade do ensino. O ensino de **boa** qualidade seria aquele exercido por um especialista formado nos cursos de licenciatura das Faculdades de Filosofia?

Elza Nadai não acreditava em respostas e propostas individuais para a educação. Trabalho de equipe, diálogo, cooperação com o outro, processos mútuos de trocas, de reciprocidade (de conhecimentos, de técnicas, de ideias, de preocupações); esse era o lugar e o clima de trabalho e produção intelectual, segundo conceitos e práticas de Elza Nadai.

Por isso, entre os dias 30 de junho e 2 de julho de 1988, ela deu início à criação de um espaço onde todas as buscas sobre o ensino de História poderiam se organizar. E lá estava a professora doutora Elza Nadai, em um auditório da Faculdade de Educação da USP, presidindo a abertura do *Seminário Perspectivas do Ensino de História*, para afirmar, alto e bom som:

> O novo não se instaura no vazio. É preciso buscar "**aquilo que se desfez**": de um lado, a constituição originária do próprio discurso científico, sua natureza particular, seus interlocutores, os interesses que expressa ou defende; e de outro, aquilo que ele nega, isto é, os interesses não representados, as ações e os atores não privilegiados.[10]

Mais adiante, na mesma fala, cita um texto, então ainda não publicado, de Maria de Lourdes Mônaco Janotti, que alude à perplexidade do historiador diante do **novo** na ciência da história, naquele momento. Assumindo as colocações do texto citado, ela reconhece: "Esta mesma perplexidade, como registramos, não é só do historiador, mas se apresenta também ao professor quando se relaciona com alunos, sobretudo os jovens trabalhadores que superlotam os cursos noturnos de nossas abandonadas escolas públicas."

Eis, então, um ciclo completo. Os problemas estão colocados (mas sempre haverá lugar para outros), e está, também, criado um espaço "especializado" para a construção conjunta das soluções.

Elza Nadai não criou o Seminário Perspectivas do Ensino de História sozinha, ou não seria Elza Nadai. Por isso, a cada novo Encontro nos reunimos, em mais um trabalho coletivo, num fórum tão aberto quanto específico, em busca dos melhores caminhos para a realização do ofício de ensinar, de educar, enfim de possibilitar a todos, por meio do conhecimento histórico, a construção de uma "ponte entre sua vida e o mundo".

São Paulo, às 2h30min. do dia 17 de julho de 2004

Bibliografia

Anais do Seminário Perspectivas do Ensino de História. São Paulo: Feusp, 1988.

NADAI, Elza. *Memorial apresentado ao Concurso de Professor Titular nas disciplinas de Prática de Ensino I e II, junto ao Departamento de Metodologia do Ensino e Educação Comparada da Faculdade de Educação da Universidade de São Paulo.* São Paulo: mimeo., 1994.

Notas

[1] NADAI, Elza. *Memorial apresentado ao Concurso de Professor Titular nas disciplinas de Prática de Ensino I e II, junto ao Departamento de Metodologia do Ensino e Educação Comparada da Faculdade de Educação da Universidade de São Paulo.* São Paulo: mimeo., 1994, p. 4.

[2] *Ibid.*, p. 6.

[3] *Ibid.*, p. 8.

[4] *Ibid.*, p. 8.

[5] *Ibid.*, p. 11-12.

[6] *Ibid.*, p. 18.

[7] *Ibid.*, p.21.

[8] *Ibid.*, p. 23.

[9] *Ibid.*, p. 15.

[10] *Anais do Seminário Perspectivas do Ensino de História.* São Paulo: Feusp, 1988, p. 21.

QUANDO A CASA VIRA ESCOLA:
A MODERNIDADE PEDAGÓGICA NO BRASIL

*Clarice Nunes**

Falar da educação, falando da escola

Quando andamos nas ruas dos grandes centros urbanos, não temos dificuldade em identificar os prédios escolares. A importância desses prédios na representação que se faz da escolarização é enorme. Um trabalho de pesquisa realizado no final da década de 1990 sobre o processo de escolarização de adultos, em Teresina e Natal, verificou que a ausência de prédios escolares nas localidades onde esses indivíduos estudaram ou o pequeno prestígio social dessas instituições, quando existiam, foram fatores importantes no julgamento que eles mesmos fizeram com relação à sua escolaridade, não legitimando o seu período de aprendizagem. Esses achados foram compatíveis com os da pesquisadora Rosário Carvalho. Em sua investigação, ela verificou que os trabalhadores rurais em diversos estados do nordeste, que haviam estudado em locais "improvisados", em escolas como cabanas ou igrejas, também não valorizavam seu processo de escolarização.[1]

Os resultados dessas pesquisas permitem uma pergunta: quando é que falar da educação passou a ser falar da escola? De um modo bastante simplificado, podemos dizer que a escola, em qualquer cidade ou município brasileiro, é expressão atualizada de uma matriz pedagógica elaborada em pleno século XVII, com a criação do *método simultâneo*, pelo qual um único professor ensina a todos os

---

* Professora Titular de História da Educação da Faculdade de Educação da UFF (aposentada). Pesquisadora do CNPq associada ao Programa de Pós-graduação em Educação da UFF. Professora Visitante da Faculdade de Formação de Professores da Uerj/SG.

alunos ao mesmo tempo um mesmo conteúdo. Em outras palavras, a configuração escolar do século XXI, mesmo consideradas todas as suas novidades ou seus aparatos tecnológicos, quando estes existem, está presente em textos pedagógicos considerados clássicos.[2] Já há nessa afirmação uma diferença que, no fundo, é uma herança da convenção estabelecida por Émile Durkheim (1858-1917) entre a pedagogia que diz respeito aos processos de produção e distribuição de saberes dentro de instituições especializadas, as escolas, e a educação, no sentido amplo. O rastreamento dos discursos pedagógicos pode sinalizar quais dispositivos do século XIX permanecem no século XXI, apesar das descontinuidades operadas no tempo quando se focaliza a instituição escolar.

A escola tal qual a reconhecemos é um fruto típico da cultura ocidental moderna. Nela se generaliza a concepção de que essa instituição encarna um modo específico de formar as novas gerações, sobretudo as crianças que passaram a se distinguir do corpo coletivo. O aparecimento da escola como *o* espaço da educação está intimamente relacionado a uma nova compreensão da infância; à emergência de um espaço fechado e de um tempo específico para a educação infantil; ao aparecimento de um corpo de especialistas da infância dotados de teorias e tecnologias próprias para educar; à destruição de outros modos de educar e, finalmente, à institucionalização da escola e à imposição da obrigatoriedade escolar decretada pelos governos e sustentada por aparatos legais.[3]

Uma nova compreensão de infância surge a partir do discurso filosófico da modernidade, nos séculos XVII e XVIII, mas não se restringe a esse momento histórico. Essa produção vai sendo ressignificada nos séculos seguintes, de acordo com as novas necessidades que emergiram no sentido de generalizar a educação escolar e, portanto, de criar métodos que assegurassem uma transmissão racional dos conteúdos de ensino.[4] Em outras palavras, os diversos pedagogos que aparecem enfileirados e reverenciados na literatura pedagógica que conhecemos, relativas aos séculos XIX e XX, procuraram encontrar soluções concretas para os problemas apresentados pelos pedagogos dos séculos XVII e XVIII. Essas iniciativas de ressignificação promovem duas práticas simultâneas. Procuram fazer com que a Pedagogia repense a si mesma, inaugurando toda uma reflexão epistemológica da qual Émile Durkheim[5] é um expoente, e, ao mesmo tempo, justifique a criação dos sistemas nacionais de educação.[6] Por esse motivo, no século XX, o discurso das políticas educativas vai adquirir enorme importância ao adequar aos mais diversos problemas de caráter legislativo, econômico e financeiro os pressupostos da pedagogia moderna. No centro dos debates estarão focalizadas as pedagogias ativas e a educação popular. As histórias da educação, por sua vez, criadas no final do século XIX e início do século XX, cumprem o papel de instalar tradições relativas à reflexão da prática educativa, à relação entre ensino e pesquisa e dotá-las de sentido.[7]

A transformação operada no sentimento da infância, magistralmente apontada por Phillipe Ariès, demoliu a representação da criança como um adulto em miniatura e criou uma nova característica da infância: a dependência pessoal.[8] Essa significativa mudança é produzida pelo discurso pedagógico numa das obras clássicas da pedagogia moderna, *Émile ou da Educação,* de Jean Jacques Rousseau.[9] Nesta obra, Rousseau assinala os fundamentos da compreensão de que o ser infantil é um corpo, um objeto de estudo, um espaço de planejamento e de desenvolvimento de práticas e ações que, sem contradizer o natural do ser infantil, conformam a atividade educadora. Ainda no século XVII, outra obra apresentaria os fundamentos da atividade escolar, a partir da categoria de gradação, um dos pilares de sustentação de todo o pensamento pedagógico moderno.[10] Trata-se de a *Didáctica Magna*, de J. A. Comenius.[11] Nela, a escola moderna vai se operacionalizar mediante a divisão das idades, dos saberes, das aprendizagens e das experiências articuladas a cada uma das etapas que vão da infância à vida adulta.[12]

O surgimento da escola moderna constituirá e reforçará a crença de que a aprendizagem é feita na escola e não na vida. Ela se torna a substância de um processo de autonomização que vai "desapossar os grupos sociais de suas competências e prerrogativas".[13] Ela vai se opor ao que denominará a antiga sociedade, onde se aprendia fazendo e ao ver fazer, já que a aprendizagem da criança se dava pela participação direta nas atividades da família e da casa e onde aprender não era diferente de fazer. Essa autonomização vai exigir um espaço específico, distinto de outros locais onde se realizavam atividades sociais, e um tempo próprio, impregnado de, pelo menos, três sentidos: como período de vida, como tempo no ano e como modo de emprego do tempo cotidiano.[14]

As categorias de gradação, diferença, divisão e o estabelecimento de objetivos claros e precisos para a educação em cada etapa da vida humana estruturaram também um modelo de sociedade pautado na ordem, na tutela e na proteção da infância. Temos então instaurada uma relação pedagógica que se estrutura na diferença entre o educador e o educando e, por extensão, na assimetria entre o governante e o governado, o tutor e o tutelado. Existe, portanto, uma relação entre os discursos pedagógicos, o sentido das práticas educacionais e da sociedade que as produz, se bem que não se trate de um simples reflexo. Isto é, ao se produzir uma certa ordem pedagógica, produz-se também uma certa ordem política. Se a ordem e o progresso são palavras-chave de um mundo que se transforma, a educação torna-se necessidade e é feita à revelia dos próprios sujeitos que passam a ser objetos de intervenção e não agentes de sua própria história e de suas experiências comunicativas. A educação da criança é requerida para formar o adulto produtivo, claramente inserido nas práticas econômicas e sociais postuladas por uma ordem que se afirma pelo discurso da diferença pela competência e pelo mérito. Estabelecido o estreito elo entre escola e educação, ele se amplia a ponto de falarmos de um processo de maior envergadura que é o da escolarização de toda a sociedade.

Saberes e poderes foram acionados para construir as políticas educativas desdobradas no cotidiano das cidades. Para unificar o que se fragmentou, os discursos pedagógicos passaram a criar olhares específicos sobre a vida social e escolar, apoiados nas teorias e nos procedimentos associados a certas áreas de conhecimento como a Estatística, a Psicologia, a Sociologia, o Direito, a Música, a Educação Física, a Arquitetura Escolar. Estes saberes geraram poderes, pois permitiram que se afirmassem socialmente como elaboradores de representações que reforçaram a secularização da cultura, e, politicamente, a reorganização do Estado e dos serviços que ele prestava.[15] Tomemos como exemplo a Estatística e o Direito.

A Estatística diagnosticou e formulou políticas públicas com relação aos fenômenos tipicamente coletivos. Associada à Psicologia Educacional, serviu como suporte para a classificação dos alunos, detendo-se na descrição das "variações" e dos "desvios" no grupo. Permitiu, portanto, captar a questão pedagógica na sua dimensão mais ampla, oferecendo instrumentos para pensar a educação como problema nacional e, ao mesmo tempo, descer na intimidade do processo pedagógico. Os pequenos, médios e grandes diagnósticos possibilitaram a projeção do futuro e criaram a ilusão de uma falsa segurança diante da realidade dispersa. Serviram para mapear a vida escolar e interferir nas escolas não só pela cobrança direta dos registros necessários à operacionalização da política (censo, organização de turmas, previsão de matrículas, controle de matrícula e frequência, distribuição de professores, medidas de aproveitamento escolar), mas também pela introdução de rotinas novas e criação de perfis e tipologias no campo da saúde, da conduta social e da aprendizagem. Associada à Psicologia e à Antropologia, a Estatística tornou-se instrumento privilegiado para a elaboração de normas preventivas e corretivas que foram deslocadas gradativamente da escola para a família.[16]

O Direito, com sua retórica impessoal, definiu instâncias, hierarquias, prioridades e uma linguagem comum. Foi veículo para a afirmação de uma mentalidade que estava sendo forjada nas lutas sociais. Foi a argamassa do educador profissional, já que garantiu a delimitação das exigências de ingresso na profissão, as condições de trabalho, a regulamentação da carreira, os incentivos, as penalidades, os espaços de atuação e o seu valor social. O intenso trabalho racionalizador dos intelectuais da cidade criou um Direito Escolar, através de um conjunto de textos normatizadores (os decretos), justificadores (as exposições de motivos) e operacionais (as instruções, os regulamentos, as portarias, os editais, os ofícios). A legislação escolar, com conteúdos práticos, codificou espaços, saberes, poderes, definindo o que era considerado justo e, ao mesmo tempo, delimitando um conjunto de soluções jurídicas para problemas postos pelo contexto pedagógico.

A instrumentalização da educação fez com que ela esgarçasse sua relação com uma noção de conhecimento que pressupõe a interlocução, a compreensão e a participação solidária das pessoas, dos grupos, das comunidades que conformam uma sociedade. O sujeito da educação acabou sendo reduzido a aluno. A educação se difundiu com medidas de cima para baixo e com a pressão das reivindicações populares pelo saber escolarizado, ao reconhecer que ele separava os que sabiam dos que não sabiam e que nunca saberiam se não tivessem garantido o acesso e a permanência na escola.

A escola na sociedade brasileira: da extensão da casa ao grupo escolar

Se ainda no começo do século XX a escola é extensão da casa, ela vai, nesse século, transformar-se num ambiente específico, em que o prédio escolar tem enorme importância, já que ele multiplica os espaços dedicados à aprendizagem: a biblioteca, o anfiteatro, as salas de leitura, o refeitório, os jardins, as "áreas livres", que aparecem na memória dos alunos que frequentaram as escolas públicas, sobretudo as escolas cariocas, na década de 1930, não como um dispositivo de confinamento, mas de reapropriação dos espaços de sociabilidade que estavam sendo cada vez mais sonegados às classes trabalhadoras pelas reformas urbanas que, em anos anteriores, as haviam empurrado para os morros ou a periferia das cidades.

Além da arquitetura moderna, os prédios escolares inovam como palco da criação do cinema educativo, da rádio educativa, dos coros orfeônicos, da diversificação dos livros didáticos e da disseminação de revistas pedagógicas. Ou seja, a escola moderna criou uma ampliação da comunicação interativa, como apontou Nicolau Sevcenko[17], e a pedagogia moderna, ultrapassando a sala de aula, chegou às ruas, aos estádios, fazendo da cidade um espaço educativo, de visibilidade da escola e dos seus agentes. O alvo a ser atingido era a mudança nos costumes familiares sobre os modos de educar os filhos. Essa mudança dos costumes familiares passava pela mudança do *habitus* pedagógico.[18] A cultura escolar chocou-se contra a cultura urbana existente e os sujeitos agentes e pacientes das práticas pedagógicas reagiram, muitos deles resistindo às mudanças das suas próprias práticas. É o caso, por exemplo, daquela professora que não muda o seu método de alfabetização, apesar da imposição oficial da sentenciação como método alfabetizador para aprendizagem da leitura e escrita. Ela prefere continuar com suas descrições didáticas (o "a" é a letrinha que tem a mãozinha do lado, o "o" é a goiabinha pendurada na árvore) ou das dificuldades na aplicação dos testes de classificação dos alunos nas escolas porque faltava material adequado para realizá-los, porque as crianças ficavam ansiosas não só com a espera, de às vezes até mais de duas horas, para executá-los, como pela reação emocional das professoras inseguras ao aplicá-los; ou das práticas desconcertantes dos alunos, sobretudo as ligadas ao sexo (exibição de certas partes do corpo, masturbação) ou, ainda, a reação contra os instrumentos de escrituração escolar, como os diários de classe considerados uns trambolhos pelos professores na década de 1920.

Toda a cultura pedagógica que permeou lugares e objetos, além de criar uma rede de escolarização, procurou forjar uma mentalidade mais aberta aos inquéritos sociais e escolares, às necessidades biológicas, psicológicas e culturais dos alunos, ao governo da escola e à direção da sociedade. Ela foi forjada no Instituto de Educação e no Instituto de Pesquisas Educacionais, ambos criados na gestão de Anísio Teixeira na década de 1930 e que não só produziram e reproduziram essa cultura pedagógica, da qual nasceram as ciências sociais no país, como exigiram uma formação técnica com o aporte de novos conhecimentos capazes de reunir o bom senso a uma teoria da educação que se infiltrasse na prática cotidiana da vida escolar. A chamada *Escola Nova*, como preferia Lourenço Filho, ou *Escola Progressiva,* como preferia Anísio Teixeira, procurava desbancar o que se convencionou chamar de *Escola Tradicional,* ou seja, a escola como extensão da casa e que, portanto, revelava os problemas de habitação e saúde, das relações hierarquizadas e punitivas, da fragmentação social expressa na fragmentação escolar. Em toda a Primeira República, as escolas dos grandes centros urbanos funcionavam em casas isoladas, e o que ditava a política de localização e acesso era, em última instância, a ganância dos proprietários de imóveis em ampliar a renda pessoal. Logo, as escolas primárias se concentravam nas áreas privilegiadas pela especulação imobiliária: os núcleos iniciais da cidade e seus arrabaldes.

A instalação da modernidade pedagógica encarnou-se numa série de reformas de instrução pública ocorridas nos grandes centros urbanos brasileiros: Salvador, Porto Alegre, Recife, Belo Horizonte, Rio de Janeiro, São Paulo, e procuraram construir uma nova ordem espacial, produtiva e política. Os educadores que as lideraram se instituíam como educadores profissionais, uma vez que a carreira estava em aberto. Coube a eles construí-la. Ao mesmo tempo, criaram os grupos escolares. O sentido máximo dessa instituição foi o de modificar o *habitus pedagógico,* o que exigiu uma série de práticas de recriação do trabalho pedagógico e consequentemente de produção de novos sentidos e formas de inteligibilidade e legitimação dessas práticas. As intervenções pedagógicas dirigidas pelo Estado constituíram parte do processo de uma luta pela cultura que englobou modos de pensar e sentir, modos de viver. Nesse sentido, as reformas foram mais do que simplesmente uma reorganização pedagógica. Criaram uma rede escolar que substituiu as escolas isoladas e reunidas. Redefiniram o poder de diretores e inspetores escolares e provocaram intervenções em múltiplos níveis: nos aspectos materiais da escola, através dos seus novos prédios e dos materiais didáticos, e nos aspectos simbólicos, nos quais se inclui a produção de toda uma literatura pedagógica e de uma dramaturgia que procurava criar uma atmosfera, já que a escola era entendida como um estado de espírito! A culminância dessas reformas foi a criação de um sistema nacional de ensino elementar.

Esse sistema foi se consolidando sob a égide das Leis Orgânicas, cujo período de influência ultrapassou o período de sua criação (o da ditadura getulista) e que se prolongou até a década de 1960. Com a extinção da Universidade do Distrito Federal, criada por Anísio Teixeira, em 1939, o ministro Gustavo Capanema impediu que a Pedagogia se tornasse área de investigação acadêmica e que os professores do ensino elementar fossem formados em nível superior.

As funções especializadas no sistema de ensino elementar segmentaram o ato de educar, as responsabilidades educativas, as áreas de atuação dos profissionais da educação, levando-os a criar e reforçar representações muito fortes de divisão interna na própria prática de trabalho, com repercussões ainda hoje palpáveis. Com a expansão do ensino primário, também se expandiram as Escolas Normais e os Institutos de Educação, que acabaram perdendo a concepção original que os distinguiu como instituições de pesquisa do trabalho pedagógico. Acabaram se tornando, na prática, instituições de ensino secundário, o que acarretou a descaracterização da sua função profissional. Com forte dificuldade de se deixarem assimilar pelo sistema federal, continuaram controlados pelos governos estaduais. A prática de ensino e os estágios, com raras exceções, viram-se esvaziados da reflexão substantiva sobre os problemas pedagógicos concretos vividos nas escolas. A Didática viu-se reduzida a um rol de procedimentos e os estágios mergulharam no tédio da rotina que transformou os estagiários em meros executores de tarefas solicitadas pelos professores regentes.

Somente na década de 1970 a formação do professor primário foi legalmente elevada ao nível superior através dos cursos de licenciatura plena, previstos pela Lei 5692/1971, que vinculou os níveis salariais do docente ao seu nível de formação e não ao nível de exercício profissional. Ao tornar compulsória a profissionalização no nível médio, transformou o magistério em uma das habilitações ao nível de segundo grau, descaracterizando as Escolas Normais e os Institutos de Educação. Inaugurava-se a corrida dos docentes junto às Faculdades de Filosofia, Ciências e Letras, substituídas, enfim, pelas Faculdades de Educação que passavam a integrar o sistema universitário. O paradigma da racionalidade técnica que informara a prática de ensino e os estágios, embora vivo, dava sinais de esgotamento.

A Lei de Diretrizes e Bases da Educação Nacional (1996) manteve a proposta de formar o profissional da educação em curso superior, mas abriu a possibilidade de que professores com o mesmo nível de formação pudessem ser remunerados de forma diferenciada, já que não incorporou o dispositivo da legislação anterior que obrigava os sistemas de ensino a remunerarem seus docentes pelo nível de qualificação. A criação dos Institutos Superiores de Educação apareceu como polêmica "novidade". Junto com a elaboração do projeto pedagógico das escolas, essas e outras instituições formadoras se situam dentro da lógica do incentivo à competição, não apenas entre instituições públicas e particulares, mas também entre as escolas públicas e as escolas particulares.

Do ponto de vista da prática de pesquisa e dos estágios, abre-se espaço para a discussão da escola como campo de pesquisa atravessada pela crise do conhecimento e da própria instituição escolar. As situações de fracasso escolar, explicadas nas décadas de 1960 e 1970 pelas teorias da carência cultural, que responsabilizavam os alunos e suas famílias, cederam lugar à tentativa de ver a escola como espaço multicultural, com implicações pedagógicas que interferem nos resultados obtidos, e à ênfase na atuação do professor como educador no sentido mais amplo e como sujeito que produz conhecimento. Não cabe a ele apenas organizar e didatizar o saber que vai ensinar, mas refletir sobre o conhecimento que pretende ensinar. Sem dúvida, espera-se muito do professor, embora continue espremido pelos baixos salários, pressionado pelas expectativas das famílias e da sociedade, enfrentando condições adversas na sua vida profissional e investindo, do seu próprio bolso, para enriquecer a sua formação.[19]

Os impasses da escola na sociedade brasileira contemporânea

Apesar das resistências, a escola pública moderna se impôs, mas hoje, com raríssimas exceções, é uma escola maltratada: muros altos, móveis quebrados, grades, pichações internas e externas. Seus professores empobreceram, sobretudo nas décadas de 1980 e 1990, pela queda vertiginosa dos salários. A crise de identidade que, como docentes, enfrentam, como salientou Nóvoa[20], está relacionada à evolução do próprio ofício, que foi impingindo a separação entre o eu pessoal e o eu profissional. Alimentada pelo processo científico, essa separação encarnou-

-se nas instituições e teve relevante papel na intensificação do controle sobre os professores e no esvaziamento do sentido do seu trabalho.

A formação do professor e o exercício do seu ofício se situam, porém, dentro de uma lógica que, procurando medir a "qualidade" das escolas e/ou dos seus alunos, através de processos nacionais de avaliação, criou um *ranking*, explorado pela mídia e motivo de polêmica entre professores, técnicos de educação, estudantes e suas famílias. Ao instituir os estabelecimentos de ensino como ponto de partida das dinâmicas de concorrência e da escolha dos pais, a Lei de Diretrizes e Bases (1996) estabeleceu o lado obscuro da autonomia que a escola brasileira hoje goza quanto à sua proposta pedagógica, já que escolher a escola para os filhos é possível apenas para as famílias que economicamente e culturalmente podem fazê-lo, o que cria diferentes escolarizações para grupos sociais desigualmente posicionados.[21] A cobrança em relação à performance dos professores acirrou a divisão e o fechamento desse grupo profissional, reforçando posturas individualistas. Boa parte do corpo docente recuou para o interior da sala de aula ou da disciplina de ensino, cultivando o desinteresse pelo sistema escolar no seu conjunto.

Essas e outras modificações provocadas pela LDB, ao lado daquelas introduzidas por decretos-leis e emendas que a acompanharam, acabaram reunidas e subentendidas no termo reforma. Esta palavra, no entanto, não tem mais o sentido que lhe foi atribuído pelos educadores liberais da década de 1930, pois não faz parte de uma concepção de educação como direito universal da cidadania. Dentro do enfoque seletivo e focalizado das políticas educacionais contemporâneas, ainda mais quando associado a práticas privatizantes, no sentido estrito, e dissociado de controles e garantias públicas, a reforma assistencializa a política social e abre espaço para a arbitrariedade daqueles que decidem sobre a necessidade dos seus beneficiários.[22]

Hoje, portanto, já não compreendemos, como os educadores liberais, que às reformas educacionais competem transformar a sociedade. Daí sermos menos entusiasmados do que eles e mais desiludidos com relação ao sistema nacional de educação. Os argumentos ético-filosóficos em favor da privatização, defendidos pelos antigos educadores católicos, como o direito da família educar seus filhos, ou mesmo a pluralidade ideológica e religiosa, sofreram uma ressignificação. A racionalidade administrativa e econômica passou a enfatizar uma qualidade de ensino tecnocrática, gerencial e pragmática, que se choca contra a tradição liberal que a entendia como concepção política, substantiva e democrática, constituída numa história de lutas contra as desigualdades, dentro e fora do Estado.[23]

As reformas contemporâneas de educação, dentro das políticas globalizadoras de diversos países, dentre as quais se inclui a nossa, abandonaram a defesa da educação como direito. Tecidas pelo discurso neoliberal, materializam-se em projetos semelhantes, mas não propriamente idênticos, já que não existe correspondência perfeita entre as reformas pretendidas e as executadas, mesmo quando as opções políticas se encontram subordinadas à orientação global. O peso das tradições culturais nacionais, os constrangimentos próprios de cada contexto de escolarização, o trabalho de reinterpretação dos atores no campo escolar em cada nível, desde o mais alto centro de decisão até a sala de aula, não podem ser menosprezados. Em vez de globalização das políticas, talvez fosse oportuno considerar sua hibridização.[24]

Numa perspectiva em macroescala, a análise das políticas de organização da escola focaliza sua inserção no conjunto das políticas sociais, sua relação com a organização da sociedade e a herança histórica, dentre outros aspectos. Numa perspectiva em microescala, o foco muda sua amplitude e enfatiza, ainda que os aspectos globais sejam levados em conta, as traduções da política nacional nas políticas estaduais e municipais. Lembramos que estados e municípios tiveram, de acordo com as atribuições constitucionais de 1988, seus espaços e responsabilidades ampliados, estando em situação de igualdade jurídica com o governo federal no que diz respeito à oferta dos serviços educativos. São concorrentes. Atendem à mesma clientela.[25]

Essa concorrência, no entanto, ocorreu paralelamente à redução dos recursos disponíveis para investimento em educação. No estado do Rio de Janeiro (mas não só nele) a crise das escolas formadoras de professores manifestou-se e cresceu, pois as escolas normais não se revitalizaram, tal como pretendiam os educadores das décadas de 1970 e de 1980, nem os cursos de pedagogia foram considerados alternativa efetiva de formação. A Lei de Diretrizes e Bases e todo o aparato legislativo a ela relacionado repercutiram nas medidas implantadas pelo poder executivo dos estados e municípios. Daí a importância de avaliarmos de que maneira ocorreram e o que provocou essas repercussões.

Para tanto, é imprescindível que repensemos o papel do local na elaboração das políticas educacionais, já que este não se reduz a uma simples aplicação. Em função das relações sociais e das oportunidades políticas existentes, opera-se uma recontextualização, fruto da interação entre lógicas globalizantes, lógicas nacionais e lógicas locais. Essa interação não ocorre apenas no nível dos procedimentos práticos e/ou técnicos. Ela procura também modificar os valores daqueles que atuam no mundo escolar, criando certos constrangimentos e incitações nas quais certas atividades são valorizadas e outras não.[26]

O que propomos é a flexibilização de nossa compreensão do local, entendido não no sentido estrito do território espacial que o conforma, mas maleabilizado pelas redes de relações que aí se forjam.[27] O local, portanto, configura-se como uma rede desenhada pelas relações de poder.[28] O espaço geográfico concreto remete para um ponto fixo localizado num mapa. As relações sociais remetem para pontos descontínuos. Como na rede, cada nó é uma constelação de significados. Esses nós, saturados de experiências e representações, são atravessados pela tensão das forças sociais presentes na rede e que define os limites, as diferenças entre os "de dentro" e os "de fora", "nós" e os "outros".

O local aparece, portanto, como a modulação particular de um problema mais geral. Como afirma Jacques Revel, modulação particular e original, pois o que ela oferece não é uma desfiguração ou mutilação da realidade macrossocial, e sim uma versão diferente.[29] O papel do local na elaboração das políticas educacionais não é fruto de um efeito de "realidade", e sim da representação que dele fazemos a partir das leituras, das entrevistas e da ida ao campo, a partir de uma perspectiva humana e pedagógica, isto é, a partir de uma problemática.

O que aprendemos com o confronto de escalas? A contribuição da História para o enfrentamento dos problemas educacionais contemporâneos é justamente afirmar que escolhas foram feitas e, diante delas, que futuros foram apagados. Pensar a escola brasileira no presente é pensar o futuro de um certo passado que deixou suas marcas por um efeito do que Merleau-Ponty denominou de "pregnância dos possíveis". Esses possíveis podem nos ensinar mais do que a história instituída e confinada ao que permaneceu. Trabalhar na reconstituição do horizonte dos possíveis é, sem dúvida, alargar nossa compreensão dos embates que se travaram em nome da educação do país, afastar o fatalismo e trazer para o primeiro plano a responsabilidade das ações humanas e de suas consequências.

Nessa perspectiva, o passado não é visto apenas como permanência, mas como conjunto de mutações e crises. Se tudo o que perpassa a educação muda, algo ainda se mantém pregnante.[30] É função do historiador, já que busca construir uma perspectiva compreensiva do que estuda, trazer essa contribuição para a análise do seu momento histórico. Embora acatada como tese, essa função geralmente não é assumida na prática acadêmica, na qual os projetos de investigação, salvo exceções, não demonstram a vinculação dos seus objetos, via de regra referidos a um passado remoto, às questões do presente. Lida-se aí com o estereótipo de que cabe ao historiador apenas estudar o passado.

A aproximação e o contraste de escalas ajuda-nos a romper com a oposição entre o histórico e o contemporâneo e a ver a legislação como dispositivo de conformação das práticas pedagógicas, o que nos leva a advertir para o fato de que também é preciso romper com as representações mecanicistas que temos da legislação e visualizá-la na sua dinamicidade, na sua capacidade de atravessar várias dimensões do fazer pedagógico, da política educacional à sala de aula.[31]

A análise da nossa herança histórica mostra que vale a pena resgatar a nossa tradição democratizante, que defendia a educação como direito social e buscava direcionar os recursos para os jovens excluídos dos bens sociais. Dela recusamos, no entanto, a vertente demasiado tecnicista, excessivamente preocupada com a transmissão de metodologias, e reforçamos aquela que relacionava a educação e, sobretudo, a escola fundamental a um projeto cultural para a infância e a juventude, na perspectiva apresentada por Anísio Teixeira.

Apesar da imposição de certos modelos de ação através da legislação, o que importa compreender, como nos ensina a história da educação, é que usos lhes damos nos fazeres do dia a dia da escola. Aí é que os estudos em microescala nos ajudam. No entanto, é preciso extrair dos modelos (especialmente de alguns deles) o que eles podem nos oferecer. Como entender, por exemplo, o motivo pelo qual todas as críticas dirigidas à escola contemporânea, em qualquer nível de ensino, por mais corretas e cruéis que sejam, não abafem a representação que percorre as mais variadas classes sociais de que a escola é necessária?

Diz-se que a escola contemporânea está em crise. Ora, a crise da escola é também a crise de legitimidade da profissão docente, já que os professores não são mais a única autoridade em matéria de cultura, disputando o espaço com a TV, os jornais, a publicidade e as viagens. Em resumo, eles precisam provar sua utilidade. Acabam sendo obrigados

> a demonstrar aos alunos a utilidade e o interesse do que ensinam; convencer os superiores hierárquicos (serviços centrais e órgãos da gestão da escola) da eficácia e criatividade dos seus planos de trabalho; informar aos colegas dos objetivos a atingir e dos constrangimentos da ação; explicar aos pais a pertinência dos projetos e a eficiência dos processos; mostrar a si próprios que são capazes.[32]

A crise da escola não é a crise do modo de sociabilidade que ela criou e que se tornou hegemônico nas sociedades modernas e contemporâneas. Esse modo de sociabilidade está associado tanto à emergência de uma nova ordem urbana quanto a concepções políticas nas quais a democracia é considerada um valor. Ele exige um espaço específico e separado de outros para ser exercitado; está intimamente ligado à natureza escrita do processo de transmissão dos saberes; dispõe de um processo de sistematização do ensino; possibilita a aprendizagem de diferentes formas de exercício de poder e se submete a regras que despersonalizam pessoas e as forjam como alunos e professores. Essas características compõem uma forma escolar que se estendeu da escola para a sociedade mais ampla e cujos traços podem ser encontrados, em maior ou menor grau, nas mais diferentes práticas socializadoras das famílias das classes média e média-alta, já que as classes populares estão dela relativamente mais distantes.[33]

Olhar para esse modelo de escolarização abstraindo-o das escolas concretas cria a possibilidade de entendermos os paradoxos referidos: o de que quanto mais se critica a escola, mais formação dela se espera, ou o de que quanto mais se admite a desvalorização do diploma escolar, mais ele é exigido na inserção oficial no mundo do trabalho, com a elevação progressiva dos requisitos educacionais, o que não implica necessariamente uma remuneração equivalente ou compatível com o nível de formação. Ou, ainda, o de que quanto mais se criticam os professores, mais eles são necessários, sobretudo num momento em que a família vem delegando substancialmente a função da educação de seus filhos à escola.

Esse modelo da forma escolar pode ser útil para entender por que os professores mantêm, mesmo nas condições mais adversas de trabalho, o desejo de se tornarem cada vez mais qualificados. Ao contrário do discurso que insiste na sua desqualificação, argumento que motiva e justifica a revisão das políticas de formação, quando não os culpabiliza pelos desacertos da escola, eles vão investindo na melhoria da sua performance e patrocinando, em muitos casos de seu próprio bolso, cursos de Especialização, Mestrado e Doutorado. Embora não possa ser generalizado, esse esforço é palpável e evidente[34], o que nos leva a concordar com Miguel Arroyo quando afirma existir, ao menos nas cidades de médio e grande portes, certo acúmulo suficiente de qualificação profissional para oferecer uma educação digna ao cidadão brasileiro.[35]

A consagração da forma escolar como o modo mais adequado de socialização, presente nas representações que as sociedades modernas e contemporâneas construíram sobre os seus processos educativos, reforça toda e qualquer iniciativa que a confirme. Assim, os processos de busca pessoal de formação continuada, em decorrência, ou não, de imposições legais, apresentam-se como tendência crescente junto aos professores. Estes não estão somente procurando atender às demandas credencialistas. Boa parte deles deseja refletir sobre as questões que os angustiam no exercício do magistério. Pretendem também refinar o modo de pensar as questões educativas e de atuar dentro das escolas, necessidade que emerge com mais força por ocasião das recentes reformas educacionais, quando o cotidiano das escolas se vê ameaçado pelas novas exigências impostas pela legislação educacional.

Tanto os professores quanto as autoridades educacionais e as próprias políticas de formação, no entanto, acabam assumindo o pressuposto de que a formação é algo que se recebe. Mas ela é mais do que isso. É um complexo processo de interação que tem sido abalado pelo crescimento do trabalho cotidiano nas escolas; pelos instrumentos de controle e avaliação; pela presença de novas tarefas exigidas pelas reformas educacionais; pela responsabilização com relação ao insucesso dos resultados do sistema educacional.[36]

Resgatar um autêntico percurso formativo é possível se afrouxarmos as representações que interiorizamos e religarmos o que está cindido: a existência e a profissão; os saberes curriculares e os saberes significativos e estáveis na vida dos alunos; o espaço de trabalho e o espaço de lazer. É preciso enfrentar, hoje, o fato de que a elevação significativa dos níveis de qualificação docente não tem sido acompanhada pelo sucesso dos resultados dos estudantes. Nenhuma mudança significativa ocorrerá enquanto não trabalharmos na direção da reorganização do trabalho docente dentro das instituições escolares, no sentido de dar corpo a um ensino articulado vertical e horizontalmente e à tarefa da escola pensar em conjunto sobre o próprio trabalho que realiza, não apenas no que tange aos seus resultados, mas sobretudo ao modo pelo qual os obteve. Essa reorganização, portanto, não se reduz a uma questão de "enxugamento de quadros" ou de "reformas curriculares". Ela diz respeito, principalmente, à mudança das representações que temos do funcionamento da escola e da atuação dos seus professores.

Se ao redor do fracasso escolar proliferam os discursos, os procedimentos satisfatórios permanecem, como assegura Anne-Marie Chartier[37], silenciosos, o que parece nos empurrar, estrategicamente, para o deslocamento sucessivo da atenção: do observável para o dizível, do dizível para os modos de dizer, da desconstrução para a construção das representações existentes. Neste sentido, esta reflexão é um primeiro passo.

Bibliografia

ALMEIDA, A da L. et al.. *Mestres e Doutores da educação pública fundamental da cidade do Rio de Janeiro*. Rio de Janeiro: Prefeitura do Rio/ Secretaria Municipal de Educação/ Upgraf Editora, 2000.

ALMEIDA, José Ricardo Pires de. *História da instrução pública no Brasil/1500-1850*. História e Legislação. São Paulo: Educ; Brasília: Inep/MEC, 1989.

AMARAL SOBRINHO, J. O regime de colaboração entre estados e municípios: uma estratégia para administrar a escassez. *Ensaio: avaliação de políticas públicas de educação*, Rio de Janeiro, 1(4), jul./set 1994.

ARIÈS, Phillipe. *História social da criança e da família*. Rio de Janeiro: Guanabara, 1979.

ARROYO, M. Reinventar e formar o profissional da educação básica. *Educação em Revista*, Belo Horizonte, 37, julho 2003.

BOURDIEU, Pierre. *O poder simbólico*. Lisboa: Difel, 1989.

CHARTIER, A. M. Fazeres ordinários da classe: uma aposta para a pesquisa e para a formação. *Educação e Pesquisa*, São Paulo, 26(2), 2000.

COMENIUS, Jan A. *Didáctica Magna*. Madrid: Akal, 1986.

DUBET, F. A formação dos indivíduos: a desinstitucionalização. *Contemporaneidade e Educação*, Rio de Janeiro, 8 (3), 1998.

DURKHEIM, Émile. *Educação e sociologia*. Rio de Janeiro: Melhoramentos, 1978.

FARIA FILHO, L. M. de. Fonte para a história da educação em Minas Gerais no século XIX. *Educação em Foco*, Juiz de Fora, 4(1), 1999.

FONTOURA, M. M. Fico ou vou embora? In: NÓVOA, A. (org.). *Vidas de professores*. Porto: Porto Editora, 1995.

HUTMACHER, W. A escola em todos os seus estados: das políticas de sistemas às estratégias de estabelecimento. In: NÓVOA A. (org.). *As organizações escolares em análise*. Lisboa: Publicações Dom Quixote, s/d.

LOPES, E. M. T. Uma contribuição da história para uma história da educação. *Em Aberto*, Brasília, 9(47), jul./set. 1990.

NARODOWSKI, Mariano. *Infância e Poder: a conformação da pedagogia moderna*. Bragança Paulista: Edusf, 2001.

NÓVOA, A. (org.). *Vidas de professores*. Porto: Porto Editora, 1995.

NUNES, C. Memórias e práticas na construção docente. In: SELLES, Sandra Escovedo et al. *Formação docente em ciências – memórias e práticas*. Niterói: Eduff, 2003.

_____. A instrução pública no Brasil e a libertinagem no Rio de Janeiro (uma leitura da primeira história sistematizada da educação brasileira). *Cadernos de Pesquisa*, São Paulo, (93), 1995.

_____. Novas abordagens de velhos objetos. *Teoria & Educação*, Porto Alegre, n. 6, 1992.

_____ & CARVALHO, M. M. C. de. Historiografia da educação e fontes. *Cadernos ANPEd – Nova Fase*, Porto Alegre, n. 5, set. 1993.

QUEIROZ, J. M. de. *L'Ecole et ses sociologies*. Paris: Nathan, 1995.

REVEL, J. Microanálise e construção do social. In: REVEL, J. (org.). *Jogos de Escalas - a experiência da microanálise*. Rio de Janeiro: FGV, 1998.

ROSENTAL, P. A. Construir o "macro" pelo "micro". Fredrik Barth e a "microstoria". In: REVEL, J. (org.). *Jogos de Escalas - a experiência da microanálise*. Rio de Janeiro: FGV, 1998.

ROUSSEAU, Jean-Jacques. *Emílio ou da educação*. São Paulo: Difel, 1968.

SALES, Luís Carlos. *O prédio escolar*. Teresina: mimeo, 1999.

SEVCENKO, N. Transformação da linguagem e advento da cultura modernista no Brasil. *Estudos Históricos*, Rio de Janeiro, v. 6, n. 11, 1993.

SILVA, T.T. da. O projeto educacional da "nova" direita e a retórica da qualidade total. *Universidade e Sociedade*, São Paulo, 6 (10), janeiro 1996.

SOUZA, M. J. L. de. O território: sobre espaço e poder, autonomia e desenvolvimento. In: CASTRO, Iná Elias de et. al. (orgs.). *Geografia: conceitos e temas*. Rio de Janeiro: Bertrand Brasil, s/d.

VARELA, Júlia e ALVAREZ-URIA, Fernando. A maquinaria escolar. *Teoria & Educação*, Porto Alegre, n. 6, 1992.

VINCENT, G., LAHIRE, B. THIN, D. Sobre a história e a teoria da forma escolar. *Educação em Revista*, Belo Horizonte, 33, 2001.

ZANTEN, A e BALL, S. Comparer pour comprendre: globalisation, réinterprétations nationales et recontextualizations locales des politiques éducatives néoliberales. *Revue de l'Institut de Sociologie*, Bruxelles, mimeo, 2000.

Notas

[1] SALES, Luís Carlos. *O prédio escolar*. Teresina: mimeo, 1999.

[2] NARODOWSKI, Mariano. *Infância e Poder: a conformação da pedagogia moderna*. Bragança Paulista: Edusf, 2001.

[3] VARELA, Júlia e ALVAREZ-URIA, Fernando. A maquinaria escolar. *Teoria & Educação*, Porto Alegre, n. 6, 1992.

[4] NARODOWSKI, Mariano. *Op. cit.*

[5] DURKHEIM, Émile. *Educação e sociologia*. Rio de Janeiro: Melhoramentos, 1978.

[6] NARODOWSKI, Mariano. *Op. cit.*

[7] NUNES, C. & CARVALHO, M. M. C. de. Historiografia da educação e fontes. *Cadernos ANPEd* – Nova Fase, Porto Alegre, n. 5, set. 1993; NUNES, C. A instrução pública no Brasil e a libertinagem no Rio de Janeiro (uma leitura da primeira história sistematizada da educação brasileira). *Cadernos de Pesquisa*, São Paulo, (93), 1995; NARODOWSKI, Mariano. *Op. cit.*

[8] ARIÈS, Phillipe. *História social da criança e da família*. Rio de Janeiro: Guanabara, 1979.

[9] ROUSSEAU, Jean-Jacques. *Emílio ou da educação*. São Paulo: Difel, 1968.

[10] NARODOWSKI, Mariano. *Op. cit.*

[11] COMENIUS, Jan A. *Didáctica Magna*. Madrid: Akal, 1986.

[12] NARODOWSKI, Mariano. *Op. cit.*

[13] VINCENT, G., LAHIRE, B. THIN, D. Sobre a história e a teoria da forma escolar. *Educação em Revista*, Belo Horizonte, 33, 2001, p. 13.

[14] *Ibid.*

[15] NUNES, C. Novas abordagens de velhos objetos. *Teoria & Educação*, Porto Alegre, n. 6, 1992.

[16] *Ibid.*

[17] SEVCENKO, N. Transformação da linguagem e advento da cultura modernista no Brasil. *Estudos Históricos*, Rio de Janeiro, v. 6, n. 11, 1993.

[18] BOURDIEU, Pierre. *O poder simbólico*. Lisboa: Difel, 1989.

[19] NUNES, C. Memórias e práticas na construção docente. In: SELLES, Sandra Escovedo et al. *Formação docente em ciências* – memórias e práticas. Niterói: Eduff, 2003.

[20] NÓVOA, A. (org.). *Vidas de professores*. Porto: Porto Editora, 1995.

[21] SILVA, T.T. da. O projeto educacional da "nova" direita e a retórica da qualidade total. *Universidade e Sociedade*, São Paulo, 6 (10), janeiro 1996.

[22] *Ibid.*

[23] *Ibid.*

[24] ZANTEN, A e BALL, S. Comparer pour comprendre: globalisation, réinterprétations nationales et recontextualizations locales des politiques éducatives néoliberales. *Revue de l'Institut de Sociologie*, Bruxelles, mimeo, 2000.

[25] AMARAL SOBRINHO, J. O regime de colaboração entre estados e municípios: uma estratégia para administrar a escassez. *Ensaio: avaliação de políticas públicas de educação*, Rio de Janeiro, 1(4), jul./set 1994.

[26] ZANTEN, A e BALL, S. *Op. cit.*

[27] SOUZA, M. J. L. de. O território: sobre espaço e poder, autonomia e desenvolvimento. In: CASTRO, Iná Elias de et. al. (orgs.). *Geografia: conceitos e temas*. Rio de Janeiro: Bertrand Brasil, s/d.

[28] Esse modo de tratar o local exige a distinção entre as noções de poder e violência, conforme adverte Marcelo José Lopes de Souza. O poder corresponderia, segundo esse autor – que se apoia nas reflexões de Hannah Arendt –, à habilidade humana de agir em comum acordo. Não é propriedade de um indivíduo ou de grupos. A violência ocorre quando o poder está ameaçado. O poder não tem necessidade de justificativa, já que é inerente à existência de uma comunidade política. Ele se opõe à violência e não é prerrogativa apenas das "autoridades" do local, mas dos seus cidadãos organizados em torno de um objetivo comum. Cf. SOUZA, M. J. L. de. O território: sobre espaço e poder, autonomia e desenvolvimento. In: CASTRO,

Iná Elias de et. al. (orgs.). *Geografia: conceitos e temas.* Rio de Janeiro: Bertrand Brasil, s/d, p. 79-116.

[29] REVEL, J. Microanálise e construção do social. In: REVEL, J. (org.). *Jogos de Escalas - a experiência da microanálise.* Rio de Janeiro: FGV, 1998.

[30] LOPES, E. M. T. Uma contribuição da história para uma história da educação. *Em Aberto,* Brasília, 9(47), jul./set 1990.

[31] FARIA FILHO, L. M. de. Fonte para a história da educação em Minas Gerais no século XIX. *Educação em Foco,* Juiz de Fora, 4(1), 1999.

[32] FONTOURA, M. M. Fico ou vou embora? In: NÓVOA, A. (org.). *Op. cit.*

[33] VINCENT, G., LAHIRE, B. THIN, D. *Op. cit.*

[34] O Centro de Referência da Educação Pública, na cidade do Rio de Janeiro, tem procurado identificar os mestres e doutores da rede municipal de ensino, dando visibilidade à sua produção através de publicações. Dessa forma, combate o argumento recorrente da desqualificação docente, que tanto despotencializa a ação dos professores. Ver ALMEIDA, A da L. et al.. *Mestres e Doutores da educação pública fundamental da cidade do Rio de Janeiro.* Rio de Janeiro: Prefeitura do Rio/ Secretaria Municipal de Educação/ Upgraf Editora, 2000.

[35] ARROYO, M. Reinventar e formar o profissional da educação básica. *Educação em Revista,* Belo Horizonte, 37, julho 2003.

[36] NÓVOA, A. (org.). *Op. cit.*

[37] CHARTIER, A. M. Fazeres ordinários da classe: uma aposta para a pesquisa e para a formação. *Educação e Pesquisa,* São Paulo, 26(2), 2000.

PARTE II

ENSINO DE HISTÓRIA E HISTÓRIA DA EDUCAÇÃO

UMA PROPOSTA DE MAPA DO TEMPO PARA ARTESÃOS DE MAPAS DO TEMPO: HISTÓRIA DO ENSINO DE HISTÓRIA E DIDÁTICA DA HISTÓRIA

Luis Fernando Cerri[*]

A partir da definição do fenômeno social "ensino de História" como um objeto de pesquisa, desdobram-se diversos aportes teórico-metodológicos e enfoques temáticos e, na dispersão de objetos pesquisados, algumas temáticas começam a aglutinar-se em linhas de pesquisa. A maior parte delas responde a necessidades contemporâneas referentes ao ensino escolar da disciplina. O fazer e o refazer dos currículos escolares, por exemplo, e a reflexão proveniente daí vêm consolidando uma linha de investigação dos currículos da História em suas mais diversas dimensões. O livro didático é outro objeto que, diante das necessidades da sala de aula e das demandas postas pelas políticas educacionais, tem ganhado expressiva dedicação dos pesquisadores ao longo do tempo. O mesmo ocorre com a formação dos professores de História, os recursos ou linguagens para o ensino da disciplina, e assim por diante. Trata-se de um movimento natural de investigação, que é comum à Didática de outras disciplinas, e que envolve o concurso de diferentes setores do conhecimento, como é o caso da Psicologia, da Sociologia, da Antropologia e outros setores, bem como suas subdivisões, conceitos e metodologias.

Todavia, a especificidade da Didática da História não poderia conviver com uma abordagem que desprezasse o próprio dado constitutivo da História como disci-

---

[*] Professor do Programa de Pós-graduação em Educação da Universidade Estadual de Ponta Grossa. Doutor em Educação pela Universidade Estadual de Campinas.

plina científica ou como forma de pensamento, que é o olhar retrospectivo sobre os objetos, a certeza de que cada uma das realidades que observamos no presente pode e deve ser mais bem compreendida através do conhecimento de sua inserção no tempo. A História do Ensino de História, portanto, não é um encaminhamento exclusivo, e sim é um encaminhamento típico e previsível da Didática da História. Ou, em outras palavras, a História do Ensino da História é a Didática da História pensando historicamente.

Neste pequeno texto, temos por objetivo elencar algumas reflexões sobre a definição desse campo de pesquisa, traçar um breve panorama de temas e autores que já enfrentaram essa temática e apontar alguns elementos sobre as possíveis contribuições desse campo para a Didática da História. Campo, aliás, cuja utilidade social pode ser definida como a contribuição para a orientação temporal dos indivíduos e da coletividade, que, como qualquer projeto levado a efeito por um sujeito coletivo, necessita também de investigar e estabelecer uma orientação temporal, um sentido ao tempo no qual se desenvolve.

Definição do objeto

O campo de investigação que estamos chamando de "ensino de História" tem como núcleo inicial a metodologia do ensino da História, mas expandiu-se significativamente nas últimas décadas, englobando inicialmente as questões relacionadas com o "como" ensinar, passando pela discussão sobre os conteúdos (o que ensinar) e objetivos (para quem, a serviço de quem e por que ensinar), chegando à investigação sobre a aprendizagem histórica como fenômeno social, capaz de apontar elementos para a compreensão da contemporaneidade.

Se compreendermos a investigação da própria história como um elemento pertencente à Didática da História, tal como foi definida acima, temos uma interpenetração a discutir: trata-se de uma contribuição da História da Educação à Didática da História ou trata-se da Didática da História aplicando o saber e o saber-fazer historiográfico que constituem seus sujeitos para voltar-se sobre si mesma? Não interessa estabelecer uma rígida fronteira entre História da Educação/ das Disciplinas Escolares e a Didática da História, mesmo porque a História da Educação avançou em termos de "problemas, objetos e abordagens". Mas cumpre afirmar que no campo próprio da Didática da História, a partir de seus referenciais e preocupações, desenvolvem-se trabalhos de prospecção histórica de seus objetos, mesmo porque as respostas para o planejamento didático do ensino não se esgotam mais no "como" ensinar, e sim avançam sobre "o que", "por que", "desde quando" ensinar. A discussão eminentemente didática da legitimidade e da utilidade dos saberes ensinados e a ensinar demanda também uma investigação histórica. Os estudos em História do Ensino de História são prioritariamente os que, valendo-se de conceitos e instrumentais da História da Educação, se debruçam sobre a reflexão didática sobre a História em perspectiva de ampliação temporal dessa reflexão.

Assim, se por um lado o referencial da História das Disciplinas Escolares, proposto por Chervel e outros, constitui uma trilha razoavelmente segura a percorrer, é temerário imaginar que o que chamamos de Ensino de História e sua História possa limitar-se à investigação da História na escola. A constituição das disciplinas como entidades produzidas pela escola não deve perder de vista, segundo Bruter[1], as necessidades sociais que lhe dão origem, de modo que a História da História ensinada deve ser também uma investigação sobre os contextos e demandas de orientação temporal coletiva e das decisões coletivas das orientações temporais a reproduzir. Ainda além, podemos acrescentar, esse campo não pode perder de vista que a História Ensinada, principalmente nos seus primórdios, transborda para outros campos do currículo escolar e das práticas extracurriculares, como pude perceber diretamente ao investigar o ensino da Revolução de 1932 e da ideologia da paulistanidade nas escolas paulistas na primeira metade do século XX: os conhecimentos sobre a história muitas vezes não encontram um quadro curricular em que possam expressar-se disciplinarmente (em boa parte desse período não há ou é muito restrita a matéria História do Brasil, por exemplo) e são encontrados nos livros de leitura, nas lições de Língua Pátria, nas aulas de Canto Orfeônico e nos rituais cívicos[2].

Ainda há mais uma ampliação a pensar. Jörn Rüsen aponta que a Didática da História sofreu uma transformação paradigmática nas últimas décadas do século XX, na Alemanha, mas o que ele afirma não é estranho para os trabalhos a que temos tido acesso, no Brasil e no exterior. Para ele, a Didática da História seguiu – se não antecipou – a tendência de valorização, nos anos 70, do conceito de consciência histórica, ao direcionar parte expressiva de seus esforços de investigação às necessidades dos alunos como os determinantes essenciais do ensino de História. Anteriormente a História era vista como dado e o problema didático era a discussão da "recepção" da História, tomava-se "História" como um objeto dado, que teria que ser aprendido. Na medida em que o conteúdo da consciência histórica foi sendo reconhecido como produto da atividade mental, o aprendizado histórico passou a ser compreendido cada vez menos em seu caráter receptivo, e foram ganhando destaque as qualidades produtivas: a consciência não era um recipiente vazio a ser completado com "História", mas poderia desenvolver-se com o conhecimento histórico, de forma a ajudar o seu portador no desenvolvimento de orientação e habilidades lógicas. Esse conceito, de consciência histórica, segundo Rüsen, acaba por operar uma redefinição do campo da Didática da História, tornando-se uma das suas categorias-chave, com o que se remarca e redescreve o campo de estudos que constitui a disciplina. Por meio desse movimento, a Didática da História na Alemanha alcançou uma nova autoexpressão como uma disciplina relativamente independente dentro do espectro dos estudos históricos e pedagógicos. Enfim, "a didática não pode mais ser plausível como teoria da prática de ensino, mas como a teoria da aprendizagem histórica".[3]

O que a reflexão de Rüsen adiciona à nossa é que o campo da História do Ensino de História não pode ser pensado unicamente no aspecto disciplinar e escolar, sob pena inclusive de restringir a compreensão desse objeto. A consciência histórica é um fator que interfere no conhecimento da História Ensinada "por baixo" e "de cima". Por baixo, na medida em que o que se aprende da História na escola está em relação dialética com a consciência de si e do grupo no tempo, que existe em função das fases da vida do sujeito (criança, juventude e adultos), das diferentes regiões e situações, de seu papel na vida diária, na política e em outras esferas da vida, como é desenvolvida, como sofre a influência dos meios de comunicação de massa e dos processos de modernização de todos os aspectos da vida. A influência "de cima" sobre a História ensinada pode ser pensada a partir do fato de que as tomadas e revisões de decisões sobre a História a ensinar são feitas por sujeitos que, no poder, são dotados de uma determinada consciência histórica e se veem obrigados a relacionarem-se com a consciência histórica da população e seus diversos setores. Um exemplo disso foi a Lei 10.639, de 9 de janeiro de 2003, pela qual o presidente Lula estabeleceu a obrigatoriedade da temática "História e Cultura Afro-Brasileira" no ensino fundamental e médio e a obrigatoriedade da comemoração do Dia da Consciência Negra, 20 de novembro, nas escolas oficiais e particulares. Mais que isso, a História do Ensino de História deverá enfrentar, mais cedo ou mais tarde, a história que se aprende independente da escola.

Para esses desafios de ampliação da História do Ensino da História até o campo da consciência histórica, entretanto, não temos mapas detalhados como os da História das Disciplinas escolares. O caminho não é distinto: aprofundar a discussão teórica enquanto, no outro braço, os estudos empíricos nos permitem amealhar elementos metodológicos e novos encaminhamentos para as discussões teóricas. Um bom exemplo de pesquisa que permitiu novas reflexões no campo da consciência histórica e suas relações com a história aprendida foi o projeto "Juventude e História", promovido por pesquisadores europeus em meados dos anos 90, sob a coordenação de Magne Angvik e Bodo von Borries.[4]

História do Ensino de História – buscando o fio do novelo

Pode-se considerar que a abordagem histórica do ensino de História chega a ser constitutiva da disciplina. Embora não seja possível, neste momento, especificar quais seriam os primeiros estudos no campo da Didática da História no Brasil definidamente voltados à busca da profundidade histórica, tudo indica que o primeiro trabalho sistemático nessa direção tenha sido *Um quarto de século de programas e compêndios de História para o ensino secundário brasileiro (1931-1956)*, elaborado por Guy de Hollanda a partir do Inep, que veio a público em 1957.[5] Nesta obra o autor traça um quadro geral das normatizações sobre o ensino da disciplina a partir de 1930, adotando a data como divisor de águas na educação brasileira, enfocando em alguns momentos as relações entre as conjunturas e as características assumidas pelas normatizações.

Se Hollanda fala, sustentado na historiografia de sua época, em *divortium aquarum* em 1930, também nós somos tentados a pensar um marco definidor de identidades temporais, embora estejamos prevenidos das insuficiências desse tipo de periodização. A ditadura militar gerará uma nova situação educacional no país, marcada, entre outras características, pela ampliação do acesso à escola em níveis sem precedentes. Esse processo foi acompanhado por uma série de medidas, como arrocho salarial, desvalorização profissional, redução do poder de decisão e precarização da formação inicial e continuada dos professores.[6] Esses elementos deram as feições gerais nas quais reconhecemos o atual debate sobre a Didática da História: cremos que ele nasce na formação de uma comunidade de profissionais que resistem à implantação dos Estudos Sociais em detrimento da História e da Geografia, e que lutam para derrubar o regime e redemocratizar o Brasil. Essa comunidade que emerge no processo de redemocratização do país é marcada pela proletarização, que conduz a uma retórica e a um compromisso político em geral à esquerda, pela multiplicação dos sujeitos, diante da ampliação dos cursos de História e de Estudos Sociais, bem como do número de professores da disciplina, e ainda pela crescente tomada de posição dos professores vinculados à Didática da História nos cursos superiores como produtores de conhecimento, seja por iniciativa própria, seja pelos estímulos à qualificação docente no nível superior, seja ainda pelas cobranças de produtividade acadêmica de diversas origens. Esse processo será consolidado pela presença do tema nos cursos de pós-graduação em Educação (e em História, em menor escala) e pelo surgimento e consolidação de dois eventos nacionais: o Perspectivas do Ensino de História (surgido em São Paulo, em 1988) e o Encontro Nacional de Pesquisadores do Ensino de História (surgido em Uberlândia, em 1993).

A coincidência entre o surgimento dessa comunidade e a retomada dos movimentos sociais e sindicais ao final da década de 1970 imprimiu aos discursos uma certa identidade (a oposição à ditadura e ao "velho" em educação), que por sua vez acabou por tratar, algumas vezes, as criações desse grupo como inovações históricas. É apenas no rescaldo desse momento, *grosso modo*, que se retomam as investigações sobre o período anterior a 1964 e se redescobre que muito do que se chamou de "novo" já vinha sendo trabalhado, com as devidas características contextuais, desde as primeiras décadas do século. Esse movimento evidencia a necessidade de uma História do Ensino de História.

Arriscamos levantar a hipótese de que a constituição da História do Ensino de História como objeto de pesquisa é uma das características próprias da geração que surge no período da redemocratização. Diante do apagamento do passado e da ruptura do desenvolvimento da sociedade civil, principalmente após logrado o objetivo de derrotar o regime, impõe-se a necessidade de recuperar o passado. Um outro fator de estímulo a essa temática é a existência de referenciais teóricos e metodológicos de pesquisa acumulados pela História e pela História da Educação, que permitem abordagens que partem em busca do esclarecimento das necessidades imediatas de orientação temporal, o que ocorre com temas como o autoritarismo dos programas e manuais e a sua superação em outros momentos históricos, ou a investigação sobre o tratamento do nacionalismo e da identidade nacional e seus dilemas em outras conjunturas históricas.

Sem poder recorrer a uma pesquisa sistemática que ainda está por se fazer coletivamente, nos textos produzidos pelos pesquisadores do ensino de História, podemos afirmar que os primeiros textos que poderíamos chamar de História do Ensino de História vêm a público nos trabalhos de Elza Nadai e Circe Bittencourt, e posteriormente Katia Abud. Podemos estabelecer a hipótese de que é de Elza Nadai a proposição programática fundadora de uma História do Ensino de História (talvez a primeira a propor a expressão) na geração pós-regime militar:

> Acredito que o processo de recuperação da História do Ensino de História, ou mesmo da constituição da escola no Brasil, e da própria organização e seleção dos conteúdos veiculados é tarefa necessária, neste momento. Este é o ponto nevrálgico deste Seminário, porque, inegavelmente, é da análise e da apreciação crítica do processo de reconstituição desse passado, que nós teremos condições de criar e de organizar novas práticas que possam dar conta das modificações e das questões que estão atualmente nos desafiando.[7]

Circe Bittencourt contribui na delimitação desse campo de investigações desde a sua dissertação de Mestrado, apresentada na Universidade de São Paulo em 1988, voltada à reflexão sobre o ensino de História nas escolas paulistas na Primeira República e sua expressão disciplinar e interdisciplinar.[8]

Também no ano de 1988 vem a público o livro *O ensino de História e a criação do fato*, que divulga as preocupações da História do Ensino de História para o grande público, mas sobretudo para os professores da disciplina nas escolas e nos cursos de licenciatura.[9] Neste livro, Bittencourt divulga a sua investigação realizada durante o mestrado e Elza Nadai, referenciada nas obras de François Furet e Marc Ferro, estabelece os rudimentos de um modelo teórico de compreensão do surgimento e desenvolvimento da História ensinada nas escolas no Brasil.[10]

No número 25/26 da *Revista Brasileira de História*, lançado em 1994, encontramos uma reunião significativa de textos sobre a temática em foco. Textos de Nadai, Abud e Bittencourt propõem importantes sínteses quanto ao surgimento e desenvolvimento do ensino da História no Brasil, que marcam a trajetória dos estudos na área da História do Ensino de História.[11] Todavia, há que se pensar como essa área se constitui coletivamente, ou seja, como temática coletiva de discussão nos encontros da comunidade envolvida com a Didática da História no Brasil.

Nos primeiros encontros de Pesquisadores do Ensino de História (Uberlândia e Niterói), estão presentes algumas abordagens que buscam a profundidade histórica de seus objetos (geralmente reflexões sobre elementos atuais da educação), mas não se verifica ainda tanto a proposição de objetos integralmente construídos como pesquisas sobre a História do Ensino de História quanto uma organização coletiva para discutir pesquisas sobre o assunto. Essa iniciativa aparece no encontro de Pesquisadores em Campinas, que conta com um Grupo de Trabalho intitulado "História do Ensino de História e História da América"[12], ao qual se dá continuidade em Ijuí/RS, no IV Encontro. Em ambos, a quantidade de trabalhos inscritos é ainda restrita. No encontro em João Pessoa, em 2001, e em Londrina, em 2003, o Grupo de Trabalho "História da História Ensinada" aparece com um número expressivo de trabalhos; em Londrina, verifica-se mais nitidamente a proposição de ancoragem da discussão no referencial teórico da História das Disciplinas Escolares, marcando um momento de consolidação da densidade dessa linha de investigação. Nesse momento, Kazumi Munakata propõe uma nova agenda para esse campo de pesquisa, constatando que falta à maioria dos trabalhos a devida reflexão a partir do referencial histórico:

> Verifica-se uma pedagogização da questão do ensino de história, sem a contrapartida de uma abordagem propriamente histórica. Se tudo é his-

tórico, o próprio ensino de História também o é, e é possível que muitas das querelas que se travam na abstração das formulações pedagógicas sejam elucidadas nessa abordagem histórica (...).[13]

No que se refere aos encontros Perspectivas do Ensino de História, a primeira edição do evento não encontra mais espaço do que o da proposição da agenda de pesquisa feita por Elza Nadai, citada acima. No encontro em São Paulo, em 1996, a preocupação com a historicidade do ensino de História não aparece na estrutura do evento (conferências, mesas, grupos de trabalho e cursos) e isso se reflete nas comunicações, entre as quais aparecem trabalhos com esse tipo de preocupação, mas que são alocadas em Grupos de Trabalhos que agregam as temáticas às quais essas comunicações dirigem seu olhar retrospectivo: formação do professor, currículo de História, ensino-aprendizagem etc. É no encontro de Curitiba, em 1998, que a História do Ensino de História aparece como um Grupo de Trabalho específico, o que não encontra continuidade no encontro de 2001, em Ouro Preto.

Essas breves anotações sobre o tema nos encontros nacionais têm o mérito de mostrar que – embora não se trate de uma preocupação de primeira hora da comunidade que, no processo de redemocratização brasileira nos anos 80, tomou o ensino de História como centro de trabalho e investigação – estamos diante de uma preocupação que vem se estruturando como linha de pesquisa, principalmente entre os pesquisadores acadêmicos, mas também entre os professores da Escola que pesquisam o campo do ensino da História.

Algumas publicações editoriais marcam a consolidação dessa temática. É o caso de *Histórias do Ensino de História do Brasil*, organizado por Ilmar Rohloff de Mattos[14], com o concurso de textos de pesquisa de profissionais com diferentes formações e situações na carreira acadêmica, ligados ao Departamento de História da Pontifícia Universidade Católica do Rio de Janeiro. Com isso, a principal contribuição da coletânea, que vem a público em 1998, é uma reflexão sobre o que foi o ensino de História no Brasil durante o Império e até meados do século XX, que possibilita pensar as teorias, metodologias e práticas que hoje se discutem e que se normatizam, no debate acadêmico e na legislação. A coletânea organizada por Mattos traz ao público trabalhos que aprofundam os contextos competentemente reconstituídos pelas pesquisas anteriores, esmiuçando obras, autores, instituições e influências que pesaram sobre o quadro atual da disciplina.

Em 2003, publicaram-se, por exemplo, *História & Ensino de História*, de Thaís Fonseca[15], e *Ensino de História e Ditadura Militar*, organizado pelo autor dessas linhas[16]. O primeiro livro traça um interessantíssimo panorama da História do Ensino de História no que se refere aos seus fundamentos epistemológicos (objetos, fontes, referenciais historiográficos) e tendências no conjunto da produção. O segundo livro segue a perspectiva da coletânea organizada por Ilmar de Mattos, de privilegiar um determinado recorte cronológico e reunir estudos sobre o ensino de História referentes a esse período.

Enfim, outros livros podem ser destacados, como *A História prescrita e disciplinada: quem legitima esses saberes?*, de Maria do Carmo Martins[17], ou *Construtores de Identidades*, de Arlette Gasparello[18], que nos permitem afirmar que o campo da História do Ensino de História é hoje uma realidade no campo editorial, como também o é na comunidade de pesquisadores, em seus encontros e publicações científicas.

Para que serve e como se usa a História do Ensino de História?

Os resultados de uma História do Ensino de História podem ser pensados em várias dimensões. Em primeiro lugar, as pesquisas "desinteressadas" permitem o aprofundamento e ampliação dos conhecimentos referentes à História e à sociedade, mas isso não precisaria ser afirmado em outros tempos, pois constitui o fundamento dos avanços na ciência. Infelizmente, vivemos tempos cada vez mais utilitaristas, com editais públicos de financiamento à pesquisa crescentemente direcionados a desenvolvimento de produtos e procedimentos, em que a pesquisa cujos resultados não têm utilidade imediata sobrevive por teimosia, teimosia essa que talvez seja o tênue elo a garantir que as próximas gerações não tenham uma ciência e uma cultura restrita ao "tecno/nano/genoma".

As investigações no campo da História do Ensino de História têm uma contribuição a oferecer na esfera dos subsídios à elaboração de políticas públicas, uma vez que "a compreensão histórica dos fenômenos educativos é uma condição essencial à definição de estratégias de inovação".[19] Pode-se mesmo afirmar que sofremos em parte de um "novismo" nas políticas públicas, ligado tanto ao nosso secular fascínio pelas novidades, sobretudo originárias da Europa e Estados Unidos, quanto às debilidades de organização da sociedade civil, pelo que as mudanças de governo significam, não poucas vezes, uma política de terra arrasada em relação às políticas do governo anterior, marca de imaturidade da nossa democracia. Para esses males, uma percepção informada e consciente do que se fez no passado e seus resultados é um santo remédio.

Um exemplo significativo é o livro *Da intenção ao gesto*, de Cláudia Sapag Ricci[20], em que ela investiga a participação dos professores de História na elaboração do currículo estadual de História em São Paulo. O estudo permite extrair princípios, informações e reflexões importantes para dois campos conexos nas políticas públicas: currículos e formação de professores. Por outro lado, a ação de órgãos públicos algumas vezes (melhor seria se fossem muitas vezes) subsidia-se com o recurso à pesquisa histórica, tal como relata o texto de Helfer[21], no qual são apresentados os resultados de pesquisa do contexto do ensino de História entre os anos 1960 e 1990 na 6ª Delegacia de Educação do Rio Grande do Sul. O estudo faz um percurso vertical, desde as determinações federais até os encaminhamentos locais em termos de legislação e políticas, acompanhado de um percurso horizontal, que procura recuperar as práticas educacionais dos professores nos documentos por eles escritos. Assim, o projeto permitiu desenvolver reflexões sobre os papéis do professor diante do cumprimento de exigências das instâncias superiores e sua relação, mormente contraditória, com a demanda de assumir a condição de intelectual orgânico, conforme o conceito gramsciano.

Mas esse campo também tem contribuições para o desenvolvimento de estratégias dos movimentos populares, sindicais e de outras ONGs, ao oferecer conhecimentos sobre experiências anteriores em que os trabalhadores do ensino de História atuaram na proposição de mudanças quanto ao seu trabalho, seja em termos de auto-organização e desenvolvimento de experiências, seja em termos de resistência e reivindicação junto a governos e instituições da sociedade civil e/ou do mercado, como editoras, por exemplo.

Sobretudo, uma frente de pesquisa consistente em História do Ensino de História, tal como vem se constituindo, tem a contribuição e o dever fundamental de dimensionar os avanços e permanências no Ensino de História, na crítica ao fetiche do "novo". Assim, poderemos parar de nos surpreender ao encontrar materiais e autores que sustentaram, em passados mais ou menos distantes, ideias e práticas que entendemos como efetivamente renovadoras e, não raro, como exclusivas da contemporaneidade. Pode-se, sobretudo, desempenhar sistematicamente a recuperação dos trabalhos e reflexões desenvolvidos no passado em relação a projetos individuais e agendas comuns diante de lacunas que temos no conhecimento e na prática do ensino da História.

Afinal, a última Didática que tem o direito de sofrer de falta de História e de memória é a Didática da História.

Bibliografia

ABUD, Katia Maria. O ensino de História como fator de coesão nacional: os programas de 1932. *Revista Brasileira de História*, São Paulo, v. 13, n. 25/26, 1993/1994.

ANGVIK, Magne e BORRIES, Bodo von. *Youth and History. A comparative european survey on historical consciousness and politica attitudes among adolescents.* Hamburg: Körber-Stiftung, 1997.

BITTENCOURT, Circe M. Fernandes. *Pátria, Civilização e Trabalho.* São Paulo: Dissertação de Mestrado FFLCH-USP, 1988.

_____. As "tradições nacionais" e o ritual das festas cívicas. In: PINSKY, Jaime. *O ensino de História e a criação do fato.* São Paulo: Contexto, 1988.

_____. Os confrontos de uma disciplina escolar: da história sagrada à história profana. *Revista Brasileira de História*, São Paulo, v. 13, n. 25/26, 1993/1994.

BRUTER, Annie. *L'Histoire enseignée au grand siècle. Naissance d'une pédagogie.* Paris: Belin, 1997.

CARVALHO, C.H.; ARAÚJO, J.C.S.; GONÇALVES NETO, W. Discutindo a história da educação: a imprensa enquanto objeto de análise histórica. In: ARAÚJO, José Carlos Souza e GATTI JÚNIOR, Décio (orgs.). *Novos temas em história da educação brasileira. Instituições escolares e educação na imprensa.* São Paulo; Uberlândia: Autores Associados; Edufu, 2002.

CERRI, Luis Fernando e DIAS, Maria de Fátima Sabino. História do ensino de História e História da América. In: CERRI, Luis F. e MARTINS, M.C. *Anais do III Encontro de Pesquisadores do Ensino de História.* Campinas, SP: Gráfica da FE/Unicamp, 1999.

CERRI, Luis Fernando. *Non ducor, duco. A ideologia da paulistanidade e a escola.* Campinas, SP: Dissertação de Mestrado FE-Unicamp, 1996.

_____ (org.). *O Ensino de História e a Ditadura Militar.* Curitiba: Aos Quatro Ventos, 2003.

CHERVEL, André. História das disciplinas escolares: reflexões sobre um campo de pesquisa. *Teoria & Educação*, Porto Alegre, n. 2, 1990.

FONSECA, Selva Guimarães. *Caminhos da História ensinada.* São Paulo: Papirus, 1993.

FONSECA, Thaís Nívia de Lima e. *História & Ensino de História.* Belo Horizonte: Autêntica, 2003.

GASPARELLO, Arlette Medeiros. *Construtores de identidades.* São Paulo: Iglu, 2004.

HELFER, Nadir Emma. A memória do ensino de História. In: LENSKIJ, Tatiana e HELFER, Nadir Emma. *A memória e o ensino de História.* Santa Cruz do Sul, RS: Edunisc; Anpuh-RS, 2000.

HOLLANDA, Guy de. *Um quarto de século de programas e compêndios de História para o ensino secundário brasileiro (1931 – 1956)*. Rio de Janeiro: MEC/ Inep/ CBPE, 1957.

MARTINS, Maria do Carmo. *A História prescrita e disciplinada nos currículos escolares: quem legitima esses saberes?* Bragança Paulista, SP: EdUSF, 2002.

MATTOS, Ilmar Rohloff de. *Histórias do ensino de História no Brasil*. Rio de Janeiro: Access, 1998.

MUNAKATA, Kazumi. História da História ensinada. Ementa ao Grupo de Trabalho. *Caderno de Programas e Resumos do VI Encontro Nacional de Pesquisadores do Ensino de História – 10 anos: um balanço*. Curitiba; Londrina: Aos 4 Ventos; UEL; Anpuh-PR, 2003.

NADAI, Elza. O ensino de História e a "pedagogia do cidadão". In: PINSKY, Jaime. *O ensino de História e a criação do fato*. São Paulo: Contexto, 1988.

_____. O ensino de História na América Latina. In: *Anais do Seminário Perspectivas do Ensino de História*. São Paulo: Feusp, 1988.

_____. O ensino de História no Brasil: trajetória e perspectivas. *Revista Brasileira de História*, São Paulo, v. 13, n. 25/26, 1993/1994.

RICCI, Cláudia Sapag. *Da intenção ao gesto. Quem é quem no ensino de História em São Paulo*. São Paulo: AnnaBlume, 1999.

RÜSEN, Jörn. *What is historical consciousness? – A Theoretical Aproach to empirical evidence*. British Columbia: CSCH, 2002. (http://www.csch.ubc.ca/pwias/viewabstract.php?8)

SCHENA, Denilson. *O lugar da escola primária como portadora de um projeto de nação: o caso do Paraná (1890-1922)*. Curitiba: Dissertação de Mestrado Setor de Educação – UFPR, 2002.

Notas

[1] BRUTER, Annie. *L'Histoire enseignée au grand siècle. Naissance d'une pédagogie*. Paris: Belin, 1997, p.9.

[2] Ver, por exemplo, CERRI, Luis Fernando. *Non ducor, duco. A ideologia da paulistanidade e a escola*. Campinas, SP: Dissertação de Mestrado FE-Unicamp, 1996 e SCHENA, Denilson. *O lugar da escola primária como portadora de um projeto de nação: o caso do Paraná (1890-1922)*. Curitiba: Dissertação de Mestrado Setor de Educação – UFPR, 2002.

[3] RÜSEN, Jörn. *What is historical consciousness? – A Theoretical Aproach to empirical evidence*. British Columbia: CSCH, 2002. (http://www.csch.ubc.ca/pwias/viewabstract.php?8)

[4] O projeto e seus resultados podem ser consultados em www.erzwiss.uni-hamburg.de/Projekte/Youth_and_History/homepage.html

[5] HOLLANDA, Guy de. *Um quarto de século de programas e compêndios de História para o ensino secundário brasileiro (1931 – 1956)*. Rio de Janeiro: MEC/ Inep/ CBPE, 1957.

[6] FONSECA, Selva Guimarães. *Caminhos da História ensinada*. São Paulo: Papirus, 1993.

[7] NADAI, Elza. O ensino de História na América Latina. In: *Anais do Seminário Perspectivas do Ensino de História*. São Paulo: Feusp, 1988, p. 110.

[8] BITTENCOURT, Circe M. Fernandes. *Pátria, Civilização e Trabalho*. São Paulo: Dissertação de Mestrado FFLCH-USP, 1988.

[9] Idem. As "tradições nacionais" e o ritual das festas cívicas. In: PINSKY, Jaime. *O ensino de História e a criação do fato*. São Paulo: Contexto, 1988.

[10] NADAI, Elza. O ensino de História e a "pedagogia do cidadão". In: PINSKY, Jaime. *O ensino de História e a criação do fato*. São Paulo: Contexto, 1988.

[11] Idem. O ensino de História no Brasil: trajetória e perspectivas. *Revista Brasileira de História*, São Paulo, v. 13, n. 25/26, 1993/1994; ABUD, Katia Maria. *O ensino de História como fator de coesão nacional: os programas de 1932. Revista Brasileira de História*, São Paulo, v. 13, n. 25/26, 1993/1994; BITTENCOURT, Circe M. Fernandes. Os confrontos de uma disciplina escolar: da história sagrada à história profana. *Revista Brasileira de História*, São Paulo, v. 13, n. 25/26, 1993/1994.

[12] CERRI, Luis Fernando e DIAS, Maria de Fátima Sabino. História do ensino de História e História da América. In: CERRI, Luis F. e MARTINS, M.C. *Anais do III Encontro de Pesquisadores do Ensino de História*. Campinas, SP: Gráfica da FE/Unicamp, 1999.

[13] MUNAKATA, Kazumi. História da História ensinada. Ementa ao Grupo de Trabalho. *Caderno de Programas e Resumos do VI Encontro Nacional de Pesquisadores do Ensino de História – 10 anos: um balanço*. Curitiba; Londrina: Aos 4 Ventos; UEL; Anpuh-PR, 2003, p. 57.

[14] MATTOS, Ilmar Rohloff de. *Histórias do ensino de História no Brasil*. Rio de Janeiro: Access, 1998.

[15] FONSECA, Thaís Nívia de Lima e. *História & Ensino de História*. Belo Horizonte: Autêntica, 2003.

[16] CERRI, Luis Fernando (org.). *O Ensino de História e a Ditadura Militar*. Curitiba: Aos Quatro Ventos, 2003.

[17] MARTINS, Maria do Carmo. *A História prescrita e disciplinada nos currículos escolares: quem legitima esses saberes?* Bragança Paulista, SP: EdUSF, 2002.

[18] GASPARELLO, Arlette Medeiros. *Construtores de identidades.* São Paulo: Iglu, 2004.

[19] NÓVOA, Antonio. *Apud* CARVALHO, C.H.; ARAÚJO, J.C.S.; GONÇALVES NETO, W. Discutindo a história da educação: a imprensa enquanto objeto de análise histórica. In: ARAÚJO, José Carlos Souza e GATTI JÚNIOR, Décio (orgs.). *Novos temas em história da educação brasileira. Instituições escolares e educação na imprensa.* São Paulo; Uberlândia: Autores Associados; Edufu, 2002, p. 73.

[20] RICCI, Cláudia Sapag. *Da intenção ao gesto. Quem é quem no ensino de História em São Paulo.* São Paulo: AnnaBlume, 1999.

[21] HELFER, Nadir Emma. A memória do ensino de História. In: LENSKIJ, Tatiana e HELFER, Nadir Emma. *A memória e o ensino de História.* Santa Cruz do Sul, RS: Edunisc; Anpuh-RS, 2000.

ENCONTROS DE SABERES:
AS DISCIPLINAS ESCOLARES,
O HISTORIADOR DA EDUCAÇÃO E O PROFESSOR

*Arlette Medeiros Gasparello**

> O mínimo que se pode exigir de um historiador é que ele seja capaz de refletir sobre a história de sua disciplina, de interrogar os diferentes sentidos do trabalho histórico, de compreender as razões que levaram à profissionalização de seu universo acadêmico. O mínimo que se pode exigir de um educador é que seja capaz de sentir os desafios do tempo presente, de pensar sua ação nas continuidades e mudanças do trabalho pedagógico, de participar de uma maneira crítica da construção de uma escola mais atenta às realidades sociais.[1]

A reflexão de Nóvoa,[2] sobre as expectativas em relação ao ofício e às responsabilidades do historiador e do educador, pode servir de eixo e ponto de partida para uma reflexão no *V Encontro Nacional Perspectivas do Ensino de História*, numa sessão dedicada à *história da história ensinada*. O tema desta Mesa tem o desafio de reunir, na abrangência da pesquisa histórica sobre o ensino, a dupla problemática

---

* Professora da Faculdade de Educação da Universidade Federal Fluminense. Doutora em História da Educação pelo Programa de Estudos Pós-graduados em Educação: História, Política, Sociedade da PUC/SP.

do historiador/educador, ou do professor que, do interior de seu ofício docente, com a experiência e os saberes que a prática pedagógica possibilita e exige, é também um pesquisador da história de sua disciplina, para melhor situá-la e compreendê-la na interdependência dos movimentos instituintes que ajudam a configurar o currículo, a escola e a sociedade.

O autor, quando indica as exigências do trabalho docente e as do historiador, ajuda-nos a pensar sobre a identidade do professor de História – uma identidade difícil de ser definida, construída ao longo de uma experiência docente na prática cotidiana da *ensinagem*[3], um trabalho teórico-prático que se preocupa fundamentalmente em criar condições de aprendizagem de conteúdos históricos.[4] Logo, uma identidade constituída no interior da complexa e contraditória relação entre Educação e História.

Pesquisadores e professores de História e de Prática de Ensino vivenciam cotidianamente essa relação e, mais do que isso, fazem-na acontecer, na medida em que orientam seus saberes e práticas de acordo com as contribuições e perspectivas da Educação – teorias pedagógicas e metodologias de ensino – e da História – linhas historiográficas, novas abordagens e objetos de análise. Esses saberes, identidades e práticas interdisciplinares definem-se nas interações muitas vezes difíceis e polêmicas entre esses campos. Campos esses que sabemos conflituosos, de interesses contraditórios e plenos de relações de poder.

Nas fronteiras desses campos, já por si mesmos também enriquecidos pela contribuição de outras ciências humanas, como a Sociologia e a Antropologia, podemos situar a *história da educação,* em cujos domínios vem se configurando nos últimos anos no Brasil uma *história das disciplinas escolares*, com um olhar orientado para a compreensão da escola como lugar de produção de conhecimento escolar em interação com as demandas e interesses de um contexto histórico e social. Na formação dos professores, as contribuições desse território de pesquisa podem trazer ao futuro docente uma compreensão mais reflexiva do lugar social de sua disciplina e da construção histórica do currículo escolar, com seus conteúdos, programas, materiais didáticos, sistemas e normas escolares.

A história da educação como campo de pesquisa

Pesquisadores do campo têm destacado que a história da educação, nos últimos decênios, conheceu um período de transformações teóricas e metodológicas em vários países, um fenômeno associado a uma reestruturação do espaço científico e dos sistemas nacionais de ensino, que deram uma nova pertinência social e acadêmica ao trabalho histórico em educação.[5] No Brasil, a pesquisa em história da educação desenvolveu-se inicialmente no interior de um grupo ligado a essa disciplina escolar no curso de formação de professores. Esse processo marcou a disciplina como *ciência da educação* ou como *ciência auxiliar da educação* que, desse modo, configurou-se afastada do campo da investigação histórica. [6]

Nos últimos anos, é cada vez maior a confluência com a História e as novas perspectivas de investigação historiográfica, principalmente com as contribuições teórico-metodológicas da história cultural ou história social da cultura.[7] A aproximação com as novas abordagens no campo da História contribuiu para a mudança do perfil da história da educação em seu caráter de saber subsidiário de outras áreas de pesquisa educacional que, durante muito tempo, marcou a disciplina.

A ambiguidade no processo de constituição acadêmica tem alimentado discussões acadêmicas sobre o pertencimento da história da educação como especialidade da História e/ou como subárea da Educação, na medida em que a educação pode ser, ao mesmo tempo, objeto de pesquisa do historiador e do educador/historiador.[8] Uma delimitação difícil, uma vez que a análise não se esgota nas questões epistemológicas, se aceitamos que "o contexto institucional do conhecimento é parte essencial de sua história".[9] Nesse aspecto, o contexto institucional da história da educação define-se principalmente como *educacional*. Neste *ambiente*[10] instituiu-se como campo de pesquisa cuja vitalidade tem sido reconhecida em diferentes espaços, em encontros e congressos acadêmicos.

Nosso tempo, marcado pela emergência de um espírito científico que privilegia os *espaços disciplinares de fronteira*, beneficia teórica e metodologicamente a história da educação com o diálogo interdisciplinar, com as abordagens antropológicas, culturais, linguísticas, psicológicas e sociais.[11] Abordagens que buscam compreender "os sinais por meio dos quais uma sociedade se pensa, se exprime e se historiza".[12]

Cabe assinalar que em nosso país a *educação* não se configurou como objeto de pesquisa no campo da História. No estudo de Fico e Polito, por exemplo, a *História da educação* não aparece citada como subárea no conjunto dos trabalhos historiográficos no período 1974-1989.[13] Os poucos estudos sobre educação estão incluídos na linha de pesquisa da *História social das ideias*, confirmando a tendência, no período estudado por estes autores, do desenvolvimento das abordagens socioeconômicas (em detrimento das políticas) e da consolidação do predomínio da história social.[14] Essa característica também foi percebida na investigação realizada sobre a produção dos Programas de Pós-graduação em História e Educação, entre 1974 e 1995.[15] Nesse período os trabalhos da Pós-graduação em História indicaram um movimento de expansão para os campos da história social e cultural, e aparecem raros estudos com enfoque na *educação*. No caso da Pós-graduação em Educação, os estudos em *História da Educação* tiveram uma significativa presença.[16]

Iglésias, ao avaliar a contribuição da universidade nos trabalhos historiográficos, destaca que "um setor ainda não devidamente explorado é o da história da educação", apesar de existirem já alguns títulos nesta área.[17]

Os pesquisadores brasileiros, em especial os ligados institucionalmente ao campo da educação, a partir da interlocução com a produção historiográfica contemporânea, têm realizado trabalhos numa linha que se distancia da antiga história das ideias sobre os grandes pedagogos e de uma história institucional limitada em perspectivas e fundamentos teóricos das ciências sociais e humanas. Em grupos de pesquisa, teses e publicações, os "novos" historiadores educacionais consolidam seus trabalhos com a contribuição da história cultural ou história social da cultura contemporânea.[18] Além disso, o esforço teórico que acompanha o trabalho empírico contribui para consolidar e redefinir a história da educação como campo de pesquisa.

Da escola às disciplinas escolares: currículo e cultura escolar

A produção mais recente no campo da história da educação possibilitou a configuração de uma história da *educação escolar*, em linhas de pesquisa que associam a *história do currículo* e a *história das disciplinas escolares*. Nessas abordagens, a perspectiva predominante é a de que as instituições escolares não podem ser analisadas fora do tempo e do lugar onde atuam, pois expressam um lento processo de construção social e cultural.[19] Um processo que, por ser histórico, tem o caráter dinâmico e complexo das relações sociais: dele participam tanto as demandas *exteriores* à escola (pedagógicas, políticas, econômicas, culturais), como as demandas *internas* do espaço escolar, nas ações e experiências coletivas e individuais dos diversos atores que nele trabalham e estudam.

Com o apoio de novos instrumentos teóricos e metodológicos, os historiadores da educação, no Brasil e no exterior, passaram a desenvolver novas formas de investigação, adequadas aos novos enfoques e preocupações, como o desenvolvimento do *currículo*, a construção do *conhecimento escolar* e o *cotidiano* das escolas. A perspectiva da construção social do conhecimento tem orientado pesquisas sociohistóricas que desenvolvem uma nova compreensão de conceitos ligados ao universo escolar, como a noção-chave de *currículo* – em estudos que analisam as inter-relações do currículo proposto, pré-ativo, e o currículo como processo, vivido nas interações cotidianas das instituições escolares.[20] Tais pesquisas enfatizam, sobretudo, o caráter de produto histórico, social e cultural do *currículo*, que constitui importante linha de pesquisa no Brasil.[21]

Situar histórica e culturalmente o currículo significa compreendê-lo como artefato resultante de múltiplas demandas, pressões, interesses e saberes internos e externos à instituição escolar. É compreendê-lo como *processo* e como parte do *ambiente* situado, contingente e contraditório do universo escolar. Nessa perspectiva, pesquisadores estrangeiros e nacionais tenderam a constituir uma confluência da *história do currículo* com a *história das disciplinas escolares*, em trajetórias e abordagens diferenciadas sobre a pluralidade de aspectos do cotidiano escolar, que contribuíram para enriquecer o debate sobre a formação das *disciplinas escolares*.[22]

O novo olhar investigativo no movimento interno da escola, com referenciais nos conceitos antropológicos de cultura, também levou à emergência de um novo conceito-chave, *cultura escolar*, desenvolvido principalmente por Julia[23] e Forquin[24], que o define como "o conjunto dos conteúdos cognitivos e simbólicos selecionados, organizados, normalizados e rotinizados" na instituição escolar. Trata-se portanto de uma forma de cultura que é *escolar*, porque se constitui e emerge no interior da escola, através de práticas e relações cotidianas de docentes e discentes. A cultura escolar, ao resultar de demandas pedagógicas e didáticas específicas, traz a marca desse universo.[25]

O amplo conceito de *cultura escolar* parece então englobar os elementos associados ao que se entende por currículo e disciplinas escolares que, nessa perspectiva, seriam constituintes da densa rede de cultura engendrada no processo de escolarização. Trata-se de uma noção importante, porque contribui para um olhar mais atento à escola como lugar de produção e reconstrução de saberes e práticas, mas sem perder a perspectiva de sua autonomia relativa, ou seja, de seu caráter social e histórico; sua compreensão se completa com a investigação sobre os saberes, práticas e demandas externos à escola.

Um outro conceito, o de *transposição didática* proposto por Yves Chevallard,[26] no campo da didática da matemática na década de 1980, trouxe importantes contribuições ao debate que se expandiu entre os historiadores e pesquisadores das demais didáticas das disciplinas. O termo designa o conjunto das transformações que um saber (*savant*) recebe para se tornar um *saber escolar*. Crítico do esquema tradicional da relação binária professor-aluno, Chevallard valoriza um terceiro elemento, o *saber*, na relação didática formada pelo professor, pelo aluno e pelo saber (matemático, histórico, etc.). Essa relação ternária formaria o *sistema didático*, objeto de pesquisa da didática das disciplinas: o *savoir savant* (saber erudito), para poder ser ensinado, é transformado em *saber a ser ensinado*. Recontextualizado no ambiente escolar, o saber a ser ensinado adquire uma nova significação. Torna-se, pelo trabalho de professores e alunos, um *saber ensinado*.

O conceito de transposição didática, ao valorizar a relação didática, ressalta o caráter de *processo* e a responsabilidade do professor no conjunto de transformações: o *saber ensinado* é necessariamente outro que o anteriormente proposto ou designado como um *saber a ser ensinado*. Nessa concepção, a didática teria a função de superar o distanciamento entre a produção científica e os saberes escolares, em um processo de *transposição* no qual os saberes eruditos ou científicos seriam transformados em saberes escolares. Tal perspectiva, ao mesmo tempo que fortalece a visão da didática como corpo de conhecimentos necessários à docência — na tarefa de transpor o conhecimento científico para a escola da maneira mais apropriada aos objetivos pedagógicos —, contribui para pensar o papel ativo do professor em sua tarefa didática, já que é ele que, no cotidiano de suas aulas, se dedica a promover a aprendizagem dos conteúdos de uma forma didaticamente apropriada.

No entanto, o conceito tem sido criticado por não levar em conta o caráter social e histórico da produção de conhecimentos na sociedade e por fortalecer a concepção de que o conhecimento científico legitima as disciplinas escolares. Deste modo, o conceito serviria para consolidar a ideia da hierarquização dos saberes. Outros pesquisadores apontam a necessidade de abranger outros aspectos que participariam da construção das disciplinas escolares, questionando uma história baseada nas metodologias de ensino. Os demais elementos a serem analisados seriam relativos às práticas sociais de referência, com a exigência de o pesquisador estabelecer uma relação entre as finalidades de ensino e os conteúdos e as práticas escolares.[27]

Contrapondo-se à noção de transposição didática, André Chervel considera que as disciplinas escolares resultariam de processos relativamente autônomos dos saberes científicos no interior de uma *cultura escolar*.[28] A escola, nessa perspectiva, seria um lugar de produção de saberes e práticas, dentre os quais estariam inseridas as disciplinas escolares. Estas resultariam de um processo que tem uma história, o processo de escolarização. Nessa linha crítica, Ivor Goodson argumenta que existem conteúdos escolares que são ensinados na escola e que não correspondem a uma disciplina acadêmica preexistente, ou seja, muitas vezes determinados conteúdos escolares precedem cronologicamente uma disciplina-mãe. O autor também assinala que o ensino escolar de tais conteúdos pode ainda levar à criação de uma disciplina universitária para servir à formação de professores secundários daquela matéria escolar.[29]

É necessário lembrar que as disciplinas escolares podem ter seguido roteiros e configurações diferenciadas nos diversos contextos institucionais e sociais. O conceito de disciplina escolar não pode ter um sentido estático, mas de *processo* e com uma pluralidade de formações. Em relação à história escolar, uma questão a ser discutida poderia ser: qual conceito seria mais apropriado para a compreensão do seu significado? A concepção de transposição didática corresponderia ao seu processo de constituição? A história da história ensinada poderia ser compreendida a partir das mudanças na metodologia de ensino? Ou, de acordo com a concepção de cultura escolar, teria se desenvolvido de forma relativamente autônoma à História acadêmica? Seria necessário comparar, em cada contexto, as configurações formadas pelos fins requeridos à disciplina, seus conteúdos e suas práticas? São questões que somente a investigação histórica da disciplina pode ajudar a responder.

A partir de pesquisa sobre a história ensinada no Colégio Pedro II no período 1838-1920 na perspectiva da construção de uma pedagogia da nação nos livros didáticos adotados no período, alguns aspectos sobre a construção dessa disciplina escolar puderam ser percebidos.[30] Uma primeira observação a ser feita é que a configuração das disciplinas escolares desenvolveu-se profundamente associada à escrita e ao uso dos livros didáticos e aos seus autores, os professores secundários. Os compêndios, termo utilizado no século XIX, foram desde o começo instrumentos fundamentais no conjunto dos dispositivos da forma escolar secundária em formação no Brasil e foram escritos principalmente por professores, no contexto de um processo de *fabricação* que incluía *compilação* de outros textos; *resumo* adequado ao programa a ser desenvolvido em linguagem articulada com os objetivos e finalidades daquele ensino. A linguagem utilizada nos textos escolares do período evidencia uma anterior exposição oral ou uma leitura de *apostilas* especialmente preparadas para as finalidades de ensino.

Nesse sentido, a configuração da *história escolar* no século XIX pode revelar aproximações com o conceito de transposição didática, na medida em que o *saber histórico erudito* passava por um processo de transformação e de adequação ao ensino pelos professores e pelos outros agentes ligados à administração escolar. Um saber que era apropriado pelo professor secundário, um *intelectual de cultura humanista*.[31] Esse intelectual, muitas vezes, também exercia funções estratégicas nos órgãos de administração educacional e participava das comissões que elaboravam os Programas de Ensino do Colégio de Pedro II (tais Programas eram seguidos pelos demais liceus provinciais e outros estabelecimentos de ensino particulares). A partir dessa apropriação, o professor preparava suas aulas[32] como *matéria a ensinar* e em seguida as desenvolvia como *práticas* associadas ao seu ofício: exposição da matéria, ênfase nas questões que considerava relevantes, solicitação de tarefas de leitura, recitação, sumários, questionários etc. Mais tarde, todo esse processo materializava-se nos livros didáticos, que seriam amplamente utilizados no ensino, divulgando e consolidando os conteúdos escolares como matéria a ensinar, legitimados nos currículos e programas oficiais. Um processo no qual várias instâncias e agentes entram em ação, atendendo a demandas pedagógicas e didáticas, tendo como eixo a adequação dos saberes aos objetivos do ensino.

Mas, nessa perspectiva, onde se inscrevem os outros elementos que interferem no processo, como as reformas educacionais, as novas demandas políticas, econômicas e sociais, os novos paradigmas intelectuais, as novas concepções de cultura? Por exemplo, o ensino de História (e de outros saberes) estava intimamente associado à concepção de cultura humanista clássica, valorizada socialmente no período e que orientava plano de estudos, práticas de leitura, formas de exame, prêmios etc. – a cultura escolar do ensino secundário. Desse modo, se o conceito de transposição didática fornece contribuições importantes para uma análise do processo de construção das disciplinas escolares que leve em conta os saberes disciplinares produzidos externamente ao ambiente escolar, pode, no entanto, se considerado numa acepção mais restrita, dificultar a compreensão da formação histórica das disciplinas escolares em articulação à rede mais global e complexa da cultura de sua época.

Penso que tais formações curriculares – as disciplinas escolares –, na medida em que resultam de uma construção histórica associada ao universo escolar, não podem ser pensadas segundo um modelo uniforme ou na perspectiva de um conceito estático. Ou seja, como tudo que se refere a processos, em cada *tempo/lugar/ambiente* diferentes configurações desses saberes/práticas constituíram-se em ritmos e etapas diferenciadas pelos diversos agentes e condicionantes internos e externos à escola.

O ensino secundário e as disciplinas escolares

Uma primeira exigência aos pesquisadores da história da história ensinada tem sido a necessidade de situá-la no seu campo estruturante – o seu lugar curricular –, o ensino secundário, no qual o ensino de História sempre apareceu no plano de estudos desde sua instituição no século XIX brasileiro.[33]

Desse modo, como Bittencourt[34] chama a atenção, o ensino secundário tem sido o foco preferencial dos estudos sobre as disciplinas escolares, por ser o lugar de produção de um currículo formado por diferentes disciplinas sob a responsabilidade de docentes especialmente designados para o seu ensino. A produção na área origina-se principalmente de teses e dissertações de Pós--graduação em Educação, como um desdobramento do perfil multidisciplinar dos discentes da Pós-graduação. Nos Mestrados e Doutorados das principais universidades brasileiras, pesquisadores que trabalham com a História da

Educação e/ou da Prática de Ensino da História orientam-se para a *história do ensino* das disciplinas que marcam a sua trajetória profissional de formação inicial, como o ensino de Português[35], de Matemática[36] e de História[37]. Esse interesse dos graduados em História pelo campo também está ocorrendo entre os que, mesmo cursando a Pós-graduação na área de formação inicial – História –, orientam suas pesquisas para a *história da história ensinada*. Tais produções estão ligadas a pesquisadores profundamente inseridos no campo da Educação, através de suas trajetórias profissionais no magistério público e muitas vezes no Ensino Fundamental e Médio.[38]

A característica da formação desse campo no Brasil, claramente associada à área da Educação, pode servir, como foi dito, para iluminar o debate contemporâneo sobre a inserção desta especialidade no campo da *História* ou da *Educação*. De qualquer forma, inscreve-se numa *identidade* plural do historiador da educação e das disciplinas escolares. Apresenta-se como *educador*, porque suas preocupações, interesses de pesquisa e vínculos institucionais estão no campo da *Educação*, mas afirma-se, principalmente, como *historiador*, por suas pesquisas, sua produção e seu compromisso com o conhecimento histórico.

Perspectivas de ensino e pesquisa

Um campo de conhecimento constrói sua identidade a partir da história de suas práticas, seus temas, sua problemática. A reflexão baseada em pesquisas empíricas sobre o ensino das diferentes disciplinas e a atenção à categoria de *processo* que ilumina a compreensão dos movimentos instituintes da realidade sociohistórica enriquecem o debate sobre o conceito de disciplinas escolares. Consolidando-se no campo da História da Educação, a *história da história ensinada* ou *história do ensino de História* está se configurando como uma subárea da *história das disciplinas escolares*, com perspectivas teóricas principalmente ligadas às contribuições da história cultural e da sociologia histórica. Ao construir sua identidade no campo da *História da Educação*, seu reconhecimento como área pode seguir uma dupla trajetória, tanto no campo das práticas profissionais e acadêmicas de seus sujeitos – a *Educação*[39] – quanto no campo de base acadêmica e/ou intelectual – a *História*.[40]

A partir de uma pluralidade de fontes e perspectivas de análise, as pesquisas com esse enfoque têm procurado compreender o lugar da disciplina no currículo, suas inter-relações com as exigências e demandas sociais a que atendeu em diferentes momentos históricos, e seus diferentes atores na constituição desse conhecimento em seus aspectos cognitivos e simbólicos.

O pesquisador da história das disciplinas escolares preocupa-se em compreender os processos relativos aos labirintos da cultura escolar, como as configurações curriculares em seu movimento complexo e contraditório de construção e reconstrução no atendimento às demandas sociais, culturais, políticas, pedagógicas, econômicas. Procura, desse modo, também estar atento às mudanças de caráter intelectual que interferem na percepção e elaboração de currículos e conteúdos escolares. Nesse percurso, pode construir seu objeto situando-o numa abordagem que problematiza as dimensões externas e internas do espaço escolar – os conteúdos, as práticas, as normas, as finalidades.

Concluindo

Um dos objetivos deste trabalho foi afirmar o lugar da história das disciplinas escolares como um território novo associado à História da Educação no Brasil e com uma recente produção originária de pesquisadores de diferentes disciplinas, mas com trajetórias profissionais geralmente vinculadas à área educacional e/ou à formação de professores. O caráter interdisciplinar desse campo confere à história das disciplinas escolares uma conotação especial, ao procurar responder aos desafios de cada disciplina no tempo presente com a reflexão sobre o papel e o lugar desses respectivos saberes em diferentes momentos sociohistóricos. A responsabilidade social do historiador não se afirma nas respostas, mas sobretudo nas *questões*: a valorização de uma *história de problemas* permite situar seu compromisso intelectual no tempo e no espaço hoje. Seu foco está na sociedade em que pertence, na medida em que "o *presente* é menos uma época que uma série de questões".[41] Para o professor, o conhecimento histórico sobre a sua disciplina pode contribuir para reforçar posturas reflexivas dos docentes frente aos problemas do desenvolvimento do currículo e da construção do conhecimento escolar, levando em conta, como também enfatiza Munakata[42], o modo histórico pelo qual essa situação foi produzida.

Parafraseando a reflexão de Nóvoa[43] sobre as responsabilidades e compromissos do ofício de ensinar/pesquisar, poderia dizer que do professor de História espera-se hoje que seja capaz de refletir sobre a história da história ensinada e de sentir os desafios do tempo presente, com uma interrogação permanente sobre os sentidos do trabalho pedagógico, para que participe de uma maneira crítica da construção de um ensino que tenha como eixo as questões humanas e sociais de nosso país.

Bibliografia

ANASTASIOU, Lea das Graças Camargo; ALVES, Leonir Pessate (orgs.). *Processos de Ensinagem na Universidade*. Pressupostos para as estratégias de trabalho em aula. Joinville: Univille, 2004.

ANDRADE, Vera Lúcia Cabana de Queiroz. *Colégio Pedro II. Um lugar de memória*. Tese de Doutorado - Programa de Pós-Graduação em História Social do Instituto de Filosofia e Ciências Humanas da Universidade Federal do Rio de Janeiro, 1999.

ARAÚJO, Frederico Guilherme Bandeira de. *Saber sobre os homens, saber sobre as coisas*. História e tempo, geografia e espaço, ecologia e natureza. Rio de Janeiro: DP&A, 2004.

ARRUDA, José Jobson Arruda; TENGARRINHA, José Manuel. *Historiografia Luso--Brasileira contemporânea*. Bauru, SP: Edusc, 1999.

BÉDARIDA, François. As responsabilidades do historiador *expert*. In: BOUTIER, Jean; JULIA, Dominique. *Passados recompostos. Campos e canteiros da História*. Tradução de Marcella Mortara e Annamaria Skinner. Rio de Janeiro: Editora UFRJ: Editora FGV, 1998, p. 145-153.

BITTENCOURT, Circe Maria F. *Pátria, Civilização e Trabalho: o ensino de História nas escolas paulistas (1917-1939)*. São Paulo: Loyola, 1990.

_____. *Livro Didático e Conhecimento Histórico*: uma história do saber escolar. Tese (Doutorado em História) - Faculdade de Filosofia, Letras e Ciências Humanas da Universidade de São Paulo, 1993.

_____. Disciplinas escolares: História e pesquisa. In: OLIVEIRA, Aurélio Taborda; RANZI, Serlei Maria Fischer (orgs.). *História das disciplinas escolares no Brasil: contribuições para o debate*. Bragança Paulista: Edusf, 2003, p. 9-38.

BURKE, Peter. *História social do conhecimento:* de Gutenberg a Diderot. Tradução de Plínio Dentzien. Rio de Janeiro: Jorge Zahar Editor, 2003.

CARVALHO, Marta Maria Chagas de. Quando a história da educação é a história da disciplina e da higienização das pessoas. In: FREITAS, Marcos Cézar de. (org.). *História social da infância no Brasil*. São Paulo: Cortez, 1997.

_____. A configuração da historiografia educacional brasileira. In: FREITAS, Marcos Cézar de. *Historiografia educacional brasileira*. São Paulo: Contexto, 1998, p. 329-353.

CHARTIER, Roger. *A História Cultural*: entre práticas e representações. Tradução: Manuela Galhardo. Lisboa: DIFEL; Rio de Janeiro: Bertrand Brasil, 1990.

CHERVEL, André. História das disciplinas escolares. *Teoria e Educação*. Porto Alegre: Pannonica, n. 2, 1990, p. 177-229.

_____. La culture scolaire. Un aproche historique. *Histoire de l'Éducation*. Paris: Belin, 1998.

_____. COMPÈRE, Marie-Madeleine. Les humanités dans l'histoire de l'enseignement français. In: _____.(dir.). *Les humanités classiques*. Paris: Service d' Histoire de l'Éducation, INRP, n° 74, mai, 1997.

CHEVALLARD, Y. *La transposition didactique*. Grenoble: La Pensée Sauvage Éditions, 1991.

DOSSE, François. *O império do sentido*: a humanização das ciências humanas. Tradução: Ilka Stern Cohen. Bauru, SP: Edusc, 2003.

FICO, Carlos e POLITO, Ronald. Teses e Dissertações de História defendidas em 1995. *Estudos Históricos*, Rio de Janeiro, vol. 9, n. 17, 1996.

_____. *A História no Brasil (1980-1989): elementos para uma avaliação historiográfica*. Ouro Preto: Ufop, 1992.

GASPARELLO, Arlette M. *Construtores de identidades*: os compêndios de História do Brasil do Colégio Pedro II (1838-1920). Tese de Doutorado - Programa de Pós-Graduação em Educação: História, Política, Sociedade. Pontifícia Universidade Católica de São Paulo, 2002.

_____. *Construtores de identidades: a pedagogia da nação na escola secundária brasileira*. São Paulo: Iglu, 2004.

_____; VILLELA, Heloisa de Oliveira Santos. A educação fluminense como objeto de pesquisa nos Programas de Pós-Graduação Stricto Sensu. *Anais do I Congresso Brasileiro de História da Educação: Educação no Brasil: História e Historiografia*. Rio de Janeiro: SBHE, 2000. CDROM.

_____; _____. Uma identidade social em formação: os professores secundários no século XIX brasileiro. *III Congresso Brasileiro de História da Educação. A educação escolar em perspectiva Histórica*. Curitiba: Pontifícia Universidade Católica do Paraná: Sociedade Brasileira de História da Educação, 2004, p. 288-289.

GOODSON, Ivor F. Tornando-se uma matéria acadêmica: padrões de explicação e evolução. *Teoria e Educação*. Porto Alegre: Pannonica, n. 2, 1990, p. 230-254.

_____. *Currículo: Teoria e História*. Tradução: A. Brunetta. Petrópolis: Vozes, 1995.

HAMILTON, David. Sobre as origens dos termos classe e curriculum. *Teoria & Educação*, 6, 1992, p. 33-52.

IGLÉSIAS, Francisco. *Os historiadores do Brasil*: capítulos de historiografia brasileira. Rio de Janeiro: Nova Fronteira; Belo Horizonte, MG: UFMG, IPEA, 2000.

JULIA, Dominique. A cultura escolar como objeto histórico. *Revista Brasileira de História da Educação*. Campinas, SP: SBHE/Editora Autores Associados, 1º número, 2001.

MAFRA, Leila de Alvarenga. A sociologia dos estabelecimentos escolares: passado e presente de um campo de pesquisa em re-construção. In: ZAGO, N; CARVALHO, M. P.

de; VILELA, R. A. T. *Itinerários de pesquisa*. Perspectivas qualitativas em Sociologia da Educação. Rio de Janeiro: DP&A, 2003, p. 109-136.

MOREIRA, Antonio Flávio (org.). *Currículo: questões atuais*. Campinas: Papirus, 1997.

_____; SILVA, Tomas Tadeu (orgs.). *Currículo, cultura e sociedade*. São Paulo: Cortez, 1994.

MUNAKATA, Kazumi. Por que Descartes criticou os estudos que realizou no Colégio de La Flèche, mesmo admitindo que era "uma das mais célebres escolas da Europa"? In: OLIVEIRA, Aurélio Taborda; RANZI, Serlei Maria Fischer (orgs.). *História das disciplinas escolares no Brasil: contribuições para o debate*. Bragança Paulista: Edusf, 2003, p. 39-99.

NÓVOA, Antonio. La nouvelle histoire américaine de l'éducation. *Histoire de L'Éducation*. Paris: Service d'histoire de l'éducation de I.N.R.P., no. 73, janvier, 1997, p. 3-48.

RAZZINI, M. de P. G. *O espelho da nação: a Antologia Nacional e o ensino de português e da Literatura (1838-1971)*. Tese de Doutorado. Instituto de Estudos da Linguagem, Unicamp, 2000.

SILVA, Tomas Tadeu. *Documentos de identidade: uma introdução às teorias do currículo*. Belo Horizonte: Autêntica, 1999.

TARDIF, Maurice. *Saberes docentes e Formação profissional*. Petrópolis, RJ: Vozes, 2002.

VALENTE, W. R. *Uma história da matemática escolar no Brasil, 1730-1930*. São Paulo: Annablume/Fapesp, 1999.

VIDAL, Diana Gonçalves e FARIA FILHO, Luciano Mendes. "História da Educação no Brasil: a constituição histórica do campo". *Revista Brasileira de História*, São Paulo, v. 23, nº 45, 2003, p. 37-70.

WARDE, Mirian Jorge. Anotações para uma historiografia da educação brasileira. *Em Aberto*, Brasília, Inep, 3 (23), 1-6, set./out. 1984.

_____. Contribuições da história para a educação. *Em Aberto*, Brasília, Inep, 9 (47): 1-11, jul./set. 1990.

Notas

[1] NÓVOA, Antonio. La nouvelle histoire américaine de l'éducation. *Histoire de L'Éducation*, Paris, Service d'histoire de l'éducation de I.N.R.P., no. 73, janvier, 1997, p. 13.

[2] *Ibid.*

³ Para o conceito de *ensinagem*, cf. ANASTASIOU, Lea das Graças Camargo; ALVES, Leonir Pessate (orgs.). *Processos de Ensinagem na Universidade. Pressupostos para as estratégias de trabalho em aula.* Joinville: Univille, 2004.

⁴ Sobre os processos de construção dos saberes docentes, ver TARDIF, Maurice. *Saberes docentes e Formação profissional.* Petrópolis, RJ: Vozes, 2002.

⁵ NÓVOA, Antonio. *Op. cit.*

⁶ WARDE, Mirian Jorge. Contribuições da história para a educação. *Em Aberto*, Brasília, Inep, 9 (47): 1-11, jul./set. 1990.

⁷ Sobre a construção de uma história da educação brasileira, ver WARDE, Mirian Jorge. Anotações para uma historiografia da educação brasileira. *Em Aberto*, Brasília, Inep, 3 (23), 1-6, set./out. 1984; *idem*. Contribuições... *op. cit.*; CARVALHO, Marta Maria Chagas de. Quando a história da educação é a história da disciplina e da higienização das pessoas. In: FREITAS, Marcos Cézar de (org.). *História social da infância no Brasil.* São Paulo: Cortez, 1997; _____. A configuração da historiografia educacional brasileira. In: FREITAS, Marcos Cézar de. *Historiografia educacional brasileira.* São Paulo: Contexto, 1998, p. 329-353; VIDAL, Diana Gonçalves e FARIA FILHO, Luciano Mendes. História da Educação no Brasil: a constituição histórica do campo. *Revista Brasileira de História*, São Paulo, v. 23, nº 45, 2003.

⁸ WARDE, Mirian Jorge. Anotações para uma historiografia da educação brasileira... *op. cit.*; VIDAL, Diana Gonçalves e FARIA FILHO, Luciano Mendes. *Op. cit.*

⁹ BURKE, Peter. *História social do conhecimento: de Gutenberg a Diderot.* Tradução de Plínio Dentzien. Rio de Janeiro: Jorge Zahar Editor, 2003, p. 37.

¹⁰ O termo *ambiente* é aqui utilizado no sentido trabalhado por ARAÚJO, Frederico Guilherme Bandeira de. *Saber sobre os homens, saber sobre as coisas. História e tempo, geografia e espaço, ecologia e natureza.* Rio de Janeiro: DP&A, 2004, p. 353, como noção una de espaço-tempo-ambiente, que resulta da análise da trama dos eventos sociais e das relações entre eles. Para o autor, trata-se de uma noção-chave que "tem o caráter de *trama conjuntural da diferença*, pois seu intento primordial é exatamente mostrar o que é distinto – e, como contrapartida, o que expressa identidade" (grifos no original).

¹¹ Cf. NÓVOA, Antonio. *Op. cit.*; DOSSE, François. *O império do sentido: a humanização das ciências humanas.* Tradução: Ilka Stern Cohen. Bauru, SP: Edusc, 2003.

¹² BÉDARIDA, François. As responsabilidades do historiador *expert*. In: BOUTIER, Jean; JULIA, Dominique. *Passados recompostos. Campos e canteiros da História.* Tradução de Marcella Mortara e Annamaria Skinner. Rio de Janeiro: Editora UFRJ: Editora FGV, 1998, p. 151.

¹³ FICO, Carlos e POLITO, Ronald. *A História no Brasil (1980-1989): elementos para uma avaliação historiográfica.* Ouro Preto: Ufop, 1992.

¹⁴ *Ibid.*, p. 34. Sobre o assunto, consultar ainda: FICO, Carlos e POLITO, Ronald. Teses

e Dissertações de História defendidas em 1995. *Estudos Históricos*, Rio de Janeiro, vol. 9, n. 17, 1996, p. 167-177; ARRUDA, José Jobson Arruda e TENGARRINHA, José Manuel. *Historiografia Luso-Brasileira contemporânea*. Bauru, SP: Edusc, 1999.

[15] GASPARELLO, Arlette M.; VILLELA, Heloisa de O. S. A educação fluminense como objeto de pesquisa nos Programas de Pós-graduação Stricto-Sensu. *Anais do I Congresso Brasileiro de História da Educação: Educação no Brasil: História e Historiografia*. Rio de Janeiro: SBHE, 2000. CDROM.

[16] Na produção da Pós-graduação em Educação, houve uma significativa expansão de estudos em história da educação, considerando-se não ser uma área específica do curso desde os anos 80, expandindo-se na década de 1990, com 10% da produção total em Educação da Universidade Federal Fluminense. cf. GASPARELLO, Arlette M.; VILLELA, Heloisa de O. S. *Op. cit.*

[17] Cf. IGLÉSIAS, Francisco. *Os historiadores do Brasil: capítulos de historiografia brasileira*. Rio de Janeiro: Nova Fronteira; Belo Horizonte, MG: UFMG, IPEA, 2000, p. 240.

[18] Para a discussão contemporânea do campo da história cultural, cf. CHARTIER, Roger. *A História Cultural*: entre práticas e representações. Tradução: Manuela Galhardo. Lisboa: DIFEL; Rio de Janeiro: Bertrand Brasil, 1990; _____. A História hoje: dúvidas, desafios, propostas. *Estudos Históricos*, Rio de Janeiro, vol. 7, n.º 13, 1994, p. 97-113.

[19] Cf. MAFRA, Leila de Alvarenga. A sociologia dos estabelecimentos escolares: passado e presente de um campo de pesquisa em re-construção. In: ZAGO, N; CARVALHO, M. P. de; VILELA, R. A. T. *Itinerários e pesquisa. Perspectivas qualitativas em Sociologia da Educação*. Rio de Janeiro: DP&A, 2003, p. 124.

[20] HAMILTON, David. Sobre as origens dos termos classe e curriculum. *Teoria & Educação*, 6, 1992; GOODSON, Ivor. *Currículo: Teoria e História*. Tradução: A. Brunetta. Petrópolis: Vozes, 1995.

[21] Em nosso país, o currículo como área de pesquisa tem se desenvolvido principalmente com os trabalhos de MOREIRA, Antonio Flávio e SILVA, Tomas Tadeu (orgs.). *Currículo, cultura e sociedade*. São Paulo: Cortez, 1994; MOREIRA, Antonio Flávio (org.). *Currículo: questões atuais*. Campinas: Papirus, 1997; SILVA, Tomas Tadeu. *Documentos de identidade: uma introdução às teorias do currículo*. Belo Horizonte: Autêntica, 1999.

[22] Cf. CHERVEL, André. História das disciplinas escolares. *Teoria e Educação*, Porto Alegre, nº 2, 1990; idem e COMPÈRE, Marie-Madeleine. Les humanités dans l'histoire de l'enseignement français. In: _____ (dir.). *Les humanités classiques*. Paris: Service d'Histoire de l'Éducation, INRP, nº 74, mai. 1997.

[23] JULIA, Dominique. A cultura escolar como objeto histórico. *Revista Brasileira de História da Educação*, Campinas, SBHE, nº 1, 2001.

[24] FORQUIN, Jean-Claude. *Escola e cultura: as bases epistemológicas e sociais do conhecimento escolar.* Tradução: Guacira Lopes Louro. Porto Alegre: Artes Médicas, 1993.

[25] CHERVEL, André. *La culture scolaire.* Un aproche historique. Histoire de l'éducation. Paris: Belin, 1998.

[26] CHEVALLARD, Y. *La transposition didactique.* Grenoble: La Pensée Sauvage Éditions, 1991.

[27] BITTENCOURT, Circe Maria Fernandes. Disciplinas escolares: História e pesquisa. In: OLIVEIRA, Aurélio Taborda e RANZI, Serlei Maria Fischer (orgs.). *História das disciplinas escolares no Brasil: contribuições para o debate.* Bragança Paulista: Edusf, 2003.

[28] CHERVEL, André. História das disciplinas escolares... *op. cit.*, p. 177-229.

[29] GOODSON, Ivor F. Tornando-se uma matéria acadêmica: padrões de explicação e evolução. *Teoria e Educação*, Porto Alegre, nº 2, 1990, p. 230-254.

[30] Cf. GASPARELLO, Arlette Medeiros. *Construtores de identidades: a pedagogia da nação na escola secundária brasileira.* São Paulo: Iglu, 2004.

[31] Na pesquisa sobre a formação dos professores secundários na segunda metade do século XIX, contatou-se que dentre os que exerciam o magistério no *Colégio de Pedro II* no período, encontra-se maior concentração em Medicina, seguindo-se os de formação jurídica e os bacharéis em ciências físicas e naturais e bacharéis em matemáticas e ciências físicas – que atuavam no quadro de formação científica do currículo. No entanto, ressalta-se que a maioria dos diplomados em cursos superiores possuía também o título de *bacharel em Letras* (cf. GASPARELLO, Arlette Medeiros; VILLELA, Heloisa de Oliveira Santos. Uma identidade social em formação: os professores secundários no século XIX brasileiro. *III Congresso Brasileiro de História da Educação. A educação escolar em perspectiva Histórica.* Curitiba: PUC-PR/SBHE, 2004).

[32] Foi comum a preparação de apostilas, que em geral resultavam na publicação de livros didáticos, como o livro de Luis de Queróz Mattoso Maia, médico e professor do Imperial Colégio Pedro II na década de 1880, *Lições de História do Brasil.* Cf. GASPARELLO, Arlette Medeiros. *Construtores de identidades... op. cit.*

[33] Um ensino secundário por muito tempo visto como lugar institucional de formação na cultura clássica, com os estudos de *humanidades* com espaço privilegiado no currículo, ver *ibid.*.

[34] BITTENCOURT, Circe Maria Fernandes. *Op. cit.*

[35] RAZZINI, M. de P. G. *O espelho da nação: a Antologia Nacional e o ensino de português e da Literatura (1838-1971).* Tese de Doutorado. Instituto de Estudos da Linguagem, Unicamp, 2000.

[36] VALENTE, W. R. *Uma história da matemática escolar no Brasil, 1730-1930.* São Paulo: Annablume/Fapesp, 1999.

³⁷ BITTENCOURT, Circe Maria F. *Pátria, Civilização e Trabalho: o ensino de História nas escolas paulistas (1917-1939)*. São Paulo: Loyola, 1990; idem. *Livro Didático e Conhecimento Histórico: uma história do saber escolar.* Tese (Doutorado em História) - Faculdade de Filosofia, Letras e Ciências Humanas da Universidade de São Paulo, 1993; GASPARELLO, Arlette M. *Construtores de identidades: os compêndios de História do Brasil do Colégio Pedro II (1838-1920)*. Tese de Doutorado - Programa de Pós-Graduação em Educação: História, Política, Sociedade. Pontifícia Universidade Católica de São Paulo, 2002.

³⁸ BITTENCOURT, Circe Maria F. *Livro Didático... op. cit.*; ANDRADE, Vera Lúcia Cabana de Queiroz. *Colégio Pedro II. Um lugar de memória.* Tese de Doutorado - Programa de Pós-graduação em História Social do Instituto de Filosofia e Ciências Humanas da Universidade Federal do Rio de Janeiro, 1999.

³⁹ Contribuindo com a ampliação do debate junto a seus pares em reuniões e congressos, como, por exemplo, os da Associação Nacional de Pós-graduação e Pesquisa em Educação (Anped) ou promovidos pela Sociedade Brasileira de História da Educação (SBHE), os Congressos Brasileiros de História da Educação.

⁴⁰ Participando, por exemplo, nos Encontros e Simpósios Regionais e Nacionais da Associação Nacional de História (Anpuh), no Grupo de Trabalho (GT) Ensino de História e Educação.

⁴¹ BARRY, Andrew, OSBORNE, Thomas, ROSE, Nikolas (eds). *Foucault and political reason*. Apud NÓVOA, Antonio. *Op. cit.*, p. 12.

⁴² MUNAKATA, Kazumi. Por que Descartes criticou os estudos que realizou no Colégio de *La Flèche*, mesmo admitindo que era "uma das mais célebres escolas da Europa"? In: OLIVEIRA, Aurélio Taborda; RANZI, Serlei Maria Fischer (orgs.). *História das disciplinas escolares no Brasil: contribuições para o debate.* Bragança Paulista: Edusf, 2003.

⁴³ NÓVOA, Antonio. *Op. cit.*

HISTÓRIA DA HISTÓRIA NÃO ENSINADA NA ESCOLA: A HISTÓRIA DA EDUCAÇÃO

Libânia Xavier[*]

1. Apresentação

Quero chamar a atenção para um aspecto da história da história ensinada na escola básica. Para tanto, parto de uma constatação: o currículo de História no ensino fundamental e médio não incorpora os avanços alcançados no âmbito da história da educação. Em seguida, argumento a favor da inclusão de temas relacionados ao estudo da história da educação, particularmente da educação escolar e da conformação das ideias e políticas educacionais, procurando revelar o potencial formativo do estudo dessa temática, não apenas na formação de crianças e adolescentes, como também na educação de adultos. Por fim, apresento, resumidamente, as principais linhas de investigação abertas no âmbito da história da educação, com base no conhecimento adquirido como pesquisadora da área e como membro da Diretoria da Sociedade Brasileira de História da Educação (SBHE). A experiência de 14 anos como professora de História do ensino fundamental, na rede pública e privada do Rio de Janeiro, é que fornece suporte aos argumentos em favor da presença da história da educação no ensino de História.

---

[*]Professora adjunta da Faculdade de Educação da Universidade Federal do Rio de Janeiro; Pesquisadora do Programa de Estudos e Documentação Educação e Sociedade (Proedes) da UFRJ.

2. Por que ensinar a história da educação

O currículo de História do ensino fundamental e médio é amplo e abrangente; a história de sua configuração sob a forma de um elenco de conhecimentos específicos é rica e repleta de debates a respeito dos conteúdos necessários à compreensão do mundo e das possibilidades de adequação desses conhecimentos às condições de aprendizagem dos nossos alunos. Muito se falou, também, sobre as necessidades e possibilidades inerentes ao trabalho do professor, reconhecendo-se a importância de sua adesão a um programa de ensino de História coerente, pertinente e relevante.

Contudo, à primeira vista, parece-me que ainda há muito que avançar no que tange à incorporação dos avanços alcançados no âmbito da história da educação, particularmente dos estudos que enfocam a experiência escolar e redimensionam as políticas educacionais, abrindo a compreensão de novos conteúdos, novas abordagens e novos objetos inscritos no universo das práticas educativas construídas no interior da escola, assim como no seu entorno.

Pelo que foi dito, justifica-se proposta que ora apresento, qual seja a de trazer a esse encontro de professores de História os avanços produzidos no campo da história da educação, defendendo a sua incorporação ao currículo do ensino de História nos níveis fundamental e médio e destacando o seu potencial formativo, cognitivo e autorreflexivo.

Alguns estudos de história da educação enfocam aspectos das práticas escolares e dos processos de constituição dos campos disciplinares que são ensinados na escola. Outros abordam o tratamento (especializado ou não) dado à infância e à juventude em diferentes tempos e espaços. Encontramos, também, trabalhos que investigam as concepções e diretrizes adotadas pelos governos no que tange à educação do povo. Outro campo de investigação bastante profícuo é a análise das táticas de recepção, adesão e resistência que emergem na escola e na vida social, a favor ou contra as determinações do poder político na esfera educacional.

Por trabalhar com temas dessa natureza, a história da educação aborda assuntos que constituem parte integrante da realidade do aluno, de uma experiência em fluxo, presente no cotidiano do grupo reunido na intimidade da sala de aula e no espaço mais amplo da escola. Dessa forma, o estudo da história da educação apresenta-se como um dado comparável – no tempo e no espaço –, aberto a uma autoidentificação direta e imediata. Assim, se a experiência escolar é valorizada pela aquisição de conhecimentos racionais que ela pode proporcionar, uma outra função, menos alardeada, evoca o seu papel, mais que fundamental nos dias atuais, como instância de socialização.

Destacamos, ainda, o fato de a escola constituir-se em agência do Estado e, como tal, funcionar como veículo de afirmação de um determinado modelo de educação adequado ao projeto político do Governo. Nessas condições, a instituição escolar acaba por assumir uma estrutura "x" e exercer uma influência tal que, a despeito da imensa diversidade que marca a população brasileira, a experiência escolar acaba criando um sentimento comum, mesmo entre pessoas muito diferentes.

Esse sentimento comum é um dos elementos constitutivos daquilo que os estudiosos chamam de *identidade nacional*. A educação escolar apresenta-se como um dos pilares da construção da identidade nacional, na medida em que atua na disseminação de uma língua própria, de uma história comum e de alguns valores consensuais por meio dos quais emerge a consciência de que partilhamos gestos, modos de falar, crenças e opiniões semelhantes. Fruto de um projeto de homogeneização cultural requerido para a construção do Estado Nacional, a escola mantém viva essa função, que vem sendo constantemente atualizada.

E a comprovação desse fato é demonstrada pela identificação que usualmente se estabelece entre pessoas de uma mesma geração e, por vezes, de gerações diferentes ou entre habitantes de espaços geográficos próximos ou distantes. A memória da experiência escolar confunde-se com a memória de nossas lutas individuais e coletivas. Como observou Yan Michalski,[1] ao comentar a peça "A Aurora de Minha Vida", o aprendizado que tecemos na escola extrapola a aquisição do conhecimento formal, pois na escola nós aprendemos, também, a (...) lutar pela sobrevivência, a lutar contra as pressões do *establishment*, a competir com os pares, *a resistir (se for o caso, com maldade) à maldade que nos ameaça constantemente por todos os lados*.

Nessa perspectiva, a experiência escolar, que faz parte da vida de quase todos nós, remete-nos a múltiplos contextos que se entrecruzam na história de cada indivíduo, que faz parte da história de seu grupo social, que, por sua vez, carrega as condições e contradições decorrentes da configuração da própria história nacional. Assim, se a história da escolarização de nossos antepassados nos remete ao esforço coletivo de ampliação do nosso conhecimento do mundo, é mais do que legítimo – considero mesmo ser urgente – incluir o ensino da história da educação no currículo do ensino fundamental e médio.

Feito o convite, apresento, a seguir, alguns apontamentos no intuito de descrever o estado da produção em história da educação. A ideia é divulgar, de forma resumida e direta, os principais avanços alcançados pela pesquisa produzida no âmbito da história da educação brasileira, de forma a contribuir para a sua divulgação entre os professores aqui reunidos.[2]

3. Aspectos da produção atual em história da educação

Nesta seção, procuro indicar alguns instrumentos de reflexão e análise que permitam perceber como a história da educação, constituída em campo de conhecimento especializado, pode fornecer subsídios para a compreensão das relações sociais, políticas, econômicas e culturais que permeiam os processos educativos, as práticas escolares e a organização das instituições de ensino.

Por entender que não há condições, nesse curto espaço de tempo, de apresentar o debate que se trava no interior da historiografia da educação brasileira, opto por indicar as principais tendências presentes em pesquisas recentes que tomam a educação como objeto de estudo, privilegiando a exploração de novas fontes de pesquisa e de novos métodos e procedimentos de análise provenientes da *ciência* da história.

Privilegiamos as tendências temáticas, mas também abordamos a renovação das fontes e das abordagens que emergem nos estudos apresentados em Congressos e Encontros de pesquisadores da área,[3] no intuito de montar um quadro abrangente, ainda que abreviado e provisório, do estado da produção em história da educação desenvolvida por pesquisadores de instituições situadas em diferentes regiões do país e no exterior.[4]

A renovação das fontes de pesquisa em história da educação

Como já observamos em trabalho anterior,[5] as pesquisas na área de história da educação seguem com base na ampla utilização de fontes documentais oficiais, como séries legislativas, relatórios, pareceres, projetos de Governo, discursos de autoridades políticas, entre outras. Esse aspecto confirma a centralidade do Estado e de suas instituições para a compreensão dos processos educativos em seus aspectos formal, institucional ou oficial. Sem dúvida, podemos afirmar que, na história dos países ocidentais, o Estado tem sido o grande organizador da esfera educacional, o que justifica a centralidade que ocupa nos estudos sobre o tema.

Contudo, sem questionar o potencial contido neste conjunto de fontes, assim como a importância dos dados que revelam, queremos destacar a emergência de uma variada e original gama de fontes documentais. A renovação do olhar que investiga e interpreta temas e questões educacionais tem sido redimensionada pela incorporação de fontes antes não imaginadas. Desequilibrando a objetividade pretensamente contida nos documentos escritos e nas fontes oficiais, estes novos mananciais de apreensão do específico educacional estão permitindo o deslocamento do olhar do pesquisador para a amplitude de processos individuais e coletivos, racionais e subjetivos, ao incluir no repertório da pesquisa novas fontes como a fotografia, a iconografia, as plantas arquitetônicas, o material escolar, o resgate da memória por meio de fontes orais, sermões, relatos de viajantes e correspondências, os diários íntimos e as escritas autobiográficas, ao lado de outros produtos culturais como a literatura e a imprensa pedagógica.[6]

Outra fonte bastante explorada no âmbito da história da educação tem sido a obra literária, ao lado dos impressos, tais como as revistas especializadas, os boletins informativos, as coleções dirigidas à formação de professoras, dentre outros.[7] Para além da informação/descrição de contextos amplos e integrados, a utilização da obra literária como fonte de estudo amplia a percepção de questões situadas na esfera de interseção entre o individual e o coletivo, o oficial e o cotidiano, o formal e o informal, o artístico e o científico, o público e o privado, ampliando o leque de questões relativas ao contexto em estudo. Por sua vez, o estudo do impresso especializado tem levantado importantes questões a respeito da circulação de ideias pedagógicas e de seu intercâmbio em nível nacional e internacional, assim como tem revelado aspectos relevantes do debate intelectual e da visão oficial, no que tange à educação e sua articulação a projetos de reforma social e de (re)construção da nacionalidade.

Os estudos baseados na renovação de fontes históricas estão contribuindo, entre outros aspectos, para dar a conhecer formas diferenciadas de se conceberem o papel da esfera pública (representada pela escola pública) e o da esfera privada (representada pela família e outras instituições) na educação dos indivíduos e na conformação da sociedade brasileira, revelando a estreita relação entre as formas de intervenção dos governantes no espaço público e a produção de subjetividades no interior do mesmo.

O foco na educação escolar

É crescente o número de estudos interessados em compreender as ações educativas empreendidas na sociedade Imperial em suas diversas formas e esferas de intervenção. Identificando a existência de uma extensa rede de escolarização doméstica que chegou a ultrapassar a rede de escolas públicas no século XIX, tais estudos têm apontado a *desimportância* da educação escolar para grande parte da população que, se não era escravizada, encontrava-se subordinada à luta pela sobrevivência, em uma sociedade na qual era extremamente diminuto o espaço de ação do homem comum, livre, porém expropriado.

Observam, ainda, que mesmo a educação ministrada pelo Estado apresentava um caráter restrito, seja por permanecer limitada a um grupo privilegiado, seja por não contar, ainda, com um espaço próprio para seu funcionamento, efetivando-se no âmbito doméstico. Nessa época, os colégios confessionais, masculinos e femininos, constituíam as maiores exceções no que diz respeito à existência de um local específico para a educação.

Porém, como demonstrou Faria Filho,[8] ao lado da normatização legal, que foi o ponto forte da ação estatal no âmbito da educação, no período, as discussões propriamente pedagógicas promoveram, paulatinamente, a definição de espaços específicos, equipados com materiais adequados à educação de um grupo mais amplo de alunos. Isso vai exigir uma organização particular do espaço físico, de distribuição do grupo de alunos neste espaço e de dimensionamento do tempo destinado às atividades de ensino. O controle estatal sobre a educação do povo interferiu, também, sobre a definição dos conteúdos que deveriam figurar no currículo e na escolha dos métodos pedagógicos considerados como os mais adequados. Tais ações e intervenções consubstanciaram os passos fundamentais para a organização da instituição escolar, preparada para receber um coletivo de alunos, organizados em classes seriadas, equipadas com carteiras, quadros de giz e outros materiais específicos, e assistidas por um professor contratado pelo poder público.

Abre-se, assim, um vasto campo de estudos sobre o universo escolar, focalizando o seu funcionamento interno e observando o processo de configuração de uma cultura específica: a cultura escolar. Outros estudos de história da educação convergem no sentido de captar as especificidades da gênese e do desenvolvimento da instituição escolar, observando como este modelo articula-se ao processo de constituição da esfera pública em nosso país, de secularização da cultura e de progressiva profissionalização do campo pedagógico. Nessa vertente temática, situam-se, também, as investigações que giram em torno do processo de materialização da educação em prédios escolares destinados a difundir o conhecimento a um grupo maior de alunos, consoante um projeto de construção da nacionalidade que alcançará plena visibilidade a partir da Proclamação da República.

Um conjunto representativo de estudos pode ser enquadrado em um movimento de revalorização da escola e de seu estudo no contexto teórico contemporâneo. O intuito de desvendar a chamada "caixa preta" da sala de aula, assim como a perspectiva de que existe uma "cultura escolar", ou seja, uma forma de funcionamento específico das relações sociais travadas no interior da escola, tem estimulado o estudo da história dos métodos de ensino, das formas de organização escolar configuradas em espaços e tempos diversos. Incluem-se, nessa vertente, os estudos sobre a constituição e o estado atual das disciplinas escolares, assim como as análises de manuais didáticos e a observação de instrumentos pedagógicos diversos, explorando-se nestes o potencial revelador das materialidades e dos mecanismos simbólicos que vem conformando a história das práticas e dos processos educativos em nosso país. Em geral, estes têm sido entendidos como processos socioculturais, reveladores da imbricação entre escola e sociedade, entre educação e cultura. A leitura de tais estudos revela certos processos por meio dos quais a *escola* se autoproduz como uma *cultura particular e original*, ao mesmo tempo que, por meio da difusão de um *saber específico* – o saber escolar –, atua e se modifica em interação com a vida social.[9]

A educação como política de Estado e o movimento da Escola Nova

Outra linha significativa de estudos se volta para a análise dos processos educativos que extrapolam a ação institucional da escola, alargando a visão acerca das complexas relações presentes nos movimentos políticos, sociais e intelectuais associados à educação em seu sentido mais abrangente, ou seja, entendida como política pública, como campo de produção de saberes e, também, como prática social.[10]

O ponto de convergência dessa linha de investigação recai sobre a apreciação dos processos de formação e desenvolvimento do campo educacional como um campo específico de atuação político-institucional, como área de produção de saberes e de disseminação do sentimento de identidade nacional. Dentre os temas abordados, destacam-se aqueles que tratam a educação como objeto do exercício intelectual de refletir e de formular propostas de intervenção sobre a formação e reconstrução do país, sobre a constituição e recomposição do Estado, ou, ainda, sobre questões relativas ao caráter e psicologia do povo brasileiro, em sua diversidade e especificidade.[11]

Os estudos sobre o movimento da Escola Nova e as estratégias de difusão e implementação de seus princípios e práticas têm permitido um profícuo exercício de reflexão em torno das questões que permearam o processo histórico de montagem do sistema público de ensino no Brasil. Tais estudos são reveladores da luta que se travou em torno da organização do ensino em nosso país, colocando em relevo a defesa da incorporação dos métodos ativos no ensino, da articulação do currículo à realidade do aluno e da articulação da escola com o meio social. Revelam, também, as reações e resistências postas à consolidação de um sistema público de ensino, fundado na ideia de uma escola comum ou única (igual para todos), assumida como de responsabilidade do Estado.

Essa linha temática nos tem permitido perceber, ainda, como se deu a constituição de um corpo de saberes inerente ao conhecimento dos problemas da educação em nosso país, assim como de um elenco de medidas para o seu enfrentamento. Em suma, o foco recai sobre a ação que determinados indivíduos e grupos exerceram sobre a organização do campo educacional, dotando-o de um conjunto de instituições, de normas legais, de regras de conduta e de preceitos pedagógicos que definem a identidade deste campo de atuação político-profissional.

Inscrevem-se, ainda, nesse contexto teórico, a reflexão em torno da relação memória/história e o balizamento da herança que nos foi legada pela geração dos *pioneiros da educação nova*,[12] seja no que se refere aos processos de institucionalização e de modernização da educação pública em nosso país, seja no que concerne à construção de uma *memória monumento* da educação brasileira. Muitos desses estudos empenham-se em identificar em que medida a memória construída por agentes como Fernando de Azevedo e Anísio Teixeira, por exemplo, influenciou um conjunto significativo de interpretações acerca de nossa história educacional, produzindo a desmontagem desta memória monumento.[13]

A educação comparada em perspectiva histórica

Atualmente, alguns pesquisadores estão empenhados em promover estudos comparados entre a realidade brasileira e as realidades de outros países, buscando compreender as maneiras pelas quais o modelo de escola universal desenvolveu-se em âmbito mundial, com relativa homogeneidade, desde o século XIX. Este é o caso de estudos desenvolvidos por pesquisadores brasileiros e portugueses, como Denice Catani e Antonio Nóvoa.[14]

A possibilidade de realização do estudo histórico-comparado de realidades educacionais distintas da brasileira, mas que preservam afinidades quanto ao que alguns autores chamaram de *mundialização do modelo escolar*, constitui um ponto de destaque nos estudos comparados em história da educação. A perspectiva de captar as formas de *externalização do conhecimento educacional*[15] tem sido tomada como uma chave de análise por meio da qual a Rede Europeia de Investigação e Formação (Prestige) tem levado a cabo uma série de estudos comparados das realidades de países como o Brasil, o Japão e a Alemanha.

Tais estudos buscam ultrapassar os limites das comparações tradicionais que, muitas vezes, constatam o que ocorre em cada país, apontando similaridades e diferenças, envidando esforços no sentido de criar categorias analíticas que conduzam a apreensão das peculiaridades dos processos de disseminação dos saberes e das práticas no campo educacional.

Cabe destacar, com Saviani[16], que, em nosso país, há um grande espaço para o desenvolvimento da pesquisa comparada em história da educação, cujo foco central seria o estudo das realidades educacionais predominantes em regiões, estados e instituições espalhadas pelo território nacional. Esse espaço também pode ser preenchido por meio do desenvolvimento de estudos comparados no tempo, levando à percepção não só das nuances que marcam a gênese e o desenvolvimento de instituições e sistemas educativos, como também do desenrolar de movimentos educacionais em suas trajetórias, evidenciando os aspectos de continuidade, rupturas e permanências.[17]

4. Considerações finais

Conhecer a complexidade do universo educacional em suas diversas formas de expressão é tarefa que suplanta o trabalho de uma geração e exige a sensibilização das novas gerações para o empenho por fazer desse conhecimento a base para a construção de um modelo de educação escolar condizente com as necessidades e os direitos daqueles que dela usufruem. Para tanto, é necessário, dentre outras ações, dar vez e voz à história da educação, que é a história da maneira pela qual cada um de nós se formou e construiu a sua própria identidade pessoal e social.

A história da educação e de sua forma de expressão institucionalizada — a educação escolar — nos permite reconstruir em escala macro, ou seja, do ponto de vista das políticas de Estado e dos grupos de poder, os caminhos pelos quais se estruturaram o aparato estatal e, também, as instituições privadas devotadas ao ensino. Possibilita, também, recuperar em escala micro a dimensão afetiva e individual da experiência escolar, presente na memória resguardada nos Centros de Documentação, nos álbuns de fotografia, nos relatos autobiográficos e em outras fontes marcadas pela subjetividade de quem as conservou para a posteridade. Acrescentamos a grande contribuição que educadores, alunos e pesquisadores da área têm prestado ao desenvolvimento de estudos sobre a história da educação, realizando um esforço – solitário, algumas vezes; em outras, heroico, pela falta de apoio institucional – de preservação dos vestígios da educação do passado.[18]

Trabalhar essa memória e sua construção como história permite que a criança, o adolescente e o aluno adulto aprendam a ler a sua própria experiência por meio do estudo e pelo conhecimento da experiência dos outros, particularmente das gerações passadas em articulação com o contexto social, político e cultural de seu tempo.

É por meio do contraste que as crianças e os adolescentes tornam-se capazes de desnaturalizar a sua própria experiência, adquirindo instrumentos passíveis de propiciar uma visão crítica do momento presente, particularmente do significativo espaço de tempo que passam no interior da instituição escolar. Munidos dos instrumentos que os habilitam a lançar um olhar crítico sobre a própria organização da escola, sobre os conteúdos e métodos de ensino e as práticas que regem o universo escolar, os alunos (crianças, adolescentes ou adultos) alcançam a percepção de si não só como objeto passivo da intervenção dos adultos ou dos homens de poder, mas também como agentes ativos dessa construção que é a vida escolar.

Podem, assim, apreciar as suas ações no ambiente escolar como parte da construção de sua própria história, que também é parte da história de cada um dos colegas e professores. Se conseguirem verificar que a sua experiência histórica e a de seu grupo etário guardam relação com as experiências de pessoas de outras gerações, poderão perceber, enfim, que são parte ativa da história do país.

Bibliografia

CARVALHO, Marta Maria Chagas de. *Molde Nacional, fôrma cívica.* Bragança Paulista, SP: Edusf, 1998.

CATANI, D. e BASTOS, M. H. (orgs.). *Educação em Revista: a imprensa periódica e a história da educação.* São Paulo: Escrituras, 1997.

FARIA FILHO, Luciano Mendes de. A Instrução Elementar no século XIX. In: LOPES, Eliane Marta Teixeira; FARIA FILHO, Luciano Mendes de e VEIGA, Cynthia Greive (orgs.). *500 anos de Educação no Brasil.* Belo Horizonte: Autêntica, 2000.

FREITAS, Marcos Cezar. *História, Antropologia e a Pesquisa Educacional: itinerários intelectuais.* São Paulo: Cortez, 2001.

GONDRA, José G. Medicina, Higiene e Educação Escolar. In: LOPES, Eliane Marta Teixeira; FARIA FILHO, Luciano Mendes de e VEIGA, Cynthia Greive (orgs.). *500 anos de Educação no Brasil.* Belo Horizonte: Autêntica, 2000.

MAGALDI, Ana Maria Bandeira de Melo. A quem cabe educar? Notas sobre as relações entre a esfera pública e a privada nos debates educacionais dos anos 1920-1930. *Revista Brasileira de História da Educação – SBHE*, São Paulo, vol. 5, jan./junho 2003.

MENDONÇA, Ana Waleska. *Anísio Teixeira e a Universidade de Educação.* Rio de Janeiro: Eduerj, 2002.

MICHALSKI, Yan. A Aurora de minha vida ou a infância não muito querida. *Jornal do Brasil*, 18/08/1982.

MIGNOT, A. C., BASTOS, M. H. C. e CUNHA, M. T. S. *Refúgios do eu: educação, história e escrita autobiográfica.* Florianópolis: Editora Mulheres, 2000.

MONARCHA, Carlos. *A reinvenção da cidade e da multidão.* São Paulo: Cortez, 1997.

NÓVOA, Antonio e CATANI, Denice. Estudos comparados sobre a escola: Portugal e Brasil nos séculos XIX e XX. In: *Anais do I Congresso Brasileiro de História da Educação – SBHE*. Rio de Janeiro, 2000.

NUNES, Clarice. *Anísio Teixeira, a poesia da ação*. Bragança Paulista, SP: Edusf, 2000.

_____. Memória e História da Educação: entre práticas e representações. *Educação em Foco*, vol. 7, n° 2, set./fev. 2002/2003.

SAVIANI, Dermeval. História da Educação: algumas aproximações. *História da Educação – Associação Sul-riograndense de História da Educação (ASPHE)*, Pelotas, n. 10, outubro 2001.

SCHRIEVER, Jürgen. Formas de externalização do conhecimento educacional. *Cadernos Prestige 5*, Educa, Lisboa, 2001.

SOUZA, R. F., VALDEMARIN, V. T. e ALMEIDA, J. S. de. *O legado educacional do século XIX*. Araraquara, SP: Unesp, 1998.

VIDAL, Diana. O estudo do fracasso: a estenografia e as práticas escolares de escrita no fim do século XIX. In: XAVIER, L. N., CARVALHO, M. M. C. de, MENDONÇA, A. e CUNHA, J. L. *Escola, cultura e saberes*. Rio de Janeiro: Editora FGV, 2005.

XAVIER, Libânia Nacif. Particularidades de um campo disciplinar em consolidação: balanço do I Congresso Brasileiro de História da Educação – SBHE (RJ / no. 2000). In: *Educação no Brasil: história e historiografia*. São Paulo: Autores Associados, 2000. www.sbhe.org.br

_____. Oscilações do público e do privado na história da educação brasileira. *Revista Brasileira de História da Educação – SBHE*, São Paulo, vol. 5, jan./junho 2003.

Notas

[1] MICHALSKI, Yan. A Aurora de minha vida ou a infância não muito querida. *Jornal do Brasil*, 18/08/1982.

[2] Ao descrever as grandes linhas de investigação da História da Educação, incluo algumas notas com indicações de livros e publicações a elas relacionadas. Contudo, cabe fazer a advertência de que tais indicações partiram de uma seleção pessoal e não sistemática, o que comporta o risco de alguns estudos relevantes serem omitidos. Contudo, assumimos o risco e contamos com que outros trabalhos possam suprir as lacunas existentes no presente ensaio.

[3] Refiro-me ao conjunto de trabalhos apresentados no I Congresso Brasileiro de História da Educação (RJ/2000) e, particularmente, às Conferências apresentadas no II Congresso Brasileiro de História da Educação (Natal /2002), promovidos pela Sociedade Brasileira de História da Educação (SBHE).

[4] Existe, atualmente, um profícuo intercâmbio entre pesquisadores brasileiros e estrangeiros interessados no estudo da história da educação em perspectiva comparada.

A existência de uma rede latino-americana de historiadores da educação (Rede IberoAmericana de História da Educação Latino-Americana) e a realização conjunta de Congressos com pesquisadores portugueses (Congresso Luso-Brasileiro de História da Educação), europeus, africanos e de outros continentes (Congressos anuais realizados pela Associação Internacional de História da Educação - International Standing Conffrence for History of Education / Ische) comprovam essa tendência.

[5] Cf. XAVIER, Libânia Nacif. Particularidades de um campo disciplinar em consolidação: balanço do I Congresso Brasileiro de História da Educação – SBHE (RJ / no. 2000). In: *Educação no Brasil: história e historiografia*. São Paulo: Autores Associados, 2000, p. 229. www.sbhe.org.br

[6] Sobre educação, história e escrita autobiográfica, ver: MIGNOT, A.C., BASTOS, M.H.C. e CUNHA, M.T.S.. *Refúgios do eu: educação, história e escrita autobiográfica*. Florianópolis: Editora Mulheres, 2000.

[7] Sobre história da educação, imprensa periódica e impresso pedagógico, ver: CATANI, D. e BASTOS, M.H. (orgs.). *Educação em Revista: a imprensa periódica e a história da educação*. São Paulo: Escrituras, 1997.

[8] FARIA FILHO, Luciano Mendes de. A Instrução Elementar no século XIX. In: LOPES, Eliane Marta Teixeira; FARIA FILHO, Luciano Mendes de e VEIGA, Cynthia Greive (orgs.). *500 anos de Educação no Brasil*. Belo Horizonte: Autêntica, 2000, p. 135-150.

[9] Dentre os estudos representativos dessa vertente temática, destacamos: *ibid.*; SOUZA, R. F., VALDEMARIN, V. T. e ALMEIDA, J. S. de. *O legado educacional do século XIX*. Araraquara, SP: Unesp, 1998; Vidal (2001); assim como os estudos desenvolvidos pelos membros do grupo de pesquisa da FE-UFMG, cf.: www.fae.ufmg.br/gephe

[10] O Centro de Documentação e Apoio à Pesquisa em História da Educação, por meio da Editora da Universidade São Francisco (Bragança Paulista - SP), publicou vários estudos concernentes à história e à historiografia da educação brasileira, bem como sobre o pensamento educacional, cultura e sociedade. Cf. www.saofrancisco.edu.br/cdaph

[11] Dentre os estudos que articulam pensamento social e educacional, destaco os de: MONARCHA, Carlos. *A reinvenção da cidade e da multidão*. São Paulo: Cortez, 1997; FREITAS, Marcos Cezar. *História, Antropologia e a Pesquisa Educacional: itinerários intelectuais*. São Paulo: Cortez, 2001.

[12] Estamos nos referindo ao grupo de intelectuais que, a partir dos anos 1920/1930, atuaram nas reformas do ensino nos estados, relacionando o processo de reconstrução nacional à *renovação educacional* em moldes modernos. Leia-se *moderno* a partir da bandeira de luta expressa no *Manifesto Educacional de 1932,* que defendia a democratização das relações sociais enfatizando a organização de um sistema de *ensino público, leigo e gratuito*.

[13] Atualmente, existem muitos estudos que abordam o desenvolvimento e as repercussões

do movimento *escolanovista* em nível regional, nacional e internacional, de modo que não será possível indicá-los em seu conjunto sem um trabalho prévio de levantamento, localização e registro dos mesmos. Porém, podemos destacar como representativos dessa tendência os estudos de: CARVALHO, Marta Maria Chagas de. *Molde Nacional, fôrma cívica*. Bragança Paulista, SP: Edusf, 1998; NUNES, Clarice. *Anísio Teixeira, a poesia da ação*. Bragança Paulista, SP: Edusf, 2000; MENDONÇA, Ana Waleska. *Anísio Teixeira e a Universidade de Educação*. Rio de Janeiro: Eduerj, 2002.

[14] NÓVOA, Antonio e CATANI, Denice. Estudos comparados sobre a escola: Portugal e Brasil nos séculos XIX e XX. In: *Anais do I Congresso Brasileiro de História da Educação* – SBHE. Rio de Janeiro, 2000.

[15] SCHRIEVER, Jürgen. Formas de externalização do conhecimento educacional. *Cadernos Prestige 5*, Educa, Lisboa, 2001.

[16] Cf. SAVIANI, Dermeval. História da Educação: algumas aproximações. *História da Educação – Associação Sul-riograndense de História da Educação (ASPHE)*, Pelotas, n. 10, outubro 2001, p. 13.

[17] Grupo de Estudos e Pesquisas "História, Sociedade e Educação no Brasil" – HISTEDBR, é uma iniciativa bem-sucedida de articulação de grupos de pesquisa de cunho histórico-educacional em nível nacional. Para maiores detalhes, cf: http://www.histedbr.fae.unicamp.br/

[18] Existem vários Centros de Memória e Documentação organizados no país, dentre os quais podemos destacar: o Centro de Referência do Professor (SEE-MG); o Centro de Memória da Unicamp; o Centro de Memória da USP; o Programa de Estudos Documentação Educação e Sociedade – Proedes/UFRJ, dentre outros.

PARTE III

**PROFESSORES E A HISTÓRIA ENSINADA:
DIFERENTES APROPRIAÇÕES**

A HISTÓRIA NOSSA DE CADA DIA:
SABER ESCOLAR E SABER ACADÊMICO
NA SALA DE AULA

Katia Maria Abud[*]

Quando se toma conhecimento de novos documentos curriculares e de textos legais que pretendem reformar a educação básica, interferindo diretamente no processo de ensino e aprendizagem, a primeira atitude é de discuti-los como se as suas publicações já fossem suficientes para que as mudanças se fizessem sentir na organização escolar. Sabe-se, contudo, que o que ocorre é um movimento diferente, que leva em conta os sujeitos escolares (alunos, professores, diretores, coordenadores pedagógicos) e a cultura escolar. A interferência desses elementos se faz sentir na medida em que surgem as resistências, e mesmo as concordâncias, de tais agentes que, se não impedem que as propostas se efetivem de modo absoluto, as transformam e lhes dão novas características. Mas, se não se pode conceber o currículo como construção exclusiva da ação nas salas de aula, também o sistema escolar não pode ser tomado como "tábula rasa", pois não é possível reduzi-lo "às intervenções e ações subjetivas dos docentes e discentes, impedindo-nos de entender o surgimento e persistência históricos de determinados conceitos, conhecimentos e convenções (por exemplo, as disciplinas escolares)"[1]. A cultura escolar pode ser uma força formadora, que requer processos específicos que surgem no interior do espaço escolar e orientam as ações didáticas, as práticas escolares e a composição de saberes[2].

As apropriações que se fazem na escola, ao receber novos documentos curriculares, sofrem também o impacto dos regulamentos dos sistemas de ensino. Forças que

---

[*]Professora doutora de Metodologia do Ensino de História e do Programa de Pós-graduação da Faculdade de Educação da Universidade de São Paulo.

se relacionam com o caráter social da instituição escolar (função social da escola, interesses profissionais, por exemplo) intervêm de maneira decisiva na seleção e configuração da organização curricular. Mas a discussão curricular não fica restrita aos elementos pedagogizantes do ensino de História. No Brasil, o conhecimento acadêmico, a produção da ciência de referência, ocupa um lugar de importância predominante em relação ao currículo de História.

A discussão sobre os currículos de História vem tomando largo espaço nas universidades, a partir da publicação das Diretrizes Curriculares dos cursos de graduação. Sua preocupação central tem sido garantir o lugar para o conhecimento científico, produzido em centros de pesquisa, e enfatizar a importância do conhecimento histórico acadêmico na seleção e organização dos conteúdos para a transformação do ensino da disciplina na escola básica. Esta ideia se apoia numa concepção que vê o conhecimento escolar como uma versão simplificada do conhecimento científico e considera que sua didática tem como objeto realizar de forma adequada essa simplificação, para que a história produzida pela comunidade científica possa ser assimilada pelos estudantes em diferentes níveis de ensino[3].

Em quase dois séculos de existência da escola secundária, construiu-se uma tradição quanto ao ensino da História e aos conteúdos que a compõem, na qual intervêm a produção historiográfica, os documentos legais, a formação de professores, a produção de materiais didáticos, todos os componentes assentados no contexto em que se desenvolve a prática escolar. A interação entre esses elementos, que se assiste cotidianamente na escola, é fundamental para que possamos compreender que o ensino de História vai além da simplificação didática dos conteúdos, ao tecer os cruzamentos entre os componentes do saber escolar. O reconhecimento da existência e interação entre todos esses elementos não tem sido a regra nas universidades brasileiras, quando se abordam as questões relativas ao ensino de História na escola básica e à formação do professor.

Há razões históricas para a permanência da concepção que atribui exclusividade à participação da ciência de referência no conhecimento histórico escolar. A criação do Colégio Pedro II, a primeira escola secundária do Brasil, introduziu a História como disciplina escolar. Paralelamente, a História acadêmica se iniciava, com a criação do Instituto Histórico e Geográfico Brasileiro. As duas instituições, criadas durante a regência de Pedro de Araújo Lima, iniciaram suas atividades no mesmo ano de 1838, incumbidas que estavam de colaborar para a consolidação do Estado Nacional Brasileiro e para o estabelecimento de uma identidade para o país. E, se o Instituto Histórico e Geográfico Brasileiro cuidava de estabelecer os paradigmas para a construção da História Brasileira, o colégio tratava de transformá-los em programas de ensino.

Duas tendências cruzavam-se na construção da disciplina. Se, por um lado, tratava-se de garantir, por meio da recuperação do passado, a genealogia da nação recém-criada, permitindo que se aclarassem suas identidade e autonomia, por outro, cuidava-se também de garantir um lugar para ela na civilização ocidental cristã. Isto implicava que a construção da identidade não poderia significar uma ruptura com os colonizadores, cuja imagem era a de civilizadores. Ao contrário, buscava-se salientar as relações entre a antiga colônia portuguesa e a Europa. Coube à produção historiográfica, localizada no Instituto Histórico e Geográfico Brasileiro, a construção da ideia de Nação que não se assentava sobre a oposição à antiga metrópole: o novo país se reconhecia como continuador da tarefa civilizatória que, antes da Independência, era atribuída a Portugal. A antiga metrópole não se definiu como o *outro*.

A alteridade que se buscava como afirmação da identidade caminhou por duas vias. No plano externo, os outros, os representantes da barbárie, eram as novas repúblicas americanas. Internamente, os *outros* eram os excluídos do projeto de Nação, pois se tratava de gente incivilizada: os índios e os negros. O conceito de nação era eminentemente restrito aos brancos[4].

Assim, coube às instituições encarregadas de pensar a nacionalidade uma pesada atribuição: construírem a "genealogia", demonstrando as origens civilizadas, sem se esquecerem de riscar com clareza os contornos da identidade nacional. A dualidade que se expressava nas produções dos sócios do IHGB atingiu o Colégio D. Pedro II. Percebe-se a "tentativa de integrar o velho e o novo, de forma que as rupturas sejam evitadas". Assim, a História produzida no Instituto foi marcada por um duplo projeto: "Dar conta de uma gênese da Nação brasileira, inserindo-a contudo numa tradição de civilização e progresso (...) A Nação (...) deve (...) surgir como o desdobramento nos trópicos de uma civilização branca e europeia"[5].

E sua História não poderia se desvincular das proposições da historiografia do continente europeu. Partilhando com o positivismo o postulado do progresso da humanidade, a escola metódica, que se desenvolveu durante o século XIX, destacava alguns traços epistemológicos:

– o estudo das fontes oficiais;

– a elaboração de rigorosos métodos de análise, codificados no final do século por Langlois e Seignobos;

– a certeza de que só a ausência de fontes limita o conhecimento do passado;

– a narrativa cronológica como única maneira de escrever a História;

– a História é uma ciência, com métodos próprios e meios de verificação;

– a História é uma ciência que estuda um passado exterior ao pesquisador, que assim pode encará-lo com toda objetividade[6].

Os postulados da escola metódica foram preservados pelos primeiros historiadores, no Brasil. Associados do IHGB foram também, durante o século XIX, os professores do Colégio D. Pedro II e transpuseram a concepção de História da academia para a escola secundária, ao se transformarem em autores dos programas que seriam fundamentos para os exames a se realizarem em todos os estabelecimentos escolares nacionais[7].

As cadeiras e os programas de História do Colégio Pedro II contemplavam a História do Brasil, em alguns momentos chamada de História Pátria, e a História da Civilização. De um lado, o Brasil era pensado como parte da civilização ocidental, fruto da cultura europeia transplantada para os trópicos; de outro, como um novo país a se organizar. Isso ajuda a explicar a alternância da História do Brasil com a que hoje chamamos de História Geral. Tome-se como exemplo o "Programa de exame para o ano de 1850": no sétimo ano, se contemplava a História do Brasil (desde o "descobrimento" até o *Movimento de Pernambuco em 1824*), mas nas séries anteriores o objeto de estudo tinha sido a História Moderna (da França. Luis XI ao absolutismo, terminando com o reinado de Luis XVIII) no sexto ano; a História Média (de invasões bárbaras a Carlos VII. Joana D'Arc), no quinto ano; a História Romana (de Fundação de Roma. Rômulo a Calígula) no quarto ano; História Antiga (de opiniões dos antigos a respeito da criação do mundo até Alexandre Magno)[8].

Os programas do Pedro II, que até 1931 foi a escola-modelo brasileira, criaram uma tradição curricular que se mantém até hoje na maior parte das escolas brasileiras, de caráter público ou privado: a de se estabelecerem programas e planejamentos curriculares, nos quais a chamada História Geral, organizada de forma cronológica, ocupa espaço predominante. Introduziram também a discussão de um determinado conceito de identidade nacional, que ainda permeia, apesar das transformações, os textos da História ensinada.

Manteve-se, nas reformas educacionais realizadas no século XX, uma concepção de história eurocêntrica que fundamenta a organização de conteúdos a serem ministrados nas escolas básicas, sobretudo a partir do segundo ciclo do ensino fundamental, ou seja, a partir da 5ª série. Mas manteve-se também a ideia de que cabe à História assegurar a formação dos cidadãos, unidos pelos laços da identidade nacional. A primeira grande reforma pela qual passou a escola secundária no Brasil, a Reforma Francisco Campos, de 1931, reconhecia em suas Instruções Metodológicas:

> Conquanto pertença a todas as disciplinas do curso a formação da consciência social do aluno, é nos estudos de História que mais eficazmente se realiza a educação política, baseada na clara compreensão das necessidades de ordem coletiva e no conhecimento das origens, dos caracteres e da estrutura das atuais instituições políticas e administrativas[9].

A preocupação expressa nas Instruções Metodológicas não impediu que os programas, ao criar como única disciplina para as cinco séries do curso ginasial a disciplina História da Civilização, que compreendia a História Geral e a História do Brasil e da América, enfatizassem a História Geral. Os programas para cada uma das séries do curso ginasial eram divididos em duas partes: a primeira continha os itens de História Geral e a segunda parte era dedicada à História do Brasil e da América. A organização ideal dos temas procurava uma integração entre os conteúdos, relacionando os fatos históricos da História Geral aos da História do Brasil, nas listas de conteúdos a serem desenvolvidas nas mesmas séries.

A carga horária de duas aulas semanais e a extensão dos programas impediam que os programas de História do Brasil e da América se completassem durante o ano letivo. Dessa forma, o aluno terminava o curso ginasial sem ter estudado a História do Brasil, o que provocou manifestação dos membros do Instituto Histórico e Geográfico Brasileiro, quando a *Revista do IHGB* publicou o Plano Nacional de Educação:

> Deve haver uma cadeira especial de História do Brasil para que esta não continue como um capítulo de sumária ou de somenos importância dos compêndios de História da Civilização, pois toda aquela relevante disciplina foi posta na rabadelha do programa oficial desta[10].

Manifestações de professores, como Jônatas Serrano, deixaram mais evidentes ainda as dificuldades para se estudar a História do Brasil, apontando as incongruências do programa, ao estabelecer as aproximações entre a História da Civilização e a História do Brasil e da América. O conhecido autor de manuais didáticos considerava impossível que o aluno compreendesse as questões da Pré-História, os círculos culturais, as civilizações mais antigas, pois aos 12 anos o estudante mal conhecia a própria língua[11].

A Reforma Capanema mudou em parte o quadro de História do Brasil, que passou a ter autonomia como disciplina independente da História da Civilização. Mas não houve mudanças significativas em relação aos conteúdos, que continuaram a ser dispostos de modo cronológico, apenas deslocados para séries diferentes das que estavam alocadas nos programas anteriores, já que o curso ginasial passava a ter quatro anos de duração. Para o ensino de História Geral, reservavam-se a primeira e a segunda séries, e para a História do Brasil, a terceira e a quarta. Em 1951, a História do Brasil foi introduzida na primeira série e ao lado da História Geral nas duas séries finais, perdendo contudo a carga horária da segunda série, que passou a ser destinada à História da América.

Até a promulgação da Lei de Diretrizes e Bases da Educação Brasileira, de 1961, cabia ao Ministério da Educação a publicação dos programas de ensino das disciplinas nas escolas secundárias. A partir daquela data, os programas passaram a ser responsabilidade dos sistemas públicos de ensino, o que significava que os estados, que respondiam pela maioria das escolas públicas secundárias, passariam a publicar seus próprios programas do ensino. A reforma manteve não somente a dualidade da História Geral e da História do Brasil, com diferenças de estado para estado, da distribuição por série e do número de aulas, como também a concepção cronológica responsável pela organização temporal. Continuou-se contemplando a narrativa cronológica da História distribuindo por meio do eixo temporal os episódios e seus personagens.

Nem mesmo a Lei 5692/71, que introduziu Estudos Sociais, trouxe novos formatos para os conteúdos de História. Entremeados aos conteúdos de Geografia e algumas pinceladas de outras Ciências Sociais, os conteúdos históricos se apresentavam linearmente organizados e divididos igualmente pelas quatro séries finais do primeiro grau: História do Brasil na 5ª e 6ª séries, e História Geral na 7ª e na 8ª séries, na maioria dos estados. Mantinham o caráter de conhecimentos que deveriam ser memorizados e a prática do civismo e a adequação ao meio social eram seus principais objetivos. É importante destacar que, apesar de a História do Brasil ser ministrada na 5ª e na 6ª séries, o marco inicial era sua inserção na História da Europa, já que se introduzia o estudo da nossa história pelas "Grandes Navegações".

No início dos anos 80, o processo de redemocratização e a vitória da oposição em alguns estados levaram ao atendimento de uma reivindicação de professores e associações científicas e Secretarias Estaduais de Educação puseram fim em Estudos Sociais, propiciando o retorno de História e Geografia como disciplinas autônomas. A necessidade de novas orientações para o ensino levou à formulação de propostas curriculares ancoradas nos novos paradigmas do conhecimento histórico e nas inovações das ciências da educação.

A História Nova introduzira novas categorias como o cotidiano, e os educadores chamavam a atenção para a necessidade de se considerarem como ponto de partida para o desenvolvimento da aprendizagem os conhecimentos prévios e a vivência e experiência dos alunos. Ao mesmo tempo, pensava-se na construção de uma nova identidade para os brasileiros, voltada para os vizinhos americanos. Conclamava-se que nossos olhares deixassem de mirar o Atlântico ao norte e se voltassem para os Andes e para a África. Que buscássemos nossa história junto aos vizinhos de colonização hispânica, recuperando nossas raízes não-europeias, nossos elos com os indígenas e com os africanos.

As propostas que surgiram no período procuraram se libertar dos esquemas cronológicos consagrados, ao fugir da divisão quadripartite da História. A periodização clássica, que consagrou a divisão da História em Antiguidade, Idade Média, Moderna e Contemporânea, era objeto de crítica de historiadores e professores da disciplina que a consideravam a serviço da dominação dos colonizadores. Os conceitos que a fundamentavam, especialmente o de progresso e a dicotomia entre a civilização ocidental e os povos com outras culturas, foram rejeitados. Os documentos curriculares se pautaram por centralizar os conteúdos na História do Brasil e da América, que permitiriam com maior facilidade a problematização a partir da vivência e das experiências do cotidiano. Dessa problematização, na maioria das propostas, surgiriam os eixos temáticos, que dariam um fio lógico aos conteúdos e que permitiriam a integração entre os conteúdos de História do Brasil e da América e a História Geral. A mesma concepção foi adotada, na segunda metade da década de 1990, pelos Parâmetros Curriculares Nacionais da disciplina, tanto na escola fundamental quanto no ensino médio.

Contudo, temos que considerar que reformas educacionais nem sempre se traduzem por mudanças no cotidiano escolar. A expressão "Reforma faz referência à mobilização dos públicos e às relações de poder na definição do espaço público" pode ser melhor entendida se for considerada como parte de um processo de regulação social. "Mudança possui um significado que, à primeira vista, tem uma perspectiva menos normativa e mais 'científica'", no sentido de entendê-la como um conjunto de "práticas que estabelecem prioridades e posições para os indivíduos nas suas relações sociais"[12].

A implementação de políticas públicas que procuravam quebrar a linha evolutiva e cronológica não foi suficiente para quebrar a sólida tradição escolar, que se escorava na utilização de cronologia. As transformações ocorridas na sociedade brasileira e no mundo levaram a modificações dos objetivos do ensino de História e o processo de globalização levou a um fortalecimento da História eurocêntrica na sala de aula. Os indícios de tal fortalecimento podem ser encontrados, entre outras fontes, nos livros didáticos aprovados nas análises do Programa Nacional do Livro Didático (PNLD), na observação da sala de aula e nos conteúdos de avaliações internas e externas à escola básica.

O livro didático, a partir dos anos 1970, vem assumindo uma posição de suma importância na vida escolar. Considerado, naqueles tempos, a "muleta do professor", hoje se tornou o mais importante elemento da aprendizagem. Distribuído pelo Ministério da Educação para uso dos alunos de todas as escolas de ensino fundamental, o livro didático é, provavelmente, a única leitura dos alunos e o único tipo de livro que entra nas casas da maior parte da população brasileira. Não é raro se encontrarem referências à leitura de capítulos de livros didáticos pelas famílias dos alunos. Dessa forma, o livro informa, cria e reforça concepções de História e visões de mundo, mesmo fora do ambiente escolar[13].

Das 17 coleções aprovadas, cujas resenhas foram publicadas no Guia de Livros Didáticos de 5ª a 8ª séries de 2002, apenas quatro não iniciam os estudos de História pelos primórdios da História do Homem. Quatorze coleções dedicam todo o volume destinado à primeira série à Antiguidade e mais da metade do exemplar da 6ª série ao estudo da Idade Média e início da Idade Moderna. A História do Brasil se inicia, na grande maioria das coleções, no momento em que a Europa toma conhecimento da possibilidade de existência de terras e povos, que até então desconhecia. A partir de então, se realiza uma falsa articulação entre a História Geral e a do Brasil, que é uma mera sobreposição cronológica dos conteúdos. Intercalam-se os capítulos de cada um dos ramos da História: a um capítulo de História Geral sucede um outro sobre o Brasil, que se articula com o anterior somente porque os respectivos temas aconteceram num tempo próximo. A periodização quadripartite reassume hoje seu papel de eixo na organização dos conteúdos. Tome-se o exemplo de como se listam os conteúdos "integrados" do Guia de Livros Didáticos de 5ª a 8ª série, de 2002: "8ª série: O cenário europeu nos quarenta primeiros anos do século XX. A Primeira República brasileira. Chegando ao terceiro milênio. Brasil: no caminho de 3º milênio"[14]. A alternância dos conteúdos é apresentada pelos manuais didáticos como atendimento aos Parâmetros Curriculares de História e organização dos conteúdos por meio de eixos temáticos.

Entre as outras quatro coleções, somente uma procura trabalhar de forma inovadora, articulando-se em torno de eixos temáticos e fugindo da periodização tradicional. As três coleções restantes somente mudam a ordem do conteúdo por série: nos volumes da 5ª e 6ª séries, apresentam a História do Brasil, e nas de 7ª e 8ª, a Geral, sem intervirem na periodização tal qual vem sendo trabalhada no ensino desde o século XIX.

Os livros de História "integrada" secundarizam os conteúdos de História do Brasil, que fica restrito à quarta parte do total de números de páginas de cada coleção. Com problemas de espaço na publicação, em grande parte do material didático, fatos da História do Brasil são simplificados, para que sua explicação caiba em poucas linhas. Não deixa de ser interessante o fato de os maiores problemas nesse sentido se localizarem em fatos do início da República e início do século XX, período para o qual a produção historiográfica, especialmente a produção paradidática, não tem sido tão fértil. Em alguns livros, dá-se mais espaço às revoltas de servos e vilões na Idade Média ou às técnicas de embalsamamento no Egito do que aos movimentos sociais do Brasil no início do século XX.

A permanência da concepção de História do Brasil como caudatária da História europeia nos manuais didáticos interfere diretamente nos planejamentos e aulas de História na escola básica. A importância que os livros didáticos adquiriram faz deles os mais poderosos instrumentos na produção do currículo no cotidiano escolar. Análise de relatórios de estagiários dos cursos de licenciatura em História, na Universidade de São Paulo, nos mostra que, entre os professores do ensino médio da rede estadual paulista, predomina a opção pela organização dos conteúdos da maneira tradicional, mesmo entre os professores formados em universidades com tradição de pesquisa e/ou que cursam ou cursaram pós-graduação. Em geral, são escolas que priorizam a pesquisa e igualam as necessidades de formação do professor e de pesquisador e reforçam a concepção de que o conhecimento escolar é somente a simplificação dos conteúdos, proporcionada pela sua didatização. Outros elementos constituintes do saber escolar são desconsiderados. O livro didático é quase que o único material de apoio que o professor encontra à sua disposição e, por isso, apoia nele a parte central do seu trabalho – planeja as aulas seguindo a disposição dos conteúdos, utiliza os textos em sala de aula, monta com eles um material próprio e deles retira as questões da avaliação[15]. A ausência de projetos de formação continuada, de reuniões de professores, de discussões sobre seu trabalho acentua a dependência do manual.

A desconsideração da existência da cultura escolar provoca também a inexistência de propostas e de novas experiências de atuação em sala de aula entre os professores que receberam os estagiários. Há, entre os métodos de ensino, a predominância das aulas expositivas, com pouca utilização de material didático que não seja o manual escolar. Raros professores utilizavam vídeos e outros materiais audiovisuais, inexistem relatos de saídas das escolas: estudos do meio, visitas a museus e institutos culturais, coleta de depoimentos, roteiro de observação de objetos fora da escola. E embora o discurso dos professores negue, as práticas escolares reafirmam a permanência do conhecimento histórico pronto e acabado, que agora não é mais decorado pelo aluno, devendo ser compreendido tal como lhe é apresentado.

Não se pode reduzir o saber escolar ao conhecimento acadêmico transposto, aos manuais, nem aos programas, nem aos projetos de ensino, ao conhecimento prévio do aluno, às relações dos professores com a disciplina, mas são esses elementos que contribuem para a sua definição e que serão necessários para que se faça a necessária reformulação curricular, no cotidiano da sala de aula.

Bibliografia

ABUD, K. M. A construção curricular na sala de aula. *História e Ensino*, Londrina, v. 9, out. 2003.

FORQUIN, J. C. *Escola e cultura: as bases sociais e epistemológicas do conhecimento escolar*. Porto Alegre: Artmed, 1993.

GOODSON, I. F. *Currículo: teoria e história*. Petrópolis, RJ: Vozes, 1995.

GUIMARÃES, M. L. S. Nação e civilização nos trópicos: o Instituto Histórico e Geográfico Brasileiro e o projeto de uma história nacional. *Estudos Históricos*, Rio de Janeiro, n. 1, 1988.

HOLLANDA, G. *Um quarto de século de programas e compêndios de História para o ensino secundário brasileiro. 1931-1956*. Rio de Janeiro: Inep/MEC, 1957.

LE PELLEC, J. et MARCOS-ALVAREZ, V. *Enseigner l'histoire: un métier qui s'aprend*. Paris: Hachette Éducation; Toulouse: Centre Régional de Documentation Pedagogique de Toulouse, 1991.

MERCHÁN IGLESIAS, F. X. El estúdio de la clase de Historia como campo de produção de currículo. *Enseñanza de las Ciencias Sociales. Revista de investigación*, Barcelona/Espanha, n. 1, mar. 2002.

POPKEWITZ, Th. S. *Reforma educacional: uma política sociológica. Poder e conhecimento em educação*. Porto Alegre: Artes Médicas, 1997.

REVISTA DO INSTITUTO HISTÓRICO E GEOGRÁFICO NACIONAL. *Plano Nacional de Educação*. Rio de Janeiro: Imprensa Oficial, 1936.

SERRANO, J. *História da civilização*. Rio de Janeiro: F. Briguet, v. 1, 1934.

VECCHIA, A. e LORENZ, K. M. (org.). Programa de ensino da escola secundária brasileira. 1850-1951. s.l.: s. e., 1998.

Notas

[1] YOUNG e WHITTY. *Apud* GOODSON, I. F. *Currículo: teoria e história*. Petrópolis, RJ: Vozes, 1995, p. 18.

[2] Cf. FORQUIN, J. C. *Escola e cultura: as bases sociais e epistemológicas do conhecimento escolar*. Porto Alegre: Artmed, 1993, p. 15.

[3] Cf. MERCHÁN IGLESIAS, F. X. El estúdio de la clase de Historia como campo de produção de currículo. *Enseñanza de las Ciencias Sociales. Revista de investigación*, Barcelona/Espanha, n. 1, mar. 2002, p. 41-54.

⁴ Cf. GUIMARÃES, M. L. S. Nação e civilização nos trópicos: o Instituto Histórico e Geográfico Brasileiro e o projeto de uma história nacional. *Estudos Históricos*, Rio de Janeiro, n. 1, 1988, p. 5-27.

⁵ *Ibid.*

⁶ Cf. LE PELLEC, J. et MARCOS-ALVAREZ, V. *Enseigner l'histoire: un métier qui s'aprend.* Paris: Hachette Éducation; Toulouse: Centre Régional de Documentation Pedagogique de Toulouse, 1991, p. 42.

⁷ As escolas secundárias brasileiras preparavam os alunos para os exames do Pedro II, colocando em uso para tanto os programas organizados pelos seus "lentes". Do mesmo modo, as bancas examinadoras também eram aprovadas pela escola secundária modelo.

⁸ Cf. VECCHIA, A. e LORENZ, K. M. (org.). Programa de ensino da escola secundaria brasileira. 1850-1951. s.l.: s. e., 1998, p. 4, 9, 14, 17.

⁹ HOLLANDA, G. *Um quarto de século de programas e compêndios de História para o ensino secundário brasileiro. 1931-1956.* Rio de Janeiro: Inep/MEC, 1957, p. 18.

¹⁰ REVISTA DO INSTITUTO HISTÓRICO E GEOGRÁFICO NACIONAL. *Plano Nacional de Educação.* Rio de Janeiro: Imprensa Oficial, 1936, p. 13.

¹¹ Cf. SERRANO, J. *História da civilização.* Rio de Janeiro: F. Briguet, v. 1, 1934, p. XVII.

¹² POPKEWITZ, Th. S. *Reforma educacional: uma política sociológica. Poder e conhecimento em educação.* Porto Alegre: Artes Médicas, 1997, p. 11-12.

¹³ Em 1987, em pesquisa não publicada, realizada com alunos de escolas públicas, Dulce Camargo, Ernesta Zamboni e Maria Carolina Galzerani Boverio, professoras da Faculdade de Educação da Unicamp, constataram que famílias evangélicas liam, para acompanhar a leitura da Bíblia, capítulos de livros didáticos de História Antiga (cf. depoimento Ernesta Zamboni, 24/07/2004).

¹⁴ PNLD. *Guia de livros didáticos. 5ª a 8ª série.* Brasília: MEC/SEF, 2002, p. 346.

¹⁵ Cf. ABUD, K. M.. A construção curricular na sala de aula. *História e Ensino*, Londrina, v. 9, out. 2003, p. 185-204.

NARRATIVA E NARRADORES
NO ENSINO DE HISTÓRIA

*Ana Maria Monteiro**

> Na verdade, se dizer a palavra é transformar o mundo, se dizer a palavra não é privilégio de alguns homens, mas um direito dos homens, ninguém pode dizer sozinho a palavra. Dizê-la sozinho significa dizê-la para os outros, uma forma de dizer sem eles e, quase sempre, contra eles. Dizer a palavra significa, por isso mesmo, um encontro de homens. Este encontro que não pode realizar-se no ar, mas tão somente no mundo que deve ser transformado, é o diálogo em que a realidade concreta aparece como mediadora de homens que dialogam.
>
> Paulo Freire

Ao investigar os professores, seus saberes e suas práticas numa perspectiva que reconhece sua subjetividade e autoria no processo de ensino[1], uma questão emerge com força, tela sobre a qual se inscrevem saberes e práticas: como eles próprios veem esse processo, que aspectos são por eles mais valorizados? Qual é, para eles, o significado do ensino de História?

---

*Professora da Faculdade de Educação e do Programa de Pós-graduação em Educação da Universidade Federal do Rio de Janeiro (UFRJ). Pesquisadora do Núcleo de Estudos do Currículo – NEC da FE/UFRJ. Doutora em Educação pela PUC-Rio.

Ao responder a estas questões, os professores falaram sobre seus modos de ensinar e, indiretamente, sobre objetivos e fins do ensino:

> ...que ele entenda o processo, as condições históricas que permitiram aquele processo... que os fatos, acontecimentos, os movimentos, eles não estão soltos, não estão sozinhos, eles têm relação... e é muito difícil para o aluno estabelecer relações... (Lucia)
>
> A outra questão é a questão relacional, procurar trabalhar com as relações, sempre buscando as relações... a questão relacional para mim é fundamental... Quando eu monto as minhas aulas, a questão da contextualização para mim é fundamental, contextualizar os temas, sejam eles do passado ou do presente, não importa, tentar contextualizar o mais próximo da realidade do aluno mesmo... Quer dizer, é... eu posso contextualizar uma situação da Idade Média hoje com algumas questões, a questão da religião, a questão do teocentrismo... Eu posso trabalhar o contexto daquela época, buscando no contexto de hoje... trabalhando passado e presente... (Roberto)

Visões, concepções que articulam conteúdo e método, saberes e práticas, saberes a ensinar e saberes sobre o como ensinar, mesclados com a compreensão sobre as finalidades do ensino que, por sua vez, expressam valores e a dimensão educativa estruturante. Falas, expressões dos saberes dos docentes sobre os saberes ensinados, expressões do saber escolar, conteúdos pedagogizados[2].

Em suas aulas, falas e diálogos, questionamentos foram realizados, promovidos. Narrativas foram construídas buscando atribuir sentido às experiências humanas que ali eram objeto de estudo.

Suas narrativas possibilitaram novas leituras do mundo? Puderam ajudar a compreender ou transformar o mundo? Ou serviram para impor o silêncio, para calar alunos, memórias, histórias?

Essas questões, relacionadas com as construções discursivas elaboradas durante as aulas de História, merecem atenção, na medida em que uma investigação focaliza a problemática do saber escolar e de sua **mobilização** pelos professores.[3]

Como analisar o saber escolar implica, necessariamente, pensar suas relações com o saber acadêmico de referência, torna-se possível perguntar qual o papel que a **narrativa histórica** desempenha nessa mobilização. Nesse sentido, é importante recuperar alguns aspectos dos debates que têm sido travados em torno do significado da narrativa para a escrita da história.

Este artigo, portanto, tem por objetivo discutir a utilização da narrativa histórica no ensino de História tendo por base a discussão teórica sobre o saber histórico escolar. O conceito de narrativa histórica é abordado de forma sucinta para investigar possibilidades de seu uso como categoria de análise, visando a melhor compreensão dos processos envolvidos no ensino dessa disciplina.

1. História narrativa e narrativa histórica

A história narrativa, forma de expressão encontrada para a construção do discurso historiográfico no momento de sua constituição como disciplina no século XIX, foi muito criticada e negada por historiadores da escola dos *Annales*, a partir dos anos 30 do século XX.

Na defesa de uma história-problema, propunham o abandono da história-narrativa, vista como sinônimo de história *evenementielle*, dos acontecimentos, em oposição às propostas de construção científica do conhecimento histórico.[4]

Assim, as críticas à história narrativa se multiplicaram até a década de 1970, por parte daqueles que buscavam trabalhar com História na perspectiva do rigor metodológico científico e considerando aspectos de ordem estrutural. Quando o "retorno à narrativa" foi anunciado, provocou grande impacto e questionamentos.[5]

O anúncio desse retorno ocorreu no contexto do movimento de crítica à concepção de história-processo-progresso e às propostas de histórias totalizantes; da retomada de importância do historiador; da necessidade da identificação de suas premissas e instrumental teórico, como produtor de um determinado conhecimento; e do impacto do "*linguistic turn*", tendências estas presentes no contexto do movimento pós-moderno.

Se, por um lado, os historiadores estruturalistas mostravam que a narrativa tradicional passava por cima de aspectos importantes, sendo incapaz de relacionar os acontecimentos com a estrutura econômica e social e de considerar a experiência e os modos de pensar das pessoas comuns, do outro lado, os defensores da narrativa observavam que a análise das estruturas é estática e, portanto, a-histórica.[6]

Na verdade, de acordo com Burke[7], os historiadores dos dois campos diferem não apenas naquilo que consideram significativo, mas também no modo de realizar a explicação histórica. Enquanto os estruturalistas denunciam a superficialidade da história narrativa dos acontecimentos, seus opositores denunciam a análise estrutural como determinista e reducionista.

Burke chama a atenção para o fato de que, primeiro, seria preciso criticar ambos os lados, por acharem que distinguir acontecimento de estrutura seja uma questão fácil. Segundo, citando Ricoeur[8], que afirma que toda história escrita, inclusive a história estrutural, assume algum tipo de forma narrativa, ele lembra que, na verdade, esse debate resulta da necessidade sentida por historiadores quanto ao tipo de narrativa a ser escrita, expressão do reconhecimento de que as velhas formas são inadequadas aos novos propósitos.

Avançando nesta direção, Burke identifica trabalhos de alguns historiadores que representam opções distintas de realizar a explicação histórica e que dão origem a formas narrativas que, ao buscar inspiração na literatura e na linguagem cinematográfica, podem apresentar soluções para problemas com os quais os historiadores vêm lutando há muito tempo.

Uma delas se baseia no uso da heteroglossia – conjugação de vozes variadas e opostas. No lugar da Voz da História, apresenta os diferentes pontos de vista dos atores em confronto.

A outra propõe que os historiadores, narradores históricos, deixem claro em suas narrativas que eles não estão ali reproduzindo "aquilo que verdadeiramente aconteceu", mas apresentando aquela que é a sua interpretação, havendo outras possíveis.

Assim, muitos estudiosos consideram que a escrita da história foi empobrecida pelo abandono da narrativa, estando em andamento uma busca de novas formas de expressão que se mostrem adequadas às novas histórias que os historiadores gostariam de contar. Estas novas formas incluem a micronarrativa, a narrativa "de frente para trás" e as histórias que se movimentam para frente e para trás, entre os mundos público e privado, ou apresentam os mesmos acontecimentos a partir de pontos de vista múltiplos.[9]

Nesse sentido, é possível perceber que a narrativa emergiu como problema a partir do esgotamento da concepção moderna de história e da busca da forma textual mais adequada para a escrita do conhecimento histórico, capaz de expressar a racionalidade que sustenta a explicação nas diferentes formas propostas pelos historiadores.

Da polêmica deflagrada, algumas conclusões podem ser tiradas, entre elas, as que nos levam a perceber que mais do que a narrativa em si, o que os historiadores dos *Annales* criticavam era a concepção de história-acontecimento, a ideia de acontecimento como postulada pelos historiadores positivistas, como expressão de uma realidade imanente, independente e exterior ao historiador, manifestação do tempo de curta duração, na dimensão cronológica, e que seria possível de ser recuperada pelo historiador na forma como verdadeiramente aconteceu. O conceito de acontecimento se modificou ao longo do tempo.

> Acontecimento não é sempre, ou simplesmente, esse resplandecer breve, limitado ao terceiro nível, onde o acantona, contudo, Braudel. Com

funções diversas, o acontecimento pertence a todos os níveis e pode ser mais precisamente definido como uma variante do enredo.[10]

Portanto, o longo prazo, a longa duração, não exclui o acontecimento, que pode ser analisado como manifestação de uma dinâmica social com origens estruturais e conjunturais. Assim, nem a longa duração nem o acontecimento são incompatíveis com a narrativa.

Como afirma Hartog, autor em quem nos baseamos para apresentar essas considerações, na verdade, a narrativa não deixou de existir.

> A história não cessou de dizer os fatos e gestos dos homens, de contar, não a mesma narrativa, mas narrativas de formas diversas. Da história–retórica à história-Geschichte e para além, as exigências, os pressupostos e as formas de empregá-los variaram sem dúvida amplamente, mas a interrogação acerca da narrativa (a narrativa enquanto tal), esta é recente. Tornaram-na possível a saída ou o abandono da história-Geschichte, processo e progresso, e a reintrodução do historiador na história; mas, também, a partir do papel preponderante ocupado pela linguística nos anos 1960, as interrogações voltadas para o signo e a representação. Também a história pode ser tratada como (e não reduzida a) um texto.[11]

A História como um conhecimento, acrescento eu.[12]

No processo de constituição do conhecimento histórico, processos reflexivos e analíticos, mobilizados e articulados por diferentes metodologias, permitem compreender ou explicar práticas e representações de sujeitos humanos, históricos, que estabelecem relações entre si e com a natureza, e que são registradas em documentos de diversos tipos, sendo percebidas através de diferentes dimensões temporais: sucessões, durações, simultaneidade, ritmos. Da relação entre o real e o discurso, os historiadores elaboram, fabricam a História, criando a historiografia – história e escrita, expressando o paradoxo do relacionamento de dois termos antinômicos – o real e o discurso.[13]

2. Narrativa histórica no ensino de História

Como essa construção se dá no conhecimento histórico escolar?

A história escolar é uma configuração própria da cultura escolar, oriunda de processos com dinâmica e expressões diferenciadas, mantendo, na atualidade, relações de diálogo e interpelação com o conhecimento histórico *stricto sensu* e com a história viva, o contexto das práticas e representações sociais. Fonte de saberes e de legitimação, o conhecimento histórico "acadêmico" permanece como a referência daquilo que é dito na escola, embora sua produção siga trajetórias bem específicas, com uma dinâmica que responde a interesses e demandas do campo científico e que são diferentes daquelas oriundas da escola, onde a dimensão educativa expressa as mediações com o contexto social.[14]

O conhecimento de aspectos estruturais, princípios da organização conceitual e de investigação dos saberes disciplinares, que permitem identificar as principais ideias, habilidades e paradigmas que orientam a produção de conhecimento no campo, é importante para a realização da prática pedagógica com autonomia, possibilitando romper com o senso comum e propor alternativas ética e cientificamente fundamentadas.

Quando da análise das construções realizadas para o ensino, é possível identificar marcas, referências do saber acadêmico. Na pesquisa realizada foi possível identificar, por exemplo, contextualizações do tipo funcionalista[15] e a utilização da racionalidade analógica para a construção conceitual; a concepção de processo histórico, a problematização histórica, as lógicas explicativas que procuravam articular aspectos estruturais com conjunturas e acontecimentos; a localização temporal dos fatos abordados que ia além da simples sucessão linear para explorar as possibilidades da articulação passado-presente-passado na explicação; os conteúdos selecionados que resultavam da orientação paradigmática predominante e na qual se destacavam análises referenciadas à história econômico-social e cultural, em detrimento da história política.

Quanto à utilização da narrativa, muitas questões podem ser levantadas: os professores, ao desenvolver suas aulas, agiam como narradores? Construíram narrativas para "contar" a história que ensinaram? Ou trabalharam na perspectiva da história-problema, problematizando e argumentando, criando oportunidades para que seus alunos desenvolvessem suas argumentações?[16] A construção discursiva elaborada pode ser considerada narrativa?

Como as aulas de História foram construídas? Elas expressavam a concepção da história *evenementielle* do século XIX? Qual o domínio que os professores tiveram sobre sua elaboração? Ela resultou de uma problematização? Ou as aulas foram a expressão da história processo-progresso cujos nexos de causalidade são dados pela dimensão temporal, pela cronologia, de forma aparentemente naturalizada?

Qual o uso feito dos relatos ficcionais e literários? Foram complementares ou constituintes do discurso? Como exemplos, analogias foram utilizadas em sua construção? Qual o tratamento dado à elaboração textual e à dimensão do real? Como foi abordada a questão da verdade? E das diferentes concepções a respeito de um mesmo tema? A aula se configurou em uma narrativa ou se constituiu num discurso dissertativo ao longo do qual questões foram levantadas, defendidas ou negadas?

3. Narrativas na história escolar

Como foi possível observar, os professores iniciavam as aulas a partir de um tema que era explicado baseado numa estrutura temporal linear ou que articulava diferentes temporalidades.

Para desenvolverem seu trabalho, os professores se basearam em duas orientações pedagógicas principais: as professoras Alice e Lana[17] pautaram seu trabalho pela perspectiva construtivista, criando situações de aprendizagem que oferecem subsídios aos alunos para construir conceitos e para auxiliá-los a "aprender a aprender", como no caso da pesquisa cujo projeto estavam auxiliando seus alunos a elaborar.

Suas aulas eram estruturadas a partir da perspectiva da história-problema – partiam de um tema, embora a problematização, algumas vezes, ficasse subordinada ou restringida por constrangimentos relacionados ao desenvolvimento das atividades. Ao colocar os alunos para fazê-las, as orientações ocupavam muito tempo, o que reduzia a disponibilidade para explorar a problematização histórica. De qualquer forma, todo trabalho se desenvolvia a partir da questão: "Que país é esse?" O problema ajudava a dar um sentido ao estudo realizado e articulava os diferentes conteúdos abordados a partir do eixo temático dos PCNs para 3º ciclo: História das relações sociais, da cultura e do trabalho.

É importante destacar aqui que não foi por acaso que essas duas professoras optaram por trabalhar com os eixos temáticos dos PCNs, proposta curricular que busca atualizar o saber escolar aproximando-o do saber acadêmico. Esse tipo de organização curricular vem ao encontro das tendências dominantes no campo, que negam a história linear dos acontecimentos em favor das alternativas propostas pela história-problema e pela Nova História, em que questões focalizam campos a ser investigados por diferentes perspectivas de abordagem.

Assim, dentro do eixo temático do 3º ciclo dos PCNs, Alice e Lana organizaram atividades que possibilitavam aos alunos construir os conceitos de escravo e de escravidão. Foram oferecidos subsídios com informações sobre a escravidão antiga e moderna – formas de obtenção do escravo, trabalho realizado, o cotidiano, a relação com os senhores, punições etc. – num trabalho que se aproxima do que Levi[18] chama de contextualização funcionalista e que permite situar a relação social num sistema coerente que a explica. Não se apresentam as causas da escravidão. Busca-se compreender o significado desta relação em diferentes épocas e sociedades, identificando semelhanças e diferenças para reunir características comuns e compreender o conceito.

Cabe ressaltar que esta forma de contextualização, no entanto, foi usada com o objetivo de ensino, e não para produzir conhecimento novo no campo, a partir de hipóteses que o pesquisador pode confirmar ou não, gerando uma produção que precisa ser validada em uma comunidade científica a partir de critérios teóricos e metodológicos.

A contextualização foi feita para ensinar o saber que foi selecionado, num momento dado e num determinado contexto, como aquele que é útil à formação das novas gerações, de acordo com metodologia considerada mais adequada, mas que apresenta marcas do saber acadêmico. Foi utilizada uma de suas formas como arcabouço explicativo para o ensino.

Portanto, foi possível concluir que as professoras não trabalharam com a história--narrativa tradicional, a história *evenementielle*. Criaram situações de aprendizagem a partir das quais os alunos, com os subsídios por elas apresentados, elaboraram narrativas nas quais articulavam os vários elementos em jogo – aspectos estruturais com conjunturas e acontecimentos –, recontextualizando-os a partir das finalidades educativas.

A dimensão temporal foi trabalhada em movimentos de idas e vindas, passado--presente-passado, articulando os diferentes momentos do passado com o presente: atualidade/Roma Antiga/ decadência de Roma/séculos XVI/XVII/ Europa feudal/ atualidade.

Buscavam, assim, romper a naturalização da história que emerge do trabalho com a cronologia linear. Coerentemente com a abordagem adotada, a problematização, além de cotidiana, estruturava todo o trabalho a partir da questão: "Brasil, que país é esse?"

Essas professoras não contavam histórias, nem utilizaram "histórias" ficcionais para ilustrar suas aulas. A narrativa estava para ser construída pelos alunos com os subsídios obtidos através das tarefas propostas, possibilitando a configuração de um texto heteroglóssico, polifônico, que articula as vozes e falas dos diferentes sujeitos históricos estudados com as vozes e falas dos alunos, das professoras e do autor do livro didático.

Marcos e Pedro desenvolviam suas aulas a partir de suas falas, do discurso que iam construindo. Marcos perguntava e explicava, apresentava exemplos, relacionava passado e presente, tecendo um texto significativo que criava condições para que os alunos a ele atribuíssem um sentido, o que muitas vezes se configurava na compreensão dos conceitos em estudo.

Pedro procurava problematizar todos os aspectos mencionados. A crítica e a superação do senso comum eram seus principais objetivos, sendo a História um instrumento para possibilitar uma inserção cidadã dos alunos de forma crítica e consciente de sua historicidade.

O trabalho com a dimensão temporal seguia uma ordenação linear mais clara, embora, durante suas aulas, eles se movimentassem entre passado e presente na busca de relacionar as questões em estudo com as vivências dos alunos e, também, no trabalho com analogias, quando comparavam situações em diferentes épocas do passado. Foi o caso, por exemplo, quando Marcos contrastou a servidão por contrato nos EUA e a imigração por parceria no Brasil.

Vimos também que esses professores utilizaram a contextualização funcionalista e a racionalidade analógica no trabalho para a formação de conceitos pelos alunos, articulando aspectos estruturais, conjunturas e acontecimentos.

As construções do saber histórico escolar elaboradas pelo trabalho desses professores, construtivistas ou não, tinham um objetivo, um sentido, que era primordialmente possibilitar a aprendizagem dos alunos daquilo que eles (professores/as) consideram válido, necessário e relevante de ser aprendido. As coisas têm que fazer sentido, dizem todos eles.

Perguntado sobre o que ele considerava fundamental no trabalho com a questão "Idade média, Idade das trevas", Pedro explicou que ele foi trazendo elementos...

> *...para que eles pudessem ir descobrindo essa questão... sempre tem esse norte na cabeça... nas minhas aulas geralmente, assim o que eu procuro trabalhar a História, com o ensino médio, pra mim o básico é a questão conceitual... eu ainda estou nessa questão e quero ver uma forma diferente de trabalhar que dê certo... porque eu acho que tem outras formas, a questão do conceito para mim é fundamental...*

Como afirma Pedro, "**... sempre tem esse norte na cabeça ...**", um objetivo – é uma atividade didática, há um sentido...

Explicando a montagem do trabalho, Alice fala:

> *...Eu, primeiro, eu construo a rede, assim, eu faço um trabalho inteiro tendo assim como eixo os conceitos que eu quero trabalhar, que foram definidos pela escola, eles estão todos ali no lugarzinho aonde a gente tem eles marcados, aí eu vou e construo o texto. Eu escrevo mesmo como é que eu faria isso no todo, botando todo o conhecimento que eu tenho de história, que é maior do que aquilo que eu estou querendo passar, aí eu tenho um entendimento, eu construí a rede, aí eu*

vou buscar qual a melhor forma, que perguntas que eu posso fazer pra aquele material que eu selecionei, pra que eu possa chegar lá, na verdade é isso, o trabalho com sociedades no ano passado, que já foi feito, é com as sociedades caçadoras e coletoras, é um aluno uma vez chegou na escola com um livro que eu não vou saber te dizer qual é a referência bibliográfica agora, mas posso depois incluir que era um livro feito com imagens que representavam a vida de caçadores e coletores... Quando eu vi aquele livro, eu disse: caramba, está tudo aqui, se eu trabalhar essas imagens... são belíssimas as imagens... eu acho que eu posso arrumar isso com imagem e não com texto... Aí a gente escaneou todo aquele material, fizemos uma seleção das imagens separando por conceitos de desigualdade social, trabalho coletivo, divisão natural do trabalho, tudo que a gente queria trabalhar e fomos selecionando as imagens e daí a gente foi fazendo perguntas que eram encadeadas para eles observarem aquele material que era a representação, a gente sabe do que a gente estava querendo tratar e aí a gente foi construindo as questões...

Entrevistadora: *Quer dizer, as perguntas vão de uma certa forma conduzindo...*

Alice: **Conduzindo, é, vão conduzindo, é, é...**

Entrevistadora: **Conduzindo o raciocínio pra que eles...**

Alice: **Pra que possam chegar ali onde é eu quero...**

Entrevistadora: *Mas nunca seria uma definição que você chegaria ao trabalho com conceitos, que você chegou e definiu, é essa a definição...*

Alice: *Ela é o final, ela não é o início do trabalho. Eu não chego dizendo o que é, na maioria das vezes tem sido assim, a gente não chega dizendo, alguns conceitos a gente não conseguiu fazer isso, sabe... A gente não tem pesquisa suficiente pra ver que material visual a gente teria, que imagens, que textos, alguns a gente percebe que a gente força a barra pra fechar...*

A rede é construída para que os alunos cheguem a determinadas conclusões.

Os professores não estão ensinando uma história factual, citando acontecimentos em sucessão temporal em que o antes explica o que vem depois. Eles estão preocupados com a construção conceitual. Os caminhos para chegar a ela são diferentes, mas ela está lá.

Narrativas emergem das explicações dos professores ou das construções que eles auxiliam seus alunos a produzir. **Brasil, que país é esse? Idade média, idade de trevas?** São questões problematizadoras que acabam por possibilitar a atribuição de sentido ao que é ensinado.

O fio de sentido é dado por quem narra: o professor. Pode ser rejeitado ou compartilhado. O aluno aprende, não aprende, compreende de outra forma, se apropria (ou não) do saber. A dimensão temporal está subjacente, linear ou não. A trama, o enredo, é armada para a construção do sentido. Contextualizações e analogias são alternativas encontradas para possibilitar a compreensão do sentido desejado. Trazer para a realidade do aluno implica encontrar instrumentos para que a empatia abra espaços para superar a própria circunstância e compreender o outro. Desnaturalizar e historicizar o social, estas são ações que fundamentam a ruptura do senso comum e a compreensão do cotidiano com olhar impregnado de História. O saber ensinado cumpre seu objetivo de permitir a volta ao cotidiano com um novo olhar, crítico e conceitualmente mais instrumentalizado.

O uso da narrativa **não** implica, de modo algum, que o saber escolar derive para o ficcional. Os professores têm muito clara essa distinção. O fato de que os temas sejam recontextualizados para o ensino não significa que eles sejam tratados como ficção. A fundamentação científica do saber ensinado era clara para esses professores.

Todos os professores agiam com a preocupação de dar voz aos alunos, de abrir espaço para suas contribuições e conclusões, de desenvolver uma perspectiva crítica face ao que era abordado. A História ensinada é instrumento para agir no mundo, para ampliar o potencial cognitivo sobre o processo histórico de forma a poder nele atuar e transformá-lo. Daí tanta preocupação com o estabelecimento de relações, com a contextualização, com a visão de processo, com a compreensão dos conceitos.

Discussões sobre a verdade não estavam postas para esses professores, assim como aquelas sobre a relação entre história e memória. A distinção entre conhecimento científico e escolar emerge a partir das minhas perguntas nas entrevistas, distinção esta que provoca uma certa surpresa. Trabalhar com os alunos as diferentes versões e concepções é visto como um encaminhamento possível, mas ainda difícil de ser viabilizado.

A distinção entre história vivida e história conhecimento não aparece. História é conhecer para vivê-la. Vivê-la em perspectiva crítica é pedagógico. A concepção moderna da História revela suas marcas...

Perguntados sobre a narrativa no ensino, respondem que acham que pode ser um excelente recurso para exemplificar certas questões, como a história de

Robinson Crusoe contada para que os alunos percebessem a importância do trabalho humano. Mas percebe–se neles um espanto e até um receio em lidar com esta questão.

Considerando que a estrutura narrativa articula:

- uma temporalidade: existe uma sucessão de acontecimentos em um tempo que avança;
- unidade temática: garantida por pelo menos um sujeito ator, individual ou coletivo, agente ou paciente;
- transformações: os estados e características mudam;
- unidade de ação através de um processo integrador: de uma situação inicial se chega a uma situação final, a um desfecho, através do processo de transformação;
- causalidade: há intriga, que se cria através das relações causais entre os acontecimentos.[19]

Podemos reconhecer esses elementos nas construções didáticas destes professores. Eles afirmam, nos depoimentos, que articulam os diferentes aspectos e informações no tempo para explicar eventos que chegam a um desfecho: para "chegarem onde querem", ou porque "têm esse norte na cabeça", e que, no fundo, é a compreensão que eles têm do fenômeno ou do processo, ou do conceito e que eles desejam ensinar aos alunos. Narradores...

> Qualquer narrativa é uma estrutura imposta sobre eventos, agrupando alguns deles com outros, e descartando alguns mais carentes de relevância. Assim, não seria uma marca distintiva de qualquer espécie de narrativa que faça isso.[20]

Na história escolar percebe-se, assim, que a estrutura narrativa pode ser reconhecida numa dupla dimensão: como estrutura discursiva de expressão do conhecimento histórico e como estrutura de sustentação da construção didática que tem uma finalidade própria.

O risco da ideologização paira sobre o trabalho docente. A razão pedagógica precisa assim do constante confronto com a razão sociológica[21] para que, desse diálogo, possamos obter subsídios para fazer nosso trabalho avançar. Pesquisa educacional e ensino em diálogo, não para encontrar soluções mágicas para nossos problemas imediatos, mas para o exercício da crítica sobre as práticas em curso.

No lugar de uma conclusão, temos uma questão que precisa ser melhor investigada, para que possamos ter mais clareza sobre esse aspecto bastante complexo da História escolar. Reconheço, no entanto, que ela pode abrir caminhos para melhor compreender este mundo de características tão próprias mas ainda tão pouco conhecido por nós. Narradores e narrativas na busca dos sentidos da experiência humana. Narrativas de professores e alunos, juntos, dizendo a palavra para viver e transformar o mundo.

Bibliografia

ALLIEU, N. De l'Histoire des chercheurs à l'Histoire scolaire. In: DEVELAY, M. *Savoirs scolaires et didactique des disciplines: une encyclopédie pour aujourd'hui*. Paris: ESF Editeur, 1995.

ARAÚJO, R. Benzaquen de.História e Narrativa. In: MATTOS, I. R. de (org.). *Ler & Escrever para contar. Documentação, historiografia e formação do historiador*. Rio de Janeiro: Access Editora, 1998.

AUDIGIER, F. Savoirs enseignés-Savoirs savants. Autour de la problematique du coloque. *INRP.Troisième Rencontre Nationale sur la Didactique de l'Histoire, de la Geographie, des Sciences Économiques et Sociales. 2,3 et 4 Mars 1988. Actes du colloque Savoirs enseignés-Savoirs savants*, p. 55-69.

BLANCAFORT, H. C. Estructura y funciones de la narración. *Textos 25. La Narración. Didáctica de la Lengua y de la Literatura*, Barcelona, n° 25, Ano VII, Julio 2000.

BOUTIER, J. e JULIA, D. (org.). *Passados recompostos. Campos e canteiros da História*. Rio de Janeiro: Editora da UFRJ/Editora da FGV, 1998.

BURKE, P. (org.). *A escrita da história. Novas perspectivas*. São Paulo: Editora da Unesp, 1992.

_____. A história dos acontecimentos e o renascimento da narrativa. In: BURKE, P. (org.) *A escrita da história. Novas perspectivas*. São Paulo: Editora da Unesp, 1992.

_____. *A escola dos Annales. 1929-1989. A revolução francesa da historiografia*. São Paulo: Editora da Unesp, 1997.

CAILLOT, M. La theorie de la transposition didactique est-elle transposable? In: *Au-delá des didactiques, le didactique. Debats autour des concepts federateurs*. Paris: Claude Raisky et Michel Caillot Éditeurs, 1996.

CARDOSO, C. F. S. História e paradigmas rivais. In: CARDOSO,C.F.S. e VAINFAS, R. (orgs.). *Domínios da história. Ensaios de teoria e metodologia*. Rio de Janeiro: Campus, 1997.

CERTEAU, M. de. *A escrita da História*. 2ª ed. Rio de Janeiro: Forense Universitária, 2000.

CHARTIER, R. *A história cultural. Entre práticas e representações*. Lisboa: Difel, 1990.

CHERVEL, A. História das disciplinas escolares: reflexões sobre um campo de pesquisa. *Teoria & Educação*, Porto Alegre, n° 2, 1990.

CHEVALLARD, Y. *La transposición didáctica. Del saber sabio al saber enseñado*. Buenos Aires: Aique Grupo Editor, s.d.

DANTO, A. C. *Analytical philosophy of science*. Cambridge: Cambridge University Press, 1965.

DE DECCA, E. Narrativa e História. In: SAVIANI, D., LOMBARDI, J. C. e SANFELICE, J. L. (orgs.). *História e História da Educação. O debate teórico-metodológico atual*. Campinas: Editora Autores Associados, 1998.

DEVELAY, M. *De l'Aprentissage à l'enseignement. Pour une épistémologie scolaire*. Paris: ESF Editeur, 1992.

_____. *Savoirs scolaires et didactique des disciplines: une encyclopédie pour aujourd'hui*. Paris: ESF Editeur, 1995.

DILTHEY, W. *Introduction a l'étude des sciences humaines*. Paris: PUF, 1942.

FALCON, F. História das Ideias. In: CARDOSO, C. F. e VAINFAS, R. (orgs.) *Domínios da História. Ensaios de teoria e metodologia*. Rio de Janeiro: Campus, 1997.

FORQUIN, Jean-Claude. As abordagens sociológicas do currículo: orientações teóricas e perspectivas de pesquisa. *Educação e Realidade. Currículo e política de identidade*, Porto Alegre, v.21, n°1, 1996.

_____. *Escola e Cultura. As bases sociais e epistemológicas do conhecimento escolar*. Porto Alegre: Artes Médicas, 1993.

_____. Saberes escolares, imperativos didáticos e dinâmicas sociais. *Teoria & Educação*, Porto Alegre, n° 5, 1992.

FURET, F. O nascimento da História. In: FURET, F. *A oficina da História*. Lisboa: Gradiva, s.d.

GUIMARÃES, M. L. S. Nação e civilização nos trópicos: O Instituto Histórico e Geográfico Brasileiro e o projeto de uma história nacional. *Estudos Históricos*, Rio de Janeiro, Cpdoc/FGV, n° 1, 1988.

HARTOG, F. A arte da narrativa histórica. In: BOUTIER, J. e JULIA, D. (orgs.) *Passados recompostos. Campos e canteiros da História*. Rio de Janeiro: Editora da UFRJ/ Editora da FGV, 1998.

KOSELLECK, R. Uma história dos conceitos: problemas teóricos e práticos. *Estudos Históricos*, Rio de Janeiro, Cpdoc/FGV, n° 10, 1992.

_____. Historia Magistra Vitae: The Dissolution of the Topos in the Perspective of a Modernized Historical Process. In: KOSELLECK, R. *Futures Past. On the Semantics of Historical Time*. Cambridge (Mass.) and London: The MIT Press, 1985.

LAUTIER, N. *Enseigner l'Histoire au Lycée. Formation des enseignants. Professeurs des lycées.* Paris: Armand Colin, 1997.

LE GOFF, J. *História e memória.* Campinas: Editora da Unicamp, 1996.

LEVI, G. Sobre a micro-história. In: BURKE, P. (org.). *A escrita da história: novas perspectivas.* São Paulo: Editora Unesp, 1992.

LIMA, L. C. Clio em questão: a narrativa na escrita da História. In: RIEDEL, D. C. *Narrativa. Ficção e História.* Rio de Janeiro: Imago Editora, 1988.

LOPES, A. R. C. *Conhecimento escolar: ciência e cotidiano.* Rio de Janeiro: Ed. Uerj, 1999.

_____. Conhecimento escolar: processos de seleção cultural e mediação didática. *Educação & Realidade,* 22(1), jan-jun. 1997.

MARTINAND, J. L. *Connaître et transformer la matiére.* Berne: Peter Lang, 1986.

MATTOS, I. R. de (org.). *Ler & Escrever para contar. Documentação, historiografia e formação do historiador.* Rio de Janeiro: Access Editora, 1998.

MATTOS, S. R. de. *O Brasil em Lições. A história como disciplina escolar em Joaquim Manuel de Macedo.* Rio de Janeiro: Access Editora, 2000. (Aprendizado do Brasil)

MONIOT, H. *Didactique de L'Histoire.* Paris: Edition Nathan, 1993.

MONTEIRO, A. M. História. Inserção da História na área das Ciências Humanas. In: FUNDAR/Secretaria de Estado de Educação do Rio de Janeiro. *Ciclo de estudos 2004. Formação continuada para professores de escolas na busca do horário integral.* Rio de Janeiro: Fundar, 2004.

_____. A história ensinada: algumas configurações do saber escolar. *História e Ensino,* Revista do Laboratório de Ensino de História da Universidade Estadual de Londrina, Londrina, vol. 9, 2003.

_____. *Ensino de História: entre saberes e práticas.* Tese de Doutorado. Programa de Pós-graduação em Educação da Pontifícia Universidade Católica do Rio de Janeiro. Rio de Janeiro, agosto de 2002.

_____. Ensino de História: das dificuldades e possibilidades de um fazer. In: DAVIES, N. (org.). *Para além dos conteúdos no ensino de História.* Niterói: Eduff, 2000.

MOREIRA, A. F. B. e SILVA. T. T. da (org.). *Currículo, cultura e sociedade.* São Paulo: Cortez, 1994.

PROST, A. *Douze leçons sur l'histoire.* Paris: Editions du Seuil, 1996.

RICOEUR, P. *Temps et récit.* Paris: Le Seuil, v. 1-3, 1983-1985.

RIEDEL, D. C. *Narrativa. Ficção e História.* Rio de Janeiro: Imago Editora, 1988.

SACRISTAN, J. G. Escolarização e cultura: a dupla determinação. In: SILVA, L. H. da; AZEVEDO, J. C. de; SANTOS, E. S. dos (orgs.). *Novos mapas culturais. Novas perspectivas educacionais.* Porto Alegre: Sulina, 1996.

SANTOS, Lucíola L. de C. P. História das disciplinas escolares: perspectivas de análise. *Teoria&Educação*, Porto Alegre, n° 2, 1990.

SHULMAN, L. Knowledge and teaching: Foundations of the new reform. *Harvard Educational review*, vol. 57, n° 1, February, 1987.

_____. Those who understand: knowledge growth in teaching. *Educational Researcher*, 15(2), 1986.

STONE, L. The revival of narrative: reflections on a New Old History. *Past and Present*, 85, novembro de 1979.

Notas

[1] Este artigo tem por base subsídios obtidos em pesquisa realizada para a elaboração de minha Tese de Doutoramento, MONTEIRO, A. M. *Ensino de História: entre saberes e práticas*. Tese de Doutorado. Programa de Pós-graduação em Educação da Pontifícia Universidade Católica do Rio de Janeiro. Rio de Janeiro, agosto de 2002.

[2] Utilizo este conceito conforme proposto por: SHULMAN, L. Those who understand: knowledge growth in teaching. *Educational Researcher*, 15(2), 1986, p. 4-14. São os saberes reelaborados para o ensino, incluindo a dimensão educacional e as necessidades didáticas.

[3] Não trabalhei com o instrumental teórico da análise do discurso. As questões que são discutidas emergem a partir da abordagem por mim realizada e que focaliza saberes e práticas dos professores na perspectiva teórica de análise epistemológica com bases nos autores citados ao longo do artigo, especialmente Chevallard, Lopes, Develay, Tardif e Shulman.

[4] Burke lembra que as primeiras críticas à história narrativa foram feitas na época do Iluminismo por aqueles (entre eles Voltaire) que lamentavam que a história ficasse restrita à superfície dos acontecimentos, cf. BURKE, Peter. A história dos acontecimentos e o renascimento da narrativa. In: BURKE, P. (org.) *A escrita da história. Novas perspectivas*. São Paulo: Editora da Unesp, 1992, p. 327.

[5] STONE, L. The revival of narrative: reflections on a New Old History. *Past and Present*, 85, novembro de 1979.

[6] Cf. BURKE, Peter. *Op. cit.*, p. 330-331.

[7] *Ibid.*

[8] RICOEUR, P. *Temps et récit*. Paris: Le Seuil, v. 1-3, 1983-1985.

[9] BURKE, Peter. *Op. cit.*, p. 347.

[10] HARTOG, F. A arte da narrativa histórica. In: BOUTIER, J. e JULIA, D. (orgs.)

Passados recompostos. Campos e canteiros da História. Rio de Janeiro: Editora da UFRJ/Editora da FGV, 1998, p. 201.

[11] *Ibid.*, p. 201.

[12] A História não pode ser confundida ou reduzida ao discurso, "pois a história, isto é, os acontecimentos, as personagens, correspondem à realidade que deve ser prefigurada no texto narrativo, ao passo que o discurso seria o modo que um narrador utilizaria para tornar compreensível para os leitores uma determinada realidade. Portanto, a história seria o campo factual ou o lugar de eventos reais que produzem o significado ou, se quisermos, o conteúdo narrativo, e a narrativa seria o modo de expressão utilizado pelo narrador" e que também é denominada História. - TODOROV. *Apud*, DE DECCA, E. Narrativa e História. In: SAVIANI, D., LOMBARDI, J. C. e SANFELICE, J. L. (orgs.). *História e História da Educação. O debate teórico-metodológico atual.* Campinas: Editora Autores Associados, 1998, p. 20.

[13] Cf. CERTEAU, M. de. *A escrita da História.* 2ª ed. Rio de Janeiro: Forense Universitária, 2000, p. 11.

[14] Para a melhor compreensão do conceito de saber escolar utilizado neste artigo, ver: MONTEIRO, A. M. *Ensino de História:... op. cit.*; *idem.* A história ensinada: algumas configurações do saber escolar. *História e Ensino*, Revista do Laboratório de Ensino de História da Universidade Estadual de Londrina, Londrina, vol. 9, 2003.

[15] LEVI, G. Sobre a micro-história. In: BURKE, P. (org.). *A escrita da história: novas perspectivas.* São Paulo: Editora Unesp, 1992.

[16] Estou trabalhando com a perspectiva oferecida pelos professores pesquisados. Não estou considerando nesta análise situações infelizmente ainda muito frequentes, de professores que ditam as aulas ou dependem exclusivamente dos livros didáticos para desenvolvê-las.

[17] Os nomes dos professores são fictícios. Foram criados para resguardar a liberdade do exercício profissional dos docentes que participaram da pesquisa. A pesquisa foi realizada no primeiro semestre de 2001 em uma instituição de ensino público localizada na cidade do Rio de Janeiro.

[18] LEVI, Giovanni. *Op. cit.*

[19] BLANCAFORT, H. C. Estructura y funciones de la narración. *Textos 25. La Narración. Didáctica de la Lengua y de la Literatura*, Barcelona, nº 25, Ano VII, Julio 2000, p. 14-15.

[20] DANTO. *Apud*, LIMA, L. C. Clio em questão: a narrativa na escrita da História. In: RIEDEL, D. C. *Narrativa. Ficção e História.* Rio de Janeiro: Imago Editora, 1988, p. 72.

[21] FORQUIN, Jean-Claude. *Escola e Cultura. As bases sociais e epistemológicas do conhecimento escolar.* Porto Alegre: Artes Médicas, 1993.

O LIVRO DIDÁTICO E O PROFESSOR:
ENTRE A ORTODOXIA E A APROPRIAÇÃO

*Kazumi Munakata**

Criticar análises de livros didáticos que se limitam ao seu aspecto ideológico não significa não reconhecer a dimensão ideológica desse material escolar.[1] Apenas que a ideologia não se resume à má intenção ou à falsa consciência do autor que se flagra por trás de uma frase sutilmente construída num livro mal produzido, ou, inversamente, maquiavelicamente bem produzido... O ideológico do livro didático encontra-se para além dos eventuais lapsos conceituais e éticos que possa conter; ele lhe é estruturante, na medida em que esse material é um dos dispositivos fundamentais da educação escolar. Como afirma Gimeno Sacristán:

> Por trás do "texto" (livros, materiais, suportes vários), há toda uma seleção cultural que apresenta o conhecimento *oficial*, colaborando de forma decisiva na criação do saber que se considera legítimo e verdadeiro, consolidando os cânones do que é verdade e do que é moralmente aceitável. Reafirmam uma tradição, projetam uma determinada imagem da sociedade, o que é a atividade política legítima, a harmonia social, as versões criadas sobre as atividades humanas, as desigualdades entre sexos, raças, culturas, classes sociais; isto é, definem simbolicamente a representação do mundo e da sociedade, predispõem a ver, pensar, sentir e atuar de certas formas e não de outras, o que é o conhecimento importante, porque são ao mesmo tempo objetos culturais, sociais e estéticos. Por trás da sua aparente assepsia não existe a neutralidade, mas a ocultação de conflitos intelectuais, sociais e morais.[2]

---

*Professor do Programa de Estudos Pós-graduados em Educação: História, Política, Sociedade, da Pontifícia Universidade Católica de São Paulo.

Constituindo-se em poderosos "instrumentos culturais de primeira ordem", os livros didáticos, ao lado dos meios de comunicação de massa, constroem uma "base para a criação de um consenso cultural mínimo que assegure a vertebração social", "a integração da comunidade".[3] Para examiná-los é preciso não apenas a elucidação de seus conteúdos, mas também dos procedimentos de sua produção, difusão, circulação, escolha e aquisição. Aple propõe:

> Precisamos desvendar a lógica de um conjunto bastante complexo de inter-relações. De que forma a própria economia política da indústria editorial gera necessidades econômicas e ideológicas específicas? Como e por que os editores respondem às necessidades do "público"? Quem determina quem constitui o "público"? Como funciona a política interna do procedimento de adoção de textos escolares? Quais são os processos utilizados na seleção das pessoas e interesses que compõem as comissões estaduais de seleção de livros escolares?[4] Como os livros são vendidos no nível local? Qual é o processo real de produção do texto, desde a encomenda de um projeto, as revisões e processo editorial até a fase de publicidade e de vendas? Como e por que razões as decisões são feitas nesse sentido? Só depois que tenhamos tratado em considerável detalhe cada uma dessas questões podemos começar a ver de que forma o capital cultural de determinados grupos é transformado em uma mercadoria e colocado à disposição (ou não) nas escolas do país.[5]

Tais tópicos de pesquisa tornam-se mais urgentes, à medida que cresce a importância do livro didático nas políticas públicas educacionais financiadas pelas agências internacionais. Afirmam Lockheed e Verspoor, num diagnóstico para o Banco Mundial:

> Os textos escolares são a mais importante – senão a única – definição do currículo na maioria dos países em desenvolvimento (...). A maior parte das reformas curriculares tentam modificar o currículo proposto concentrando-se nos cursos ministrados e no número de horas oficialmente dedicadas aos mesmos. Essas mudanças no currículo proposto são pequenas, ineficazes e enfrentam resistências por parte dos pais e dos professores.[6]

Comentando essa proposta de centrar o currículo no livro didático, diz Torres:

> A proposta de privilegiar o texto escolar baseia-se em duas teses centrais: (a) os textos escolares – "na maioria dos países em desenvolvimento"

– constituem em si mesmos o currículo efetivo (tese que, por sua vez, supõe um determinado tipo de texto, programado, autoinstrutivo); e (b) trata-se de um insumo de baixo custo e alta incidência sobre a qualidade da educação e o rendimento escolar. Em ambos os casos, o que está em jogo, explícita ou implicitamente, é outra falsa opção: textos escolares *versus* professores.[7]

Por que essa oposição entre livros escolares e professores? Torres explica:

> Os professores costumam ser vistos principalmente como um sindicato, e sindicato magisterial lembra automaticamente reivindicação salarial, corporativismo, intransigência, greve, quando não simples corrupção e manobra política. Os professores (e seus sindicatos) são vistos como problema antes que recurso, "insumo" educativo necessário porém caro, complexo e difícil de lidar. Os próprios professores, e não somente a sua formação, costumam de fato ser vistos como um "beco sem saída".[8]

Além disso, os professores são também suspeitos de não terem tido formação adequada. Os programas de capacitação, por outro lado, são considerados muito onerosos em relação a resultados, pois há sempre o risco de o professor abandonar a carreira uma vez concluído o processo de sua qualificação. O Banco Mundial também insiste em que a melhora do salário docente não acarreta por si só o rendimento escolar.[9]

Numa política formulada a partir de tamanha desconfiança em relação ao professor, o livro didático obviamente assume a centralidade. É o que analisa Torres:

> Currículo efetivo é aquele que se realiza na sala de aula, com ou sem a mediação de textos escolares, e depende essencialmente das decisões tomadas pelo professor (é ele quem decide inclusive utilizar ou não um texto, quando e como usá-lo). Nesse sentido, a maneira mais segura e direta de incidir sobre o currículo é incidir sobre os docentes, sobre a sua formação e as suas condições de trabalho. Embora não se trate de optar entre o professor e o texto, (...) mais importante que garantir textos de boa qualidade é garantir professores de boa qualidade. É o texto que deve estar a serviço do professor e não o contrário.

> Por outro lado, a ideia do livro didático como currículo efetivo repousa na concepção de um texto programado, fechado, normativo, que orienta passo a passo o ensino e oferece tanto ao professor como aos alunos todas as respostas. Esse tipo de texto, embora pensado para o professor de

escassa formação e experiência (...) homogeneíza os docentes e perpetua a clássica (e crescente) dependência do professor com relação ao livro didático, reservando-lhe um papel de simples manipulador de textos e manuais, limitando de fato sua formação e crescimento.[10]

Uma política que tem como base esses pressupostos conduz necessariamente a um programa de avaliação da aprendizagem e de ordenamento do mercado editorial para produção de livros didáticos em conformidade com o currículo. Como lembra Gimeno Sacristán:

> Duas formas diretas de configurar o currículo aparecem nas políticas para controlá-lo: em primeiro lugar, a exigência de uns conteúdos na avaliação (...), aos quais se acomodarão os materiais; em segundo lugar, a regulação administrativa e comercial do sistema de produção e difusão de materiais que usam os professores e os alunos no ensino. Outros mecanismos, como são a formação do professorado e as regulações e orientações administrativas sobre o currículo, têm valor para esse fim, mas não são de tão direta eficácia, ao menos sobre os conteúdos concretos e a forma de adquiri-los. O controle cultural e pedagógico sobre o material chega a ser tão extenso como invisível à vista de qualquer usuário.[11]

Tal regulação do mercado editorial faz-se, por exemplo, mediante a seleção, por alguma instância do governo, dos livros didáticos a serem adotados pelas escolas, de modo a, diz Gimeno Sacristán, "ordenar um mercado, afiançá-lo, criando oferta ajustada à ordenação do sistema escolar".[12]

No Brasil, é sintomático que o perfil do mercado editorial de livros didáticos tenha sofrido certos deslocamentos desde que o Plano Nacional do Livro Didático (PNLD), instituído em 1985, passou a realizar a partir de 1996 a avaliação desses livros por equipes de especialistas.[13] Aparentemente, porém, a política de avaliação do PNLD não se baseia nos pressupostos do Banco Mundial. No *Guia de Livros Didáticos*, do PNLD/2002, em que se relacionam e se comentam os livros aprovados para adoção pelos professores, em 2002, há uma introdução intitulada "Avaliar: para quê?", em que se lê:

> [O livro didático] Tornou-se (...) um dos principais fatores que influenciam o trabalho pedagógico, determinando sua finalidade, definindo o currículo, cristalizando abordagens metodológicas e quadros conceituais, organizando, enfim, o cotidiano da sala de aula.

Reverter este quadro implica, entre outras medidas, garantir parâmetros curriculares básicos em nível nacional, acompanhados de orientação metodológica para nortear o trabalho docente e assegurar boa formação dos professores. Implica, também, dispor de um livro didático diversificado e flexível, sensível à variação das formas de organização escolar e dos projetos pedagógicos, assim como a diferentes expectativas e interesses sociais e regionais. Desse modo, o livro didático passa a ser entendido como instrumento auxiliar, e não mais a principal ou única referência da prática pedagógica.[14]

O que se postula, então, é não a contraposição entre o professor e o livro didático, e sim, ao contrário, a escolha, pelo professor bem formado, de livros adequados às diferentes necessidades e expectativas. Um e outro aparecem como aliados na luta contra a rigidez do currículo, cristalizado exatamente no livro didático. Aposta-se então em um novo livro didático, adotado por um novo professor?

No caso do livro didático de História, os princípios gerais do processo de avaliação do PNLD/2002 traduzem-se na seguinte formulação:

O ponto de partida da análise é considerar a finalidade do livro didático: ser um auxiliar eficaz ao professor e aos alunos. Assim sendo, é necessário analisar se a coleção está concebida e organizada segundo uma metodologia de ensino-aprendizagem que seja adequada às finalidades do processo ensino-aprendizagem e às diferentes características dos alunos e do projeto pedagógico da escola.[15]

Como isso se efetiva na prática? Para verificá-lo faz-se necessário comparar os livros com sua respectiva avaliação. Toma-se aqui como exemplo um livro de História bem qualificado num dos processos de avaliação, que permanecerão – o livro e o ano da avaliação – sem identificação, pois o objetivo aqui não é o de promover denúncias e expurgos. (Em todo caso, o atento leitor habituado na literatura didática não terá dificuldades em identificar o referido livro.) Segundo a resenha do *Guia de Livros Didáticos,* esse livro apresenta temáticas variadas, utilizando-se de vários recursos (teatralizações, confecção de cartazes, quadros explicativos etc.), além de recorrer à literatura ou à canção como reforços na aprendizagem. Para que esses recursos sejam utilizados, o livro sugere várias atividades. O problema é como e onde essas sugestões são feitas.

Muitas vezes, o livro dirige-se diretamente ao leitor-aluno, solicitando-lhe, por exemplo, que se junte a seus colegas para formar um grupo de discussão. Em algumas ocasiões, há ressalva de que isso deve ser feito com a orientação do professor, mas é mais frequente encontrar propostas de atividade em que o professor está ausente. Além disso, essas solicitações frequentemente ocorrem no meio do capítulo, interrompendo a continuidade da leitura. Mas é muito improvável que um professor mande suspender a leitura de um capítulo uma página e meia após o seu início, para acatar a recomendação do livro de realizar alguma atividade. Em todo caso, essas solicitações, à revelia do professor, procuram dirigir o modo como o aluno deve ler o texto, retirando a autonomia do professor de organizar a sua própria prática didática.

No livro, há também casos em que a participação do professor é requisitada, mas não a do responsável pela disciplina: o livro solicita que o leitor-aluno procure professores de outras disciplinas (por exemplo, de português) para pedir explicações sobre temas que supostamente são da competência desses professores. Talvez os responsáveis pela publicação do livro imaginem que estejam propiciando os ideais da interdisciplinaridade ou da transversalidade temática. Mas é preciso convir que tal solicitação corresponde a incitar o aluno a passar por cima da competência e autonomia do professor da disciplina, além de exigir dos professores de outras disciplinas uma atividade extra e não-remunerada. O professor aqui aparece não como um profissional, mas como uma pessoa que fica todo o tempo à disposição do aluno para lhe sanar as dúvidas. Não se leva em conta que a colaboração entre os professores deve ser feita não pela demanda do aluno induzida pelo livro didático, e sim mediante um planejamento de aulas que preveja, se for o caso, a importância e a necessidade de atividades multidisciplinares.

Um outro tipo de atividade, também solicitada à revelia do professor, consiste na realização de entrevistas com pessoas que viveram a época e os acontecimentos descritos em capítulos respectivos. Mas esses acontecimentos referem-se quase invariavelmente a conjunturas políticas e, mais ainda, segundo uma perspectiva que pode ser dos responsáveis pela produção do livro, mas não necessariamente partilhada por todas as pessoas. Acontecimentos e situações históricas que são significativos para alguns podem não significar absolutamente nada para outros. Não é todo mundo que se lembra, por exemplo, do nazismo, da União Soviética, da ditadura militar no Brasil ou da guerra do Vietnã e, mesmo quando se lembram, essas lembranças podem aparecer tão embaralhadas que podem confundir o aluno, em vez de esclarecer melhor o tema pesquisado. Além disso, no rol das pessoas a ser entrevistadas, há tipos humanos (por exemplo, sobrevivente dos campos de concentração nazistas ou praticantes de certas religiões) que não são encontráveis em qualquer lugar e meio social. Mesmo quando encontrados, não são todos que estão dispostos a expor suas experiências e práticas, principalmente se forem dolorosas ou passíveis de preconceito. Em suma, o grande problema desse grupo de atividade é que elas são sugeridas diretamente ao aluno, quando cabe ao professor organizá-las. É a ele que cabe decidir, levando em conta as especificidades de sua escola e de seus alunos, se há condições ou não de efetivar uma entrevista, como deve ser realizada etc.

Seria interessante verificar como os professores, na sala de aula, lidam efetivamente com todas essas solicitações de atividades. Certamente, haveria, então, surpresas, pois, como afirma Gimeno Sacristán,

> o modelo educativo que vê o professor apegado ao livro didático como estereótipo não existe na prática ou não é válido para todos os casos; nem todos os livros nem todos os materiais são utilizados da mesma forma. (...) A variabilidade de uso se põe de manifesto no papel que se lhe concede, na seleção e desenvolvimento de tópicos e de atividades propostas, na extensão do tempo dedicado a cada elemento, entre outros aspectos.[16]

Essa disparidade entre o que o livro diz e o modo pelo qual ele é lido é explicada por Chartier:

> Por um lado, a leitura é prática criadora, atividade produtora de sentidos singulares, de significações de modo nenhum redutíveis às intenções dos autores de textos ou dos fazedores de livros (...). Por outro lado, o leitor é, sempre, pensado pelo autor, pelo comentador e pelo editor como devendo ficar sujeito a um sentido único, a uma compreensão correta, a uma leitura autorizada. Abordar a leitura é, portanto, considerar, conjuntamente, a irredutível liberdade dos leitores e os condicionamentos que pretendem refreá-la.[17]

Esses condicionamentos constituem, ainda segundo Chartier,

> (...) as estratégias através das quais autores e editores tentavam impor uma ortodoxia do texto, uma leitura forçada. Dessas estratégias umas são explícitas, recorrendo ao discurso (nos prefácios, advertências, glosas e notas), e outras implícitas, fazendo do texto uma maquinaria que, necessariamente, deve impor uma justa compreensão.[18]

No caso do livro em questão, ou, mais genericamente, dos livros ideados pelo Banco Mundial, há exatamente essa maquinaria que procura impor uma ortodoxia, a começar com a que postula a desnecessidade do professor. Quanto mais protocolos de leitura contiver um livro, como ocorre com as sucessivas solicitações de atividade no livro analisado, mais se reduz a possibilidade de escapar à ortodoxia. Além disso, o sistema de avaliação e de exclusão instituído pelo Programa Nacional do Livro Didático (PNLD) reduz drasticamente a possibilidade de seleção do professor (que, não custa lembrar, pode ser capaz de dar uma ótima aula a partir de um péssimo livro). Apesar disso, o professor não segue a ortodoxia, mesmo porque não tem como seguir. Faz coisas que nem o autor, nem o editor, nem os formuladores das atividades (que nem sempre coincidem com o autor), nem os avaliadores do PNLD imaginaram. Um professor entrevistado por Araújo dizia que adotava o livro apenas para utilizar as ilustrações.[19] O próprio PNLD lamenta que os professores adotam sistematicamente os livros mal avaliados.[20] Cassiano[21] mostrou que os professores (pelo menos da amostra dela) simplesmente ignoram o *Guia de Livros Didáticos*, não por acharem "difíceis" as resenhas – como avaliou um documento do PNLD[22], e sim porque preferem fazer suas escolhas "com o livro na mão".

É possível que nesse desencontro entre a estratégia dos autores, das editoras e do governo e a apropriação efetiva do livro pelos professores esteja a esperança de uma educação criadora. Diz Gimeno Sacristán:

> Talvez os professores não possam transformar muito a política de produção dos materiais, mas, sim, podem driblar suas consequências negativas com um uso pedagogicamente mais defensável dos produtos do mercado, e intervir neste selecionando aqueles materiais que melhor se acomodam a um uso correto a partir de pressupostos da democracia cultural, atualização científica e pedagógica.[23]

Bibliografia

APLE, Michael W. Cultura e comércio do livro didático. In: *Trabalho docente e textos: economia política das relações de classe e de gênero em educação*. Porto Alegre: Artes Médicas, 1995.

ARAÚJO, Luciana Telles. *O uso do livro didático no ensino de História: depoimentos de professores de escolas estaduais de ensino fundamental situadas em São Paulo/SP*. São Paulo, 2001. Dissertação (Mestrado) – Programa de Estudos Pós-Graduados em Educação: História, Política, Sociedade, da Pontifícia Universidade Católica de São Paulo.

BATISTA, Antônio Augusto Gomes. *Recomendações para uma política pública de livros didáticos*. Brasília: MEC/SEF, 2001.

BRASIL. *Guia de Livros Didáticos* – PNLD 2002. Brasília: MEC/SEF, 2001.

CASSIANO, Célia Cristina de Figueiredo. *Circulação do livro didático: entre práticas e prescrições – políticas públicas, ediotras, escolas e o professor na seleção do livro escolar*. São Paulo, 2003. Dissertação (Mestrado) – Programa de Estudos Pós-Graduados em Educação: História, Política, Sociedade, da Pontifícia Universidade Católica de São Paulo.

CHARTIER, Roger. Textos, impressos, leitores. In: *A História cultural. Entre práticas e representações*. Lisboa: Difel, 1990.

GIMENO SACRISTÁN, José. Materiales y textos: contradicciones de la democracia cultural. In: GARCÍA MÍNGUES, Jesús e BEAS MIRANDA, Miguel (org.). *Libro de texto y construcción de materales curriculares*. Granada: Proyecto Sur, s.d..

MUNAKATA, Kazumi. Histórias que os livros didáticos contam, depois que acabou a ditadura no Brasil. In: FREITAS, Marcos Cezar de (org.). *Historiografia brasileira em perspectiva*. Bragança Paulista, SP: USF/Contexto, 1998.

_____. Investigações acerca dos livros escolares no Brasil: das ideias à materialidade. In: *Historia de las ideas, actores e instituciones educativas – Memoria del VI Congreso Iberoamericano de Historia de la Educación Latinoamericana*. San Luis Potosí, 2003.

_____. *Produzindo livro didáticos e paradidáticos*. São Paulo, 1997. Tese (Doutorado) – Programa de Estudos Pós-Graduados em Educação: História e Filosofia da Educação, da Pontifícia Universidade Católica de São Paulo.

TOMMASI, Livia de. Financianciamentos do Banco Mundial no setor educacional brasileiro: os projetos em fase de implementação. In: TOMMASI, Livia de; WARDE, Mirian Jorge; e HADDAD, Sérgio (org.). *O Banco Mundial e as políticas educacionais*. 2ª ed. São Paulo: Cortez, 1998.

TORRES, Rosa María. Melhorar a qualidade da educação básica? As estratégias do Banco Mundial. In: TOMMASI, Livia de; WARDE, Mirian Jorge; e HADDAD, Sérgio (org.). *O Banco Mundial e as políticas educacionais*. 2ª ed. São Paulo: Cortez, 1998.

Notas

[1] Algumas das possíveis críticas à vertente "ideológica" encontram-se em MUNAKATA, Kazumi. *Produzindo livro didáticos e paradidáticos*. São Paulo, 1997. Tese (Doutorado) – Programa de Estudos Pós-graduados em Educação: História e Filosofia da Educação, da Pontifícia Universidade Católica de São Paulo; *idem*. Histórias que os livros didáticos contam, depois que acabou a ditadura no Brasil. In: FREITAS, Marcos Cezar de (org.). *Historiografia brasileira em perspectiva*. Bragança Paulista, SP: USF/Contexto, 1998; *idem*. Investigações acerca dos livros escolares no Brasil: das ideias à materialidade. In: *Historia de las ideas, actores e instituciones educativas – Memoria*

del VI Congreso Iberoamericano de Historia de la Educación Latinoamericana. San Luis Potosí, 2003.

[2] GIMENO SACRISTÁN, José. Materiales y textos: contradicciones de la democracia cultural. In: GARCÍA MÍNGUES, Jesús e BEAS MIRANDA, Miguel (org.). *Libro de texto y construcción de materales curriculares*. Granada: Proyecto Sur, s.d., p. 107.

[3] *Ibid.*, p. 79.

[4] Nos Estados Unidos, conforme esclarece Aple, cada estado instituiu uma política para o livro didático; nos estados em que o governo é mais conservador, institucionalizaram-se as comissões de seleção dos livros.

[5] APLE, Michael W. Cultura e comércio do livro didático. In: *Trabalho docente e textos: economia política das relações de classe e de gênero em educação*. Porto Alegre: Artes Médicas, 1995, p. 97.

[6] LOCKHEED e VERSPOOR. *Apud* TORRES, Rosa María. Melhorar a qualidade da educação básica? As estratégias do Banco Mundial. In: TOMMASI, Livia de; WARDE, Mirian Jorge; e HADDAD, Sérgio (org.). *O Banco Mundial e as políticas educacionais*. 2ª ed. São Paulo: Cortez, 1998, p. 154.

[7] TORRES, Rosa Maria. *Op. cit.*, p.156.

[8] *Ibid.*, p. 160-161.

[9] Cf. *ibid.*, p. 166.

[10] *Ibid.*, p. 156-157.

[11] GIMENO SACRISTÁN, José. *Op. cit.*, p. 81.

[12] *Ibid.*, p. 99.

[13] Sobre o PNLD, entre outros, ver MUNAKATA, Kazumi. *Produzindo livro didáticos e paradidáticos... op. cit.*; CASSIANO, Célia Cristina de Figueiredo. *Circulação do livro didático: entre práticas e prescrições – políticas públicas, editoras, escolas e o professor na seleção do livro escolar*. São Paulo, 2003. Dissertação (Mestrado) – Programa de Estudos Pós-Graduados em Educação: História, Política, Sociedade, da Pontifícia Universidade Católica de São Paulo. Sobre a relação entre o PNLD e os projetos de financiamento do Banco Mundial, ver TOMMASI, Livia de. Financiamentos do Banco Mundial no setor educacional brasileiro: os projetos em fase de implementação. In: TOMMASI, Livia de; WARDE, Mirian Jorge; e HADDAD, Sérgio (org.). *O Banco Mundial e as políticas educacionais*. 2ª ed. São Paulo: Cortez, 1998.

[14] BRASIL. *Guia de Livros Didáticos* – PNLD 2002. Brasília: MEC/SEF, 2001, p. 10.

[15] *Ibid.*, p. 274.

[16] GIMENO SACRISTÁN, José. *Op. cit.*, p. 109.

[17] CHARTIER, Roger. Textos, impressos, leitores. In: *A História cultural. Entre práticas e representações*. Lisboa: Difel, 1990, p. 123.

[18] *Ibid.*, p. 123.

[19] ARAÚJO, Luciana Telles. *O uso do livro didático no ensino de História: depoimentos de professores de escolas estaduais de ensino fundamental situadas em São Paulo/ SP*. São Paulo, 2001. Dissertação (Mestrado) – Programa de Estudos Pós-Graduados em Educação: História, Política, Sociedade, da Pontifícia Universidade Católica de São Paulo.

[20] BRASIL. *Guia de Livros Didáticos... op. cit.*

[21] CASSIANO, Célia Cristina de Figueiredo. *Op. cit.*

[22] BATISTA, Antônio Augusto Gomes. *Recomendações para uma política pública de livros didáticos*. Brasília: MEC/SEF, 2001.

[23] GIMENO SACRISTÁN, José. *Op. cit.*, p. 110.

A CONSTITUIÇÃO DE SABERES PEDAGÓGICOS NA FORMAÇÃO INICIAL DO PROFESSOR PARA O ENSINO DE HISTÓRIA NA EDUCAÇÃO BÁSICA

Selva Guimarães Fonseca[*]

O *V Encontro Nacional Perspectivas do Ensino de História: sujeitos, saberes e práticas*, realizado no Rio de Janeiro, no período de 26 a 29 de julho de 2004, demonstra facetas do debate sobre metodologias e práticas de ensino de História no Brasil. Muitas propostas de renovação de metodologias, temas e problemas de ensino têm sido produzidas e incorporadas em salas de aula, tendo como referência o processo de discussão e renovação curricular, desencadeado a partir dos anos 1980. Esse processo significou, dentre outras coisas, a revalorização da História e da Geografia, como áreas específicas do conhecimento escolar.

Do movimento historiográfico e educacional, nesse período, é possível apreender uma nova configuração do ensino de História. Houve uma ampliação dos objetos de estudo, dos temas, problemas e fontes históricas. Os referenciais teórico-metodológicos são diversificados, questões, até então, debatidas apenas na universidade chegam à educação básica, mediadas pela ação pedagógica de professores que não se contentam mais com o papel de reprodução dos velhos manuais.

Hoje, coexiste, no Brasil, uma diversidade de formas de ensinar, aprender e formar professores para o ensino e a aprendizagem de História na educação básica. É interessante ressaltar que, num contexto de globalização e homogeneização curricular, se consolidou uma pluralidade de concepções teóricas, políticas, ideológicas e metodológicas. Os professores para a educação infantil e séries iniciais e finais do ensino fundamental são formados em Cursos de Pedagogia ou em Cursos Normais

---

[*] Professora associada da Faculdade de Educação da Universidade Federal de Uberlândia.

Superiores, em Cursos de História nas modalidades presencial, semipresencial, a distância, em serviço e outras. No interior da diversidade, é possível destacar algumas perspectivas comuns de formação.

Essas concepções inspiram-se nas pesquisas historiográficas no campo da nova História, nas pesquisas educacionais, em especial, na área de formação de professores e currículo. Dimensões e pressupostos das novas produções são recorrentes, hoje, não só em documentos da política educacional do Estado Brasileiro – tais como PCNs para o ensino de História, nos temas transversais, nos textos curriculares das escolas, nas Diretrizes Nacionais de Formação de Professores, nos Critérios de Avaliação dos Exames Nacionais, nos Critérios de Avaliação dos Livros Didáticos –, como também na prática cotidiana dos professores nos vários níveis de ensino, com a apresentação de diferentes vieses de renovação em contraposição às abordagens tradicionais.

Nesse contexto, como ocorre a preparação pedagógica do professor para o ensino de História nos cursos superiores de História e demais cursos de formação de professores que preparam professores para o ensino de História no Brasil? Como se processam a produção e a mobilização dos saberes pedagógicos nos cursos de formação inicial de professores para o ensino de História? Este texto reúne reflexões sobre ensino e pesquisa desenvolvidas como professora de História na educação básica, como formadora de professores e pesquisadora da área de ensino de História. Tem como objetivo analisar possibilidades de trabalho pedagógico, saberes e fazeres na formação do professor no contexto sociopolítico e educacional brasileiro, com base em resultados de pesquisa desenvolvida nos anos 1990, que culminaram na publicação da obra *Didática e Prática de Ensino de História*, Editora Papirus, 2003.

Em nossa investigação, privilegiamos o diálogo crítico entre os sujeitos, alunos, cursistas, professores, professores formadores e os saberes nos diversos espaços educativos e culturais. Os saberes históricos e pedagógicos, os valores culturais e políticos são transmitidos e reconstruídos nas instituições formadoras por sujeitos históricos que trazem consigo um conjunto de crenças, significados, valores, atitudes e comportamentos adquiridos nos vários espaços. Isso implica a necessidade de incorporar no ensino e na aprendizagem, nos processos formativos, variadas fontes de saber, tais como o cinema, a TV, os quadrinhos, a literatura, a imprensa, as múltiplas vozes dos cidadãos e os acontecimentos cotidianos. O professor formador, ao diversificar as fontes e dinamizar as práticas, democratiza o acesso ao saber, possibilita o confronto e o debate de diferentes visões, estimula a incorporação e o estudo da complexidade da cultura e da história na experiência formativa dos professores.

Assim, as propostas de mudanças curriculares e organizacionais, de formação, devem vir acompanhadas de lutas pela profissionalização docente, ou seja, de melhorias significativas nas condições de trabalho, de mudanças pedagógicas na formação do professor e na carreira docente. A formação, como todos reconhecemos, se dá ao longo da história de vida dos sujeitos, nos diversos tempos e espaços e, sobretudo, na ação, na experiência do trabalho docente. Na ação educacional, os saberes do professor são mobilizados, reconstruídos e assumem diferentes significados. Isto requer sensibilidade, postura crítica, reflexão permanente sobre as nossas ações, sobre o cotidiano escolar, no sentido de revisão, de recriação dos saberes e práticas. Cultivar uma postura reflexiva em relação aos saberes evita que cultivemos atitudes e preconceitos que desvalorizam a experiência de grupos sociais, étnicos ou religiosos. Possibilita o desenvolvimento de atitudes de tolerância e respeito à diversidade e de crítica aos conhecimentos e práticas produzidos e acumulados historicamente. Favorece a compreensão da historicidade dos conceitos, dos saberes e das práticas.

Ensinar História e formar professores para o ensino de História conduz-nos à retomada de uma velha e óbvia questão: o papel formativo do ensino e aprendizagem de História em todos os níveis de ensino. Implica pensar sobre a possibilidade educativa da História, ou seja, a História como saber disciplinar fundamental na formação do homem, sujeito de uma sociedade marcada por diferenças e contradições múltiplas. Isto requer assumir o oficio de professor como uma forma de luta política e cultural. A relação ensino-aprendizagem como um convite, um desafio para alunos e professores cruzarem, ou mesmo, subverterem as fronteiras impostas entre as diferentes culturas e grupos sociais, entre a teoria e a prática, a política e o cotidiano, a história e a vida! A nossa investigação na Linha de Pesquisa Saberes e Práticas Educativas no Programa de Pós-graduação em Educação da Universidade Federal de Uberlândia, desenvolvida com o auxilio do CNPq sobre Formação, Saberes e Práticas de Ensino em História, busca contribuir com a re/construção de propostas pedagógicas para a área.

A análise das políticas de formação dos professores, desenvolvidas nos últimos anos, permite-nos concluir que elas têm como pressupostos a redefinição das concepções de educação, escola, prática pedagógica, conhecimento escolar, currículo, avaliação, relação teoria/prática e interdisciplinaridade, dentre outras. Mas que implicações estas concepções têm para a formação teórico-prática dos professores, especialmente quando se trata da prática orientada na formação inicial?

A constituição do professor como profissional, pensador, crítico e cidadão pressupõe pensar a educação como um processo construtivo, aberto, permanente, que articula saberes e práticas produzidas nos diferentes espaços. A educação como construção histórica e cultural promove o desenvolvimento individual e coletivo. Neste sentido, é atribuição e responsabilidade de múltiplas agências e instituições, tais como a família, a igreja, as empresas, os sindicatos, as associações e, fundamentalmente, a escola.[1]

Assim, a escola é concebida como instituição social que concretiza as relações entre educação, sociedade e cidadania, sendo uma das principais agências responsáveis pela formação das novas gerações. Trata-se, portanto, de uma organização, espaço produtor de uma cultura, com objetivos, funções e estruturas definidas. Realiza a mediação entre as demandas da sociedade, do mercado e as necessidades de autorrealização das pessoas; é parte integrante da sociedade, interage, participa, demanda saberes e práticas, intervém, transforma-se junto com a sociedade e também colabora e participa das mudanças sociais.

A concepção de prática pedagógica é outro importante pressuposto da formação de professores, tendo em vista que, na dinâmica dos espaços educativos, a atuação dos sujeitos torna-se o elemento, por vezes, decisivo no processo. A prática pedagógica é uma prática social, histórica e culturalmente produzida. Abrange os diferentes aspectos da ação escolar, desde a ação docente, as atividades de sala de aula como o trabalho coletivo, até a gestão da escola e as relações com a comunidade. A reflexão na e sobre a prática dos sujeitos da dinâmica escolar potencializa as mudanças, as transformações das práticas de uma determinada cultura escolar. Assim, defendemos uma concepção de prática pedagógica que pressuponha uma formação teórico-prática diferenciada, mais ampla e diversificada.

A Prática de Ensino, como componente curricular, a nosso ver, não deve ser concebida como mero campo de aplicação de teorias pedagógicas. Não se pode reduzir tudo à prática, nem tampouco desvalorizar a teoria. Trata-se de um espaço e um tempo que propiciam as condições necessárias para o exercício da relação entre os aspectos teóricos e práticos da formação ao longo do curso e não apenas no último ano do Curso. Tal concepção se opõe aos modelos fundamentados no paradigma da racionalidade técnico-científica. Acreditamos que uma proposta articulada no decorrer do processo de formação inicial que tenha, como eixo vertebrador, a reflexão na e sobre a prática conduz às transformações necessárias, à produção de saberes e práticas que possibilitam as incorporações/superações de forma dinâmica e dialética. Desse modo, a dimensão técnica, instrumental, da formação se processará de forma articulada à fundamentação científica, pedagógica e política, assegurando a formação de um professor pesquisador, detentor de um saber plural, crítico e reflexivo, configurada numa compreensão de totalidade da ação educativa.

Nesse sentido, entendemos que o espaço e o tempo da preparação pedagógica na formação inicial do professor, os momentos de reflexão, mobilização, produção e sistematização dos saberes e das práticas pedagógicas não são inerentes ou exclusivos das chamadas disciplinas pedagógicas, e sim estão presentes em todos os momentos em que a interdisciplinaridade for exercitada, ao longo do curso, em todas as situações formativas em que formadores e formandos exercitarem o diálogo crítico com a realidade sociocultural e educacional, nos projetos de pesquisa e ensino, nas situações teórico-práticas ao longo do curso. Vários exemplos poderiam ser relatados; registraremos alguns como espaços concretos de possibilidade de articulação dos saberes históricos e historiográficos aos saberes pedagógicos, como, por exemplo, os projetos de pesquisa-ação, os laboratórios de ensino, os projetos de iniciação científica, a produção de monografias de final de curso, a produção de textos acadêmicos, didáticos e paradidáticos nas diversas disciplinas, os estudos de meio, as pesquisas em museus, a investigação e incorporação das diferentes fontes e linguagens nas disciplinas e projetos da graduação e muitos outros.

Como resultado da nossa reflexão acerca da prática de ensino nos cursos de formação, na defesa da articulação estreita dos saberes e práticas pedagógicas aos saberes disciplinares dos diferentes domínios da História, concebemos os seguintes objetivos da prática pedagógica nos cursos de formação inicial: articular teoria e prática no contexto da educação escolar básica, saberes disciplinares e pedagógicos; criar condições para que os futuros profissionais da educação possam vivenciar diversas situações educativas em diferentes realidades e contextos socioeducacionais; propor situações que ampliem as oportunidades do campo de trabalho, por meio da compreensão das relações entre a prática e o contexto social; compreender as questões da pluralidade cultural e diversidade social e suas implicações no contexto escolar; promover situações interativas que possibilitem a ressignificação das experiências; utilizar diferentes metodologias e tecnologias de ensino de modo a propiciar ao futuro profissional suportes necessários para o exercício da prática docente; organizar a prática orientada baseada no princípio ação-reflexão-ação, articulando teoria e prática em todos os momentos do trabalho; compreender a avaliação como momento do ensino-aprendizagem, subsídio para o replanejamento das atividades; valorizar todas as dimensões do trabalho pedagógico do professor no contexto escolar; valorizar os aspectos éticos, políticos e estéticos a serem observados na elaboração e no desenvolvimento das propostas pedagógicas; enfatizar o processo de construção e reconstrução da identidade profissional no processo de formação teórico-prático; participar dos processos de elaboração, desenvolvimento e avaliação dos projetos de ensino de História.[2]

A sistemática de desenvolvimento das atividades que possibilitam a preparação pedagógica pode ser distribuída de forma equilibrada ao longo do curso, da carga-horária estabelecida, prevendo ações tais como: elaboração coletiva do projeto de prática pelo professor formador e a turma; formação de grupos, escolha e visitas aos campos de estágio; observação da realidade escolar; elaboração do diagnóstico da realidade escolar; acompanhamento, participação e colaboração com o trabalho dos professores em salas de aula; seminários de discussão das vivências; elaboração de um projeto de ação docente; oficinas de elaboração de materiais didáticos; seminários de apresentação e discussão dos projetos de ensino; implementação dos projetos nos campos; seminários, mostras e debates sobre as ações desenvolvidas; sistematização dos relatórios, dos textos com os resultados dos trabalhos realizados; avaliação das atividades.

Os resultados, as análises e as reflexões das atividades podem ser registrados e apresentados em forma de memoriais, relatórios, monografias, trabalhos de conclusão de curso. O memorial é uma narrativa histórico-reflexiva, um registro sobre o processo vivenciado pelo aluno durante a prática orientada, focalizando, principalmente, a ressignificação de sua identidade profissional e as reflexões sobre a prática pedagógica. Essa produção tem algumas características bastante conhecidas e discutidas: é um exercício sistemático de registro e reflexão das experiências, em que o aluno, futuro professor ou professor em exercício, registra ideias, dúvidas, vivências, descobertas, pontos de vista, propostas; é um processo individual, voltado, portanto, para o registro do percurso, da história pessoal e profissional, das experiências positivas ou negativas acumuladas; deve ser construído de forma processual, contendo uma autoavaliação da atuação, os erros, os acertos deverão ser registrados e analisados; por tratar-se de um texto narrativo e interpretativo, o memorial pode ter na sua estruturação divisões, sudivisões por tópico, temas, períodos de tempo, de forma a tornar a redação mais didática e significativa; o memorial não deve constituir-se numa peça de autoelogio, nem de lamentações, e sim expressar de forma autêntica ações e reflexões. Enfim, o memorial constitui uma forma de o aluno/futuro professor registrar a sua própria história sobre a prática pedagógica.

Muitos cursos exigem ao final que o(s) aluno(s) apresente(m) uma monografia, em alguns isto é optativo. Consideramos interessantes e enriquecedoras as experiências que articulam a produção de conhecimentos, de iniciação científica, à prática pedagógica. Em muitos casos, as práticas, os temas, os problemas constituem objetos de pesquisa e são investigados durante todo o processo com base nos estudos, nas aulas, e nas relações teoria-prática estabelecidas no campo do estágio. Os trabalhos podem ser discutidos nos seminários de forma a propiciar o aprofundamento dos temas em elaboração ao longo do tempo da Prática. A elaboração deverá ter acompanhamento e orientação contínua, desde a elaboração dos projetos e a formação dos grupos de trabalho.

A avaliação, ao longo de todo o percurso, pode envolver atividades individuais e coletivas, com as finalidades principais de: permitir que o futuro professor tenha uma ideia clara de seu desempenho e possa orientar seus esforços de acordo com suas necessidades; levantar subsídios para a avaliação do próprio curso. Ao final de cada etapa, o aluno deve ser avaliado pelo professor orientador, pelo profissional da escola e pelo grupo. Para a avaliação global, sugerimos considerar: a participação, a assiduidade e o desempenho nas atividades previstas; as observações do professor formador; a análise do memorial, do relatório ou da monografia.

A avaliação das atividades da Prática deve, a nosso ver, nortear-se pelo princípio formativo da avaliação da aprendizagem em História. Isto significa atribuir às práticas avaliativas um caráter diagnóstico, investigativo e processual. Elas devem favorecer a identificação dos problemas, dos níveis de desenvolvimento individual e coletivo, dos significados das práticas, das estratégias, dos modos de construção das aprendizagens. Acreditamos que as práticas avaliativas devem guardar coerência com os objetivos, os temas, as metodologias e possibilitar o enriquecimento do trabalho pedagógico dos professores e a aprendizagem dos alunos.

Essas são algumas ideias, proposições em debate. Fazem parte de um movimento pela reconstrução de propostas pedagógicas capazes de estabelecer uma relação crítica com as concepções de História, ensino e a realidade social. Este processo exige de nós um trabalho permanente de reflexão sobre o sentido do trabalho do professor e o papel do ensino de História na sociedade em que vivemos. Reafirmamos, nesta investigação, a defesa de um ensino de História que tenha como principal objetivo contribuir, efetivamente, para a formação da consciência histórica, da cidadania e da democracia. A investigação sobre a prática pedagógica contribui e participa desse processo!

Bibliografia

AISENBERG, B Y ALDEROQUI, S. (comps.). *Didáctica de las Ciências Sociales*. Barcelona: Paidós Editora, 1994.

ALTET, M; PASQUAY, L; PERRENOUD, P. (orgs.) *A profissionalização dos formadores de professores*. Porto Alegre: Artmed, 2003.

AUDIGIER, F.; BAILLAT, G. (eds.). *Analyser et gérer les situations d'enseignement--aprentissage*. Paris: INRP, Actes du sixième colloque, 1991.

ÁVALOS, B.; NORDENFLYCHT, M. E. (coord.). *La formación de professores. Perspectiva y experiencias*. Chile: Santillana del Pacífico S. A. de Ediciones, 1999.

BITTENCOURT, Circe (org.) *O saber histórico na sala de aula*. São Paulo. Contexto: 1997.

BRASIL. Secretaria de Educação Fundamental. *Parâmetros curriculares nacionais: História*. Brasília: MEC/SEF, 1998.

_____. Secretaria de Educação Superior. *Diretrizes curriculares nacionais: História.* Brasília: MEC, 1998.

_____. *Diretrizes para a formação de professores da educação básica, em cursos de nível superior.* Brasília: MEC, 2002. (Site: www.mec.gov.br)

CABRINI, C. et al. *Ensino de história: revisão urgente.* São Paulo: Educ, 2000.

CARRETERO, M, POZO, J. I., ASENSIO, M. (comp.). *La enseñanza de las Ciencias Sociais.* Madrid: Visor, 1989.

CHESNEAUX, Jean. *Devemos fazer tabula rasa do passado?* São Paulo: Ática, 1995.

CITRON, S. *Como ensinar História hoje: a memória perdida e reencontrada.* Lisboa: Livros Horizonte, 1990.

FELGUEIRAS, M. L. *Pensar a História. Repensar o seu ensino.* Portugal: Porto Editora, 1994.

FONSECA, Selva G. *Didática e Prática de Ensino de História.* Campinas: Papirus, 2003.

_____. *Caminhos da História ensinada.* 5ª ed. Campinas: Papirus, 2000.

_____. *Ser Professor no Brasil: história oral de vida.* Campinas: Papirus, 1997.

GIOLLITO, Pierre. *L'enseignement de l'histoire aujourd'hui.* Paris: Armand Colin Editeur, 1986.

MANIQUE, A. P; PROENÇA, M. C. *Didáctica da História.* Lisboa: Texto Editora, 1994.

MONIOT, H. *Dicactique de L'Histoire.* Paris: Édition Nathan, 1993.

PELLEC, J.; ALVAREZ, V. M. *Enseigner l'histoire: un métier qui s'aprend.* Paris: Hachette Éducation, 1990.

PEREIRA, J. E. D. e ZEICHNER, K. M. (orgs.). *A pesquisa na formação e no trabalho docente.* Belo Horizonte: Autêntica, 2002.

SILVA, Marcos A. (org.). *Repensando a História.* São Paulo: Anpuh/Marco Zero, 1984.

ZAMBONI, E. O ensino de história e a construção da identidade. In: *História – Série Argumento.* São Paulo: SEE /Cenp, 1993.

ZAYAS, Rita M. A. *El Desarrolo de las Habilidades en la Enseñanza de la Historia.* Habana: Editorial Pueblo y Educacion, 1990.

Notas

[1] ÁVALOS, B.; NORDENFLYCHT, M. E. (coord.). *La formación de professores. Perspectiva y experiencias.* Chile: Santillana del Pacífico S. A. de Ediciones, 1999.

[2] FONSECA, Selva G. *Didática e Prática de Ensino de História.* Campinas: Papirus, 2003.

DO FORMAR AO FAZER-SE PROFESSOR

*Elison Antonio Paim**

> É opressivo "libertar" as pessoas, se sua própria história e cultura não servem como fonte fundamental de definição de sua liberdade.
>
> Sharon Welch

Olhar para a formação de professores nos remete a vários questionamentos. Inicialmente, quanto a qual formação: inicial ou continuada? Quanto ao lócus de formação: universidade, institutos superiores de educação, centros de ensino superior, faculdades isoladas...? Quanto ao caráter das instituições de formação: públicas, privadas ou comunitárias? Quanto às atividades formativas: com pesquisa, sem pesquisa, envolvem-se com as comunidades...? Quanto às políticas de formação? Quanto à forma de organização do curso: presencial, a distância, diurno, noturno...? Quanto às relações estabelecidas entre teorias e práticas: integradas ou dissociadas? Quais teorias e práticas estão estabelecidas? Quais os compromissos das universidades e os nossos como formadores? Quanto às relações da universidade com as escolas de ensino fundamental e médio: convivem, ignoram-se, colaboram, têm projetos conjuntos? Quanto às relações inter e intracursos de licenciaturas?

Merecem relevância em nossos questionamentos as concepções teórico--metodológicas que estão embasando os cursos de formação de professores e qual

---

*Professor da Universidade de Chapecó (Unochapecó). Doutor em Educação pela Unicamp.

o perfil de professor a ser formado: reflexivo[1], intelectual[2], autônomo[3], da profissionalização[4], histórias de vida[5], do mal-estar docente[6], dos saberes docentes[7], do compromisso político[8]...

Pretendo realizar um breve olhar para algumas das concepções sobre a formação de professores. Inicialmente trabalho com a formação inicial numa perspectiva do "formar", vinculada às formas racionalizadoras, e, num segundo movimento, trago algumas contribuições numa perspectiva que leva em consideração o pensamento do professor como sujeito autônomo e condutor do seu fazer.

Formação de professores, geralmente, nos remete à ideia de que formar alguém é definitivo, que a forma de fazê-lo está preestabelecida, convencionada. Poderíamos usar a metáfora da linha de produção: a matéria-prima (aluno ingressante numa licenciatura) entrou sem saber e deverá sair o produto final (o professor formado). Vêm de longe, nos cursos de formação de professores, estas formas de pensar e agir. Os cursos estruturados para formar: ensinam determinadas regras, procedimentos, metodologias, conteúdos... e os professores estarão formados dentro do perfil desejado. Neste modelo não há espaço para a autonomia, produção, diferenciação, os imponderáveis que estes professores irão encontrar nas escolas, como alunos cansados, com fome, com uma sobrecarga de trabalho, com falta ou inexistência de materiais como livros, mapas... Muitos desses professores, no desespero, acabam caindo na simples reprodução daquilo que o livro didático traz, com um ensino meramente informativo, sem construção, produção. Como parte da mesma moeda, explicita-se a divisão de saberes: a academia produz e o professor na escola consome; nega-se qualquer possibilidade de o professor produzir, ser sujeito do processo, ter autonomia. Este perfil de formação, como veremos a seguir, está presente em boa parte dos cursos de licenciaturas.

Fazer-se professor implica ruptura com muito do que está instalado e vem sendo praticado ao longo da história da formação de professores. Apresenta-se numa perspectiva de negar a estrutura vigente, propõe que pensemos a partir das ruínas e não de forma determinista; assim, a formação de professores descortina-se como um imenso campo de possibilidades. Quando trazemos para a formação categorias benjaminianas e thompsonianas, como experiência, experiência vivida, memória, história aberta, escovar a história a contrapelo, tempo saturado de agoras, fazer-se sujeito, verificamos que é possível sairmos do estigma de formação no sentido acima exposto e pensarmos outra formação que dê possibilidades de o professor se fazer, ou seja, de o profissional sair das universidades com autonomia suficiente para que possa ser sujeito do processo educacional, autônomo, percebendo-se produtor de conhecimentos em conjunto com seus alunos, respeitando as diferenças, especificidades, compreendendo-os como possuidores de saberes que precisam ser respeitados.

Tenho presente que as diferenças na forma de olhar para os professores estão pautadas em modos de perceber a função docente, que pode ser numa perspectiva de manutenção do *status quo* ou para a construção de um mundo mais humano e solidário.

A perspectiva de **Formação de Professores** está calcada no pressuposto de que o professor da escola deve ensinar ou transmitir conhecimentos. Ocorre, portanto, uma divisão de papéis na produção de conhecimentos. À academia cabe a produção do conhecimento e à escola, o ensino, a transmissão. Esta visão está calcada na divisão racional do trabalho adotada no sistema fabril, pela qual alguns pensam, planejam, elaboram, traçam metas, e os demais executam o que foi pensado. Este modelo foi transposto para o sistema educacional, no qual a separação ocorre entre os técnicos, administradores, pesquisadores e o professor. Separação entre quem pensa o currículo, os técnicos, administradores, governos... e o professor que executará o que os outros definiram como conhecimento válido. Cria-se uma hierarquia entre os que pensam e os que executam, produzindo-se uma progressiva racionalização e tecnologização do ensino, transformando os professores em aplicadores de programas e pacotes curriculares.

Se não bastasse a diferenciação entre técnicos e professores, ela ocorre também entre os professores. O professor universitário, com todo o aparato que tem por trás de si, constituiu-se em pesquisador, construtor do conhecimento, enquanto que ao professor da escola definiu-se que sua função é ensinar o conhecimento produzido na universidade. Desta forma os professores da escola desempenham um papel de consumidores, não de criadores.

No Brasil, consolidou-se esta perspectiva com as Licenciaturas Curtas: a formação aligeirada, com objetivos explícitos de formar o professor transmissor, expressa o pensamento daqueles que pensam e defendem que "os docentes são incapazes de executar corretamente por si mesmos a complexidade de seu trabalho. Por esta razão, o trabalho do professor é submetido a grandes processos de racionalização e controle, justificados em termos de auxílio diante de sua incapacidade, ou em termos de vigilância para seu cumprimento profissional"[9].

A formação foi sendo utilizada para igualar, homogeneizar, padronizar as práticas e comportamentos, desvinculando assim os aspectos profissionais dos políticos; o professor-profissional da educação foi sendo transformado em um ser apolítico, sem envolvimento, sem participação, sem poder de decisão e, ainda, sem instrumental científico. Este perfil de professor apresentou-se de maneira peculiar no Brasil na formação dos professores de Estudos Sociais (décadas de 1970 e

1980): o professor ideal para o sistema deveria "ser submetido a um treinamento generalizante e superficial. (...) Não há que pensar em fornecer-lhe elementos que permitam analisar e compreender a realidade que o cerca. Ele também não precisa refletir e pensar, deve apenas aprender a transmitir"[10].

Portanto, um professor sem aprofundamento teórico não precisará entender o que está embutido no conteúdo que irá ensinar e muito menos saber como este conhecimento foi produzido. Toda a formação de professores no Brasil, neste período, esteve voltada para professores com habilidades técnicas. Como definição de técnicas, adotamos a de Giroux[11], que afirma que o termo foi transposto das ciências exatas, como uma "forma de racionalidade cujo interesse dominante reside nos modelos que promovem certeza e controle técnico; o termo também sugere uma ênfase na eficiência e técnicas de 'como-fazer' que ignoram questões importantes dos fins".

Durante a vigência dos Estudos Sociais e, posteriormente, em muitos cursos de História, a formação de professores esteve voltada para formas de ensinar. A ênfase maior foi dada às metodologias de ensino: ensinavam-se os modelos para que os futuros professores aplicassem, isto é, não se levavam em consideração as diferentes realidades nas quais esses professores iriam trabalhar. O importante para ser um bom professor era dominar **o como fazer** e não **o que** ou **para que fazer**. Bastava seguir os modelos prescritos na faculdade ou pelos livros didáticos.

Embora pareça distante e irreal, esta perspectiva de formação de professores não está morta. Atualmente, ressurge com muita força através de iniciativas governamentais como os PCNs, Diretrizes Curriculares e Propostas Curriculares que têm se espalhado em vários países, inclusive no Brasil. Os documentos oficiais, como as **Referências Para Formação de Professores do Ministério da Educação**, de 1999, definem um professor calcado no profissionalismo e na competência. Vejamos:

> Profissionalismo exige compreensão das questões envolvidas no trabalho, competência para identificá-las e resolvê-las, autonomia para tomar decisões, responsabilidade pelas opções feitas. Requer também que o professor saiba avaliar criticamente a própria atuação e o contexto em que atua e interagir cooperativamente com a comunidade profissional a que pertence. Além disso ele precisa ter competência para elaborar coletivamente o projeto educativo e curricular para a escola, identificar diferentes opções e adotar as que considere melhor do ponto de vista pedagógico. Essa perspectiva traz para a formação a concepção de competência profissional, segundo a qual a referência principal, o ponto de partida e de chegada da formação é a atuação profissional do professor[12].

Estas "mudanças" vêm numa perspectiva de reforçar a separação entre os que pensam e os que fazem. Todas essas propostas vêm pautadas em categorias comuns como habilidade, competências, autonomia da escola e do professor, voltar-se para as realidades locais[13], mas o que temos percebido é que elas são

> uma tentativa de regulamentação cada vez mais controlada pelo Estado em relação às qualificações que a educação pode oferecer, junto com uma devolução de responsabilidades às escolas e professores para que se tornem adequados às necessidades do contexto (...) A necessidade de fazer as escolas e o currículo mais sensíveis e adaptáveis aos contextos e necessidades locais, como uma das justificativas oficiais das atuais reformas educacionais, pode conseguir também desviar o interesse do conteúdo do currículo nacional para a sua adaptabilidade, e apresentar as desigualdades sociais, que podem ser observadas nas desigualdades dentro do sistema escolar, como uma questão de pluralidade e diversidade social, ou como um assunto de boas e más escolas que se resolve por meio da escolha correta[14].

Quanto à suposta autonomia que teriam os professores e as escolas, percebe-se que há um mascaramento das reais intenções ao ser usada esta denominação; o que se evidencia na prática é uma delegação de responsabilidades antes do Estado, que, agora, passam ao professor; ocorre uma "pseudoparticipação". Ou, ainda, trabalha-se na lógica de que os professores ampliem sua responsabilidade, mas sem aumentar seu poder, sem dispor de mais possibilidades de transformação das circunstâncias nas quais se desenvolve seu trabalho.

Assim, em educação, ao se empregar a terminologia da eficácia, oriunda do sistema fabril, está se supondo: "Obter êxito, alcançar os objetivos, concordando que estes estão bem definidos, são atingíveis e ninguém, nem dentro nem fora da instituição, os discute"[15]. Para atingir este determinado produto, o professor precisa possuir determinadas competências e não saberes docentes[16]. Ocorre, então, o deslocamento do olhar "do trabalhador para o local de trabalho (...), ficando este vulnerável à avaliação e controle de suas competências, definidas pelo posto de trabalho. Se estas não se ajustam ao esperado, facilmente poderá ser descartado"[17]. Para a avaliação, ou conferência do produto – aluno –, criaram-se formas de controle, como as provas do Enem para o ensino médio e os Provões para os cursos de graduação. Portanto: "O eixo fundamental da função docente neste novo marco é o seu componente de gestão (...) o docente se transforma num gestor de políticas, estratégias e táticas orientadas não apenas no sentido de acomodar os processos de ensino e aprendizagem às exigências mutáveis do mercado"[18].

Como vimos, o ensino tecnicista que faz do professor "um mero executor de tarefas mecânicas"[19] está bem presente, embora com uma nova roupagem em que o discurso mudou, inclusive com apropriação de falas de setores progressistas, nas quais vemos várias categorias e expressões muito caras para nós serem destituídas de seus significados originais. Mudou-se o discurso, mas as práticas continuam as mesmas: a formação de professores continua sendo olhada, quer pelos governos ou por setores da universidade, como algo menor, inferior. Para estes, o professor deve ensinar o que foi produzido pelos pesquisadores, aqueles que possuem o discurso da competência – este

> confunde-se com a linguagem institucionalmente permitida ou autorizada, isto é, com um discurso no qual os interlocutores já foram previamente reconhecidos como tendo o direito de falar e ouvir, no qual os lugares e as circunstâncias já foram predeterminados para que seja permitido falar e ouvir e, enfim, no qual o conteúdo e a forma já foram autorizados segundo os cânones da esfera de sua própria competência[20].

Assim, verifica-se que por detrás do discurso da competência já está pressuposta a incompetência, ou seja, já está dado que os professores, como os incompetentes que são, devem apenas reproduzir aquilo que é produzido por aqueles que possuem a competência para tal. Criam-se discursos **para** ou **sobre** os professores, ou seja, são criados novas metodologias, novas técnicas e novos conhecimentos que o professor deve repassar. Por outro lado, são inexistentes as condições para que os professores assimilem os novos discursos, pois

> não podemos vender uma inovação, vender uma reforma aos professores, se não podemos vender, ao mesmo tempo, uma estratégia de sobrevivência que acompanhe essa mudança. Se quisermos mudar verdadeiramente o ensino, temos que trabalhar junto com os professores para pensarmos em tudo isso, porque existem também as estratégias de sobrevivência dos alunos, não é?[21]

Na perspectiva do **Fazer-se Professor,** entendemos formação como processo contínuo, que ocorre ao longo de toda uma vida e não apenas num dado momento ou lugar. Possibilita-nos pensar na incompletude do ser humano e no seu eterno fazer-se. Para entendermos esta perspectiva, é preciso considerar a obra *A Formação da Classe Operária Inglesa*, de Edward P. Thompson[22], que nos mostra como a classe operária não nasceu pronta, foi se construindo, fazendo-se, tornando-se sujeito, nascendo como categoria histórica. Neste sentido proponho pensarmos também o fazer-se dos professores em sua totalidade.

Em complementaridade às ideias de Thompson, são importantes as do filósofo Walter Benjamim, que nos dá ferramentas para percebemos que a formação é um campo de lutas, no qual diferentes concepções estão disputando espaços. Esta percepção nos dá esperança de mudança, nos dá instrumentos para novas lutas. Assim, ao rememorarmos o passado, não no tempo linear vazio e homogêneo, mas através de uma inversão de tempo, entendemos o presente e projetamos o futuro. Partimos dos nossos problemas, buscando as respostas no passado. Então, conhecendo as lutas, as experiências do passado, nos instrumentalizamos, passamos a ter esperança na mudança, na utopia como algo que está se fazendo e não que virá de qualquer forma. Neste sentido, os professores, ao buscarem suas memórias e experiências vividas, passam a ser sujeito do processo, se sentem construtores, participantes.

Numa perspectiva benjaminiana passaríamos do formar ao fazer-se professor. Para ocorrer esta passagem, faz-se necessário pensar o ato educacional como um campo de possibilidades, com uma história que está aberta, por se fazer, e não como algo pronto, fechado, determinado, em que o professor fala, expõe e os alunos ouvem e repetem. Assim, ocorreria o diálogo entre diferentes saberes e conhecimentos: "Como constante ruptura, como descontinuidade, sempre provisório, incompleto, inacabado (...) no seu processo, sempre em vias de se fazerem"[23].

São igualmente importantes as contribuições de Contreras[24] ao defender a formação de um professor autônomo no seu pensar e agir educacional, um sujeito que tenha iniciativa, que pense a educação teórica e metodologicamente por si. Autonomia que deve ser construída no coletivo da escola, levando-se em conta as especificidades históricas e sociais de cada formação social.

Ao defender a formação de professores autônomos, Contreras propõe uma inversão no papel da prática de ensino e na hierarquia dos saberes; pressupõe a união entre pensar e fazer o ensino. O professor pensa, planeja, define e executa as atividades de ensino. Dessa forma, torna-se "impossível separar por princípio a concepção da execução do ensino. Necessariamente o professor detém um nível de autonomia e de planejamento de seu trabalho"[25].

Autonomia pressupõe que sejam levadas em conta as condições sociais, políticas, culturais, econômicas de cada grupo social no qual a escola está inserida; trabalhar-se-ia com as diferentes realidades e especificidades locais, regionais, enfim, o que está mais próximo dos alunos e professores, porém não os desvinculando do contexto global. Trabalhando com as diferenças e divergências que permeiam o espaço escolar, as contradições sociais vão sendo explicitadas e com isso torna-se possível pensar um professor que desempenhe um papel de agente de transformação da sociedade dominante e injusta.

Ao propor a interpretação do papel do professor como sujeito autônomo, Contreras nos desafia a olharmos o professor com outros olhos, olhos que vejam para além de professores vítimas de um sistema perverso e excludente:

> Os professores não podem ser apenas interpretados como limitados em suas capacidades ou possibilidades reflexivas, como vítimas de contradições das quais devem ser libertados ou como se confundisse o ensino e sua trama com o que vive entre as quatro paredes em uma sala de aula. (...) As contradições dos professores não são apenas produto de demandas e pretensões contraditórias na instituição escolar. O que permite compreender que as experiências e o conhecimento não são homogêneos nem idênticos[26].

Em direção aproximada, caminha o pensamento de Pimenta, ao defender que é preciso outra política de formação, levando-se em conta que os professores são capazes de

> articular os saberes científicos, pedagógicos e da experiência na construção e na proposição das transformações necessárias às práticas escolares e às formas de organização dos espaços de ensinar e de aprender, compromissados com um ensino de qualidade social para todas as crianças e jovens[27].

Para que se efetive a possibilidade de autonomia dos professores como sujeitos que consigam agir por conta própria ao exercer suas atividades profissionais, é fundamental rompermos com a hierarquia dos saberes, mediante a qual o professor

> fica profissionalmente inerte frente a este componente de sua profissionalidade: tendo como função básica a reprodução do saber, não pode participar na elaboração pedagógica do mesmo, pelo que se limita à dependência em relação a agentes exteriores, que lhe dão modelado o currículo (livros-texto), ou a reproduzir o conhecimento adquirido[28].

Para se romper a tradicional dicotomia entre os que pensam e os que executam a educação, portanto, dar autonomia para que o professor, além de executor, também passe a pensar o que deve ser ensinado, é preciso que o debate se torne público, se explicitem as posições, as divergências. Para que este se torne um elemento constitutivo da autonomia profissional de professores, rompendo assim com o autoritarismo impositivo que muitas vezes permeia as relações dos setores político e administrativo para com os professores.

A construção da autonomia, além de ocorrer no debate público com os setores dirigentes, também deve ter a dimensão da sala de aula, nas relações que lá se constroem; é preciso que as relações entre professores e alunos se desenvolvam no diálogo, explicitando-se as posições, que se construam relações mais democráticas, participativas... pois, como o ato de ensinar e aprender é uma via de mão dupla, é preciso construir formas para que a autonomia do professor seja exercida.

Partindo do pressuposto de que o conhecimento não está dado, não é fechado, absoluto, Sacristán propõe que "a prática deve ser inventada pelos práticos. Quer dizer, a prática não pode ser inventada pela teoria, a prática é inventada pelos práticos. O problema é saber o papel que cumpre a teoria na invenção da prática"[29]. Particularmente, penso que a teoria deve se constituir como ferramenta e não como uma camisa de força que amarre ou aprisione a realidade, portanto, ela deve servir como instrumento que contribua para analisarmos a realidade pelo olhar aos saberes da experiência, através dos quais o professor, munido de referencial teórico,

> procura articular o saber pesquisado com a sua prática, interiorizando e avaliando as teorias a partir de sua ação, na experiência cotidiana. Deste modo, a prática se torna o núcleo vital da produção de um novo saber dentro da práxis. (...) Os saberes da experiência não são saberes como os demais, eles são formadores de todos os demais. (...) A experiência docente é espaço gerador e produtor de conhecimento, mas isso não é possível sem uma sistematização que passa por uma postura crítica do educador sobre as próprias experiências[30].

Ao trabalhar numa perspectiva que considera os professores como sujeitos do processo de seu fazer-se, sou levado a pensar a partir das reflexões de Walter Benjamim[31] sobre o que a modernidade capitalista fez com a experiência vivida. Assim, para ele, sabia-se exatamente o significado da experiência: ela sempre foi comunicada aos jovens. De forma concisa, com a autoridade da velhice, em provérbios, de forma prolixa, com a loquacidade, em histórias; muitas vezes com narrativas de países longínquos, diante da lareira, contadas a pais e netos. O que foi feito de tudo isso? Quem encontra ainda pessoas que saibam contar histórias como elas devem ser contadas? Que moribundos dizem hoje palavras duráveis que possam ser transmitidas como um anel, de geração a geração? Quem é ajudado hoje por um objeto oportuno? Quem tentará sequer lidar com a juventude invocando sua experiência?

Thompson[32], ao polemizar com Althusser e os estruturalistas, nos propõe a pensar a sociedade através das experiências que, conforme afirma, não são apenas a superestrutura da sociedade: "Homens e mulheres experimentam sua experiência como sentimento e lidam com esses sentimentos na cultura, como normas, obrigações familiares e de parentesco, e reciprocidades".

As questões levantadas por Benjamim e Thompson são fundamentais para que possamos discutir a formação de professores **junto com** professores, junto com a experiência, levando-se em consideração o que o professor pensa, como vive, quais experiências tem para contar, que metodologias desenvolve, qual a relação que faz entre teorias e práticas cotidianas, enfim, precisamos deixar de pensar a formação **para** ou **sobre** o professor.

É preciso romper com a ideia de formar professores, pensando que nos tornamos nós mesmos através dos outros. Assim, a construção, **o fazer-se do professor, se dá num processo relacional,** ou seja, constrói-se na interação com o outro, que pode ser um professor universitário, um colega de trabalho; na troca de experiências, informações... e com os alunos que, no diálogo constante, promovem o crescimento profissional do professor. Faz-se necessário pensar que este processo ocorre de maneira social e não individual, e que, mesmo sendo social, não é homogêneo. Também se pensarmos numa perspectiva desses professores como produtores de conhecimento, este sendo produto de ação compartilhada, em que, através do outro, as relações entre sujeito-professor e objeto de conhecimento se estabelecem.

É necessário pensar a experiência na sua dimensão de totalidade, para além do científico e racional, pois, como Benjamim defende, é preciso "escovar a história a contrapelo" e assim trazer o insignificante, o miúdo, o relegado para a história. Estas questões nos remetem a Sonia Kramer quando, em diálogo com Benjamin, aponta as contribuições do seu pensamento para falar em educação:

> O professor teve sua experiência empobrecida: seu conhecimento não é visto como "verdade aurática" e ele não é narrador, por não ter uma experiência coletiva a contar. Quem é ele? Professor e alunos são cada vez mais impedidos de deixar rastros. (...) Tornaram-se, professor e alunos, meras mercadorias? (...) Como operário (na linha de montagem), o jogador (sempre começando), o passante (vagando na multidão), professores e alunos estão também condenados ao eterno recomeço? Há possibilidade do "novo" ou sua ação se reduz ao "sempre-igual"? Para se buscar a possibilidade de mudança, precisa-se buscar (me parece) a relação que é construída por professores e alunos, com o conhecimento produzido na prática social viva, para que deixem de se deslocar como autômatos... (...) Como recuperar a capacidade de deixar rastros? Ou seja, de deixar marcas? Ou ainda, de ser autor? Como ler em cada objeto a sua história?[33]

Além de todas as questões levantadas por Kramer, ao trabalhar com memórias, Benjamin nos instiga a pensar: como as memórias dos professores podem contribuir para o seu fazer-se? Em que medida as memórias de formação escolar, de suas vidas, de sua construção como cidadãos, como profissionais podem contribuir para que a academia passe a conhecer e respeitar os professores?

Bibliografia

ARROYO, Miguel. *Ofício de mestre: imagens e autoimagens.* 2ª ed. Petrópolis: Vozes, 2000.

BENJAMIM, Walter. *Magia e técnica, arte e política.* 7ª ed. São Paulo: Brasiliense, 1994, (obras escolhidas vol. 1).

_____. *Rua de mão única.* 5ª ed. São Paulo: Brasiliense, 1995, (obras escolhidas vol. 2).

_____. *Charles Baudelaire um lírico no auge do capitalismo.* 3ª ed. São Paulo: Brasiliense, 1994, (obras escolhidas vol. 3).

BOLÍVAR, Antonio (org.). *Profissão professor: o itinerário profissional e a construção da escola.* Bauru: Edusc, 2002.

CATANI, Denice Bárbara et alii. (orgs.). *A vida e o ofício dos professores: formação contínua, autobiografia e pesquisa em colaboração.* 4ª ed. São Paulo: Escrituras, 2003.

CHARLOT, Bernard. Formação de professores: a pesquisa e a política educacional. In: PIMENTA, Selma Garrido & GHEDIN, Evandro. *Professor reflexivo no Brasil: gênese e crítica de um conceito.* São Paulo: Cortez, 2002.

CHAUÍ, Marilena. *Cultura e democracia.* 6ª ed. São Paulo: Cortez, 1993.

CONTRERAS, José. *A autonomia de professores.* São Paulo: Cortez, 2002.

ESTEVES, José Manuel. *O mal estar docente: a sala de aula e a saúde dos professores.* Bauru: EDUSC, 1999.

FENELON, Déa Ribeiro. A questão de Estudos Sociais. In: ZAMBONI, Ernesta (coord.). *A prática do ensino de História.* São Paulo: Cortez, Cadernos Cedes nº 10, 1984.

FREIRE, Paulo. *Pedagogia da autonomia: saberes necessários à prática educativa.* 14ª ed. São Paulo: Paz e Terra, 2000.

GAGNEBIN, Jeanne Marie. *Walter Benjamim.* São Paulo: Brasiliense, 1982.

GIROUX, Henry A. *Os professores como intelectuais: rumo a uma pedagogia crítica da aprendizagem.* Porto Alegre: Artmed, 1997.

GHEDIN, Evandro. Professor reflexivo: da alienação da técnica à autonomia da crítica. In: PIMENTA, Selma Garrido e GHEDIN, Evandro. *Professor reflexivo no Brasil: gênese e crítica de um conceito.* São Paulo: Cortez, 2002.

GÓMEZ, Angel Pérez. *A cultura escolar na sociedade neoliberal.* Porto Alegre: ARTMED, 2001.

JOSSO, Marie-Christine. *Experiências de vida e formação.* São Paulo: Cortez, 2004.

KRAMER, Sonia. *Por entre as pedras: arma e sonho na escola.* 3ª ed. São Paulo: Ática, 2002.

KINCHELOE, Joe L. *A formação do professor como compromisso político: mapeando o pós-moderno.* Porto Alegre: Artmed, 1997.

KUENZER, Acácia (org.). *Ensino Médio: construindo uma proposta para os que vivem do trabalho.* São Paulo: Cortez, 2000.

LÖWY, Michael e SAYRE, Robert. *Revolta e melancolia: o romantismo na contramão da modernidade.* Petrópolis: Vozes, 1995.

MATOS, Olgária. *Vestígios: escritos de filosofia e crítica social.* São Paulo: Palas Athena, 1998.

MIZUKAMI, Maria da Graça Nicoletti A pesquisa sobre a formação de professores: metodologias alternativas. In: BARBOSA, Raquel Lazzari Leite.(org.). *Formação de educadores: desafios e perspectivas.* São Paulo: Ed. Unesp, 2003.

NÓVOA, Antonio (org.). *Vidas de professores.* Porto, Portugal: Porto, 1992.

PIMENTA, Selma Garrido. Apresentação à Edição Brasileira. In: CONTRERAS, José. *A autonomia de professores.* São Paulo: Cortez, 2002.

_____. Professor reflexivo: construindo uma crítica. In: PIMENTA, Selma Garrido e GHEDIN, Evandro. *Professor reflexivo no Brasil: gênese e crítica de um conceito.* São Paulo: Cortez, 2002.

PINO, Angel Sirgado. O social e o cultural na obra de Vigotski. *Educação & Sociedade.* Campinas, nº 71-Vigotski – O manuscrito de 1929, Cedes, 2000.

RIOS, Terezinha Azeredo. Competência ou competências – o novo e o original na formação de professores. In: ROSA, Dalva E. Gonçalves e SOUZA, Vanilton Camilo de (orgs.). *Didática e Práticas de Ensino: interfaces com diferentes saberes e lugares formativos.* Goiânia: Editora Alternativa, 2002.

SACRISTÁN, J. Gimeno. Tendências investigativas na formação de professores. In: PIMENTA, Selma Garrido e GHEDIN, Evandro. *Professor reflexivo no Brasil: gênese e crítica de um conceito.* São Paulo: Cortez, 2002.

SCHEIBE, Leda. Formação dos profissionais da educação pós-LDB: vicissitudes e perspectivas. In: VEIGA, Ilma Passos de Alencastro & AMARAL, Ana Lucia (orgs.). *Formação de professores: políticas e debates.* Campinas: Papirus, 2002.

SCHÖN, Donald A. *Educando o profissional reflexivo: um novo design para o ensino e a aprendizagem.* Porto Alegre: Artmed, 2000.

SEVERINO, Antonio Joaquim Preparação Técnica E Formação ético-política dos professores. In: BARBOSA, Raquel Lazzari Leite (org.). *Formação de educadores: desafios e perspectivas*. São Paulo: Ed. Unesp, 2003.

TARDIF, Maurice. *Saberes docentes & formação profissional*. Petrópolis: Vozes, 2002.

THOMPSON, Edward Palmer. *A miséria da teoria*. Rio de Janeiro: Zahar, 1981.

_____. *A formação da classe operária inglesa*. Rio de Janeiro: Paz e Terra, 1989, (Vols. I, II e III).

VEIGA, Ilma Passos de Alencastro. Professor: tecnólogo do ensino ou agente social. In: VEIGA, Ilma Passos de Alencastro & AMARAL, Ana Lucia (orgs.). *Formação de professores: políticas e debates*. Campinas: Papirus, 2002.

ZEICHNER, Kenneth M. Formando professores reflexivos para a educação centrada no aluno: possibilidades e contradições. In: BARBOSA, Raquel Lazzari Leite (org.). *Formação de educadores: desafios e perspectivas*. São Paulo: Ed. Unesp, 2003.

Notas

[1] SCHÖN, Donald A. *Educando o profissional reflexivo: um novo design para o ensino e a aprendizagem*. Porto Alegre: Artmed, 2000; ZEICHNER, Kenneth M. Formando professores reflexivos para a educação centrada no aluno: possibilidades e contradições. In: BARBOSA, Raquel Lazzari Leite (org.). *Formação de educadores: desafios e perspectivas*. São Paulo: Ed. UNESP, 2003; PIMENTA, Selma Garrido e GHEDIN, Evandro. *Professor reflexivo no Brasil: gênese e crítica de um conceito*. São Paulo: Cortez, 2002.

[2] GIROUX, Henry A. *Os professores como intelectuais: rumo a uma pedagogia crítica da aprendizagem*. Porto Alegre: Artmed, 1997.

[3] FREIRE, Paulo. *Pedagogia da autonomia: saberes necessários à prática educativa*. 14ª ed. São Paulo: Paz e Terra, 2000; CONTRERAS, José. *A autonomia de professores*. São Paulo: Cortez, 2002.

[4] BOLÍVAR, Antonio (org.). *Profissão professor: o itinerário profissional e a construção da escola*. Bauru: Edusc, 2002.

[5] NÓVOA, Antonio (org.). *Vidas de professores*. Porto, Portugal: Porto, 1992; JOSSO, Marie-Christine. *Experiências de vida e formação*. São Paulo: Cortez, 2004; CATANI, Denice Bárbara et alli. (orgs.). *A vida e o ofício dos professores: formação contínua, autobiografia e pesquisa em colaboração*. 4ª ed. São Paulo: Escrituras, 2003.

[6] ESTEVES, José Manuel. *O mal estar docente: a sala de aula e a saúde dos professores*. Bauru: Edusc, 1999.

[7] TARDIF, Maurice. *Saberes docentes & formação profissional*. Petrópolis: Vozes, 2002.

⁸ KINCHELOE, Joe L. *A formação do professor como compromisso político: mapeando o pós-moderno*. Porto Alegre: Artmed, 1997.

⁹ SMYTH. *Apud* CONTRERAS, José. *Op. cit.*, p. 153.

¹⁰ FENELON, Déa Ribeiro. A questão de Estudos Sociais. In: ZAMBONI, Ernesta (coord.). *A prática do ensino de História*. São Paulo: Cortez, Cadernos Cedes nº 10, 1984, p. 21.

¹¹ GIROUX, Henry A. *Op. cit.*, p. 81.

¹² RIOS, Terezinha Azeredo. Competência ou competências – o novo e o original na formação de professores. In: ROSA, Dalva E. Gonçalves e SOUZA, Vanilton Camilo de (orgs.). *Didática e Práticas de Ensino: interfaces com diferentes saberes e lugares formativos*. Goiânia: Editora Alternativa, 2002, p 160.

¹³ KUENZER, Acácia (org.). *Ensino Médio: construindo uma proposta para os que vivem do trabalho*. São Paulo: Cortez, 2000; SCHEIBE, Leda. Formação dos profissionais da educação pós-LDB: vicissitudes e perspectivas. In: VEIGA, Ilma Passos de Alencastro & AMARAL, Ana Lucia (orgs.). *Formação de professores: políticas e debates*. Campinas: Papirus, 2002; VEIGA, Ilma Passos de Alencastro. Professor: tecnólogo do ensino ou agente social. In: VEIGA, Ilma Passos de Alencastro & AMARAL, Ana Lucia (orgs.). *Formação de professores: políticas e debates*. Campinas: Papirus, 2002.

¹⁴ CONTRERAS, José. *Op. cit.*, p. 250.

¹⁵ ELLIOTT. *Apud ibid.*, p. 264.

¹⁶ TARDIF, Maurice. *Saberes docentes & formação profissional*. Petrópolis: Vozes, 2002.

¹⁷ PIMENTA, Selma Garrido. Apresentação à Edição Brasileira. In: CONTRERAS, José. *Op. cit.*, p. 21.

¹⁸ GÓMEZ, Angel Pérez. *A cultura escolar na sociedade neoliberal*. Porto Alegre: Artmed, 2001, p. 183.

¹⁹ SEVERINO, Antonio Joaquim. Preparação técnica e formação ético-política dos professores. In: BARBOSA, Raquel Lazzari Leite (org.). *Formação de educadores: desafios e perspectivas*. São Paulo: Ed. Unesp, 2003, p. 86.

²⁰ CHAUÍ, Marilena. *Cultura e democracia*. 6ª ed. São Paulo: Cortez, 1993, p. 7.

²¹ CHARLOT, Bernard. Formação de professores: a pesquisa e a política educacional. In: PIMENTA, Selma Garrido & GHEDIN, Evandro. *Op. cit.*, p. 105.

²² THOMPSON, Edward Palmer. *A formação da classe operária inglesa*. Rio de Janeiro: Paz e Terra, 1989, (Vols. I, II e III).

²³ KRAMER, Sonia. *Por entre as pedras: arma e sonho na escola*. 3ª ed. São Paulo: Ática, 2002, p. 22.

²⁴ CONTRERAS, José. *Op. cit.*

²⁵ *Ibid.*, p. 44.

[26] *Ibid.*, p. 182.

[27] PIMENTA, Selma Garrido. Professor reflexivo: construindo uma crítica. In: PIMENTA, Selma Garrido e GHEDIN, Evandro. *Professor reflexivo no Brasil: gênese e crítica de um conceito.* São Paulo: Cortez, 2002, p. 44.

[28] SACRISTÁN, J. Gimeno. Tendências investigativas na formação de professores. In: PIMENTA, Selma Garrido e GHEDIN, Evandro. *Professor reflexivo no Brasil: gênese e crítica de um conceito.* São Paulo: Cortez, 2002, p. 96.

[29] *Ibid.*, p. 83.

[30] GHEDIN, Evandro. Professor reflexivo: da alienação da técnica à autonomia da crítica. In: PIMENTA, Selma Garrido e GHEDIN, Evandro. *Professor reflexivo no Brasil: gênese e crítica de um conceito.* São Paulo: Cortez, 2002, p. 135.

[31] BENJAMIM, Walter. *Magia e técnica, arte e política.* 7ª ed. São Paulo: Brasiliense, 1994, p. 115.

[32] THOMPSON, Eduard Palmer. *A miséria da teoria.* Rio de Janeiro: Zahar, 1981.

[33] KRAMER, Sonia. *Por entre as pedras: arma e sonho na escola.* 3ª ed. São Paulo: Ática, 2002, p. 58-59.

PARTE IV

HISTÓRIA LOCAL: MEMÓRIA E IDENTIDADE

HISTÓRIA LOCAL:
O RECONHECIMENTO DA IDENTIDADE
PELO CAMINHO DA INSIGNIFICÂNCIA

Márcia de Almeida Gonçalves[*]

> Uma cidade, um campo, de longe são uma cidade e um campo, mas à medida que nos aproximamos são casas, árvores, telhas, folhas, capins, formigas, pernas de formigas, até o infinito. Tudo isso está envolto no nome campo.
>
> Blaise Pascal

O subtítulo proposto para nossas reflexões acerca da História Local é, na sua qualidade primeira, uma chave de leitura. É também, como complemento dessa perspectiva de entendimento, uma provocação, vale acrescentar, tomada de empréstimo das ponderações do historiador John Lewis Gaddis, no seu livro *The landscape of History*, versão em português para a edição brasileira sob o título *Paisagens da História. Como os historiadores mapeiam o passado*[1].

Para Gaddis, "o estabelecimento da identidade requer o reconhecimento de nossa relativa insignificância no grande esquema das coisas". Este seria, no seu entender, um dos significados da maturidade nas relações humanas e mais, do próprio valor de uso da consciência histórica. Citando as ideias de outro historiador, Geoffrey Elton, John Gaddis afirma que "o caminho da insignificância"

---

[*]Professora da Uerj e da PUC-Rio.

conforma um aprendizado capaz de fazer com que sujeitos humanos, tão viciosamente inclinados a relacionar o mundo para si mesmos, passem a relacionar-se com o mundo[2].

Nesses termos, cabe então precisar que nossa chave de leitura nos guia na direção do desafio de pensar e conceber a História Local como campo de produção de uma consciência histórica, cujos usos, valores e sentidos nos interessam diagnosticar.

Antes de enfrentarmos tal desafio, julgamos necessário realizar alguns esclarecimentos acerca da história e da memória de nossas proposições sobre história local. O uso da primeira pessoa do plural nesse texto não é mera formalidade acadêmica ou vício defensivo apagador de rastros individuais. O pronome nós, a interferir na inflexão dos verbos, traduz o pertencimento das ideias em discussão a um grupo de pesquisa formado, originalmente, pelos idos de 1995, na Faculdade de Formação de Professores, campus regional da Uerj, situado no município de São Gonçalo[3].

Talvez não seja esse o espaço de historiar uma experiência de trabalho que já completou uma década. Vale, contudo, frisar alguns aspectos do passo a passo de reflexões, práticas e realizações que, no seu desenho atual, ocupam quatro professores – Luís Reznik, coordenador do projeto, a mim, Márcia Gonçalves, Alix P. S. de Oliveira e Marcelo Magalhães –; ex-alunos, bolsistas do Proatec – Rui Aniceto e Henrique Mendonça –; e cerca de 14 alunos, distribuídos em atividades variadas que o projeto, hoje intitulado *História de São Gonçalo: memória e identidade*, engloba[4].

No passo a passo de nossas investigações, a associação entre a história de São Gonçalo e o local, como eixo de problematizações, não se estabeleceu *a priori*, tendo sido articulada a partir de uma intensa complementaridade entre o fazer das práticas de pesquisa e as dúvidas e definições teóricas e conceituais que informaram, tanto quanto foram informadas, essas mesmas práticas de pesquisa. Pensar e escrever sobre a História de São Gonçalo nos levou à história local, na mesma medida em que nossas indagações sobre o local redimensionaram possibilidades de narrar histórias de um lugar chamado São Gonçalo.

Talvez por isso nossa concepção sobre história local, como anteriormente anunciada, tenha se sedimentado sobre a perspectiva de compreendê-la como uma determinada consciência histórica, em especial, na dimensão de um saber ordenado e ordenador e que, nessa qualidade, condiciona a própria percepção das experiências de vida partilhadas por determinados sujeitos[5].

Retomemos, então, o desafio que orienta nossas reflexões nesse texto/exposição. Se a história local produz uma determinada consciência histórica, a mesma pressupõe, como toda consciência, como todo saber sobre algo, usos, valores e sentidos. Não pretendendo esgotá-los, nos limitaremos a inventariar algumas proposições que, esperamos, fomentem o debate e a troca de ideias sobre o tema.

A história, como conceito polissêmico, remete a dois grandes sentidos, quais sejam, a história como experiência, a história como conhecimento[6]. O adjetivo local, por sua vez, responde por uma qualificação que estabelece a circunscrição de um lugar. Esse sentido se manifesta mais claramente no uso do verbo localizar, qual seja, situar algo em um lugar, o que, por outro lado, nos leva a uma ação. A história local é, em intrínseca complementaridade, conjunto de experiências de sujeitos em um lugar e, também, o conhecimento sobre o conjunto dessas experiências.

Um autor, em particular, nos auxilia no desenvolvimento dessas argumentações: Alain Bourdin e seu livro intitulado *A questão local*[7]. Em suas indagações sobre o objeto local, Bourdin, em grande parte interessado em caracterizar efeitos e marcas da mundialização de valores culturais, em especial quanto às práticas políticas, privilegia o local como categoria de análise de processos nos quais se manifesta a relação entre ação e lugar. Nesses termos, o local seria um recorte eleito por aquele que desejasse refletir sobre as experiências de sujeitos humanos em espaços sociais delimitados pelas proporções do que o saber matemático, no estabelecimento de medições e grandezas, identifica como a unidade.

Diferentemente da lógica matemática, contudo, o recorte do local, para sociólogos, historiadores, antropólogos e tantos outros estudiosos de sujeitos humanos em suas vidas mundanas, não segue rigidamente os ditames de uma classificação ordenadora de sua extensão. Nas suas materialidades históricas, e exatamente pelas múltiplas variações que essas assumem, o que é reconhecido e identificado como pertencente ao âmbito local possui configurações diversificadas. A título de exemplificação, o local pode ser associado a uma aldeia, a uma cidade, a um bairro, a uma instituição – escolas, universidades, hospitais –, e, como escolha por vezes recorrente, a um espaço político-administrativo, como distritos, freguesias, paróquias, municipalidades. A despeito das variações, como destaca Alain Bourdin, o local é um lugar de sociabilidades marcado pela proximidade e pela contiguidade das relações entre os sujeitos que as estabelecem e talvez, por isso, seu uso, entre sociólogos, em muito tenha sido articulado ao conceito de *comunidade*[8].

Usar o local como categoria de análise centrada nas relações entre ação e lugar, como nos sugere Alain Bourdin, é, no nosso entender, uma tentativa de dar conta da enorme variação histórica que o qualificativo local passou a designar, não só ao longo do próprio uso acadêmico dessa circunscrição, mas, em especial, em função de nossa contemporaneidade de sociedades em rede.

Nos limites de nossos objetivos nesse texto, não caberiam maiores digressões sobre uma história dos usos acadêmicos do conceito de local. De todo, em alguma medida, é sobre esse pano de fundo, talvez ainda por ser melhor desenhado no que se refere à escrita da História do Brasil, no Brasil, que repousam nossos questionamentos e interrogações. Alain Bourdin propõe chaves conceituais e teóricas para categorizar o local, pautando-se, no mais das vezes, nos estudos de autores sobre comunidades rurais na França. Por outro lado, explicita que uma reflexão sobre o objeto local, nos últimos trinta anos, se estabeleceu em estreita conexão com os estudos sobre os efeitos da globalização, destacando, entre eles, os revisionismos e debates sobre a *questão nacional*[9].

A nós interessa, no entanto, destacar uma concepção de história local que a entenda como conhecimento histórico produtor de uma consciência acerca das relações entre as ações de sujeitos individuais e/ou coletivos em um lugar, dimensionado em sua ordem de grandeza como uma unidade. O estabelecimento desses lugares/unidades, por seu turno, se materializa na ação dos homens no mundo, ou seja, no curso de suas experiências históricas, nas quais se inserem os atos de nomear, leiam-se identificar e localizar, os lugares onde se vive.

Se o local condiciona e é condicionado pelas experiências de vida de sujeitos individuais e coletivos, se é, como unidade, campo no qual se estabelecem relações marcadas pela proximidade e pela contiguidade, a possibilidade de estudá-lo e conhecê-lo está hoje profundamente vinculada ao conceito de *escala de observação*.

De uso alargado entre geógrafos e cartógrafos, a *escala de observação* é o alicerce que fundamenta grande parte das operações cognitivas associadas à produção do conhecimento histórico. No caso das escolhas procedidas pelo historiador, a explicitação epistemológica de seus procedimentos teóricos e metodológicos tornou-se, em tempos hodiernos, um caminho de garantia das mazelas e paradoxos de seu ofício. É, nesses termos, por um lado, que o uso do conceito de *escala de observação* adquire significação, ao viabilizar a construção de uma abordagem requalificadora de adjetivos – nacional, regional, local, individual, macrossocial, microssocial – há muito empregados pelos que gostam de contar histórias.

O uso do conceito de *escala de observação*, por seu turno, adquiriu problematizações detalhadas, em especial, entre autores associados à *micro-história*. Termo imputado a historiadores italianos – Carlo Ginzburg e Giovanni Levi –, fundadores da revista intitulada *Quaderne Storici*, e diretores da coleção *Microstorie*, publicada pela Editora Einaudi, na década de oitenta[10], a *micro-história* acabou por adquirir *status* de variante, com contornos muito próprios, entre os caminhos até então trilhados por autores afinados com a construção de uma história social e cultural centrada em recortes mais circunscritos de análise das relações sociais.

Segundo esse ponto de vista, enfoques sobre as histórias particulares de indivíduos, vilarejos, grupos específicos – entre instituições, associações e classes – passaram a ser privilegiados entre os objetos e objetivos dos que procuraram valorizar o "micro". Mais do que uma diferenciação em termos de objetos de estudo, a *micro-história* definiu-se por escolhas metodológicas que, hoje, passaram a ser mais discutidas por seus realizadores, entusiastas e críticos[11].

Para Jacques Revel, ela deve ser encarada como um *sintoma historiográfico*, pois constitui-se, na prática, como uma espécie de reação contra certas metodologias e eixos conceituais consagrados por produções dimensionadas pelo paradigma de uma inteligibilidade global do social. O questionamento desses pressupostos trouxe, entre outras contribuições, o ato de submeter certos recortes de análise até então consagrados pelos métodos de quantificação – a paróquia, o conjunto regional, a cidade, a profissão – a revisões do uso dessas categorias[12]. Assim a preferência pela construção de séries, em particular na demografia histórica, na qual somente a correlação de diversos dados isolados sustentaria reflexões sobre aspectos da vida social, veio a ser relativizada sob o prisma de valorização de casos particulares e únicos.

Revel acrescenta que a *micro-história* se pautou na mudança das escalas de análise, com isso produzindo diferentes *efeitos de conhecimento*. Como no uso de uma lente objetiva, em fotografia, o enquadramento do objeto focado não se limita à mera ampliação ou redução do mesmo, mas à própria maneira de apresentar sua forma. Em uma outra perspectiva, a arte e as técnicas cartográficas não consistem apenas em apresentar em diversos tamanhos uma paisagem que se quer fixa e constante; a escolha da escala e a sua explicitação são as chaves de criação e de leitura para os conteúdos desse tipo de representação, e de apropriação cognitiva, do espaço geográfico[13].

Guardando as devidas diferenças, o trabalho do historiador poderia ser apresentado como uma espécie de cartografia do social. A imagem pode ser já um tanto desgastada, mas nos serve. Nesse papel, o espaço a ser conhecido teria fronteiras largas, fluidas e móveis: o social. Precisar as fronteiras dos inúmeros lugares sociais nos quais os sujeitos históricos protagonizam seus dramas e misérias humanas é, no nosso ponto de vista, uma das tarefas fundamentais do historiador, e pode vir a ser balizada pela escolha de uma escala de observação, desde que a mesma esteja subordinada a um determinado *efeito de conhecimento* perseguido pelo investigador. Ao esquadrinhar vestígios de experiências passadas, o historiador as elabora, sob intencionalidades diversas, como um efeito cognitivo, um algo a dizer, sob a forma de uma narrativa, que nos aproxima e nos afasta desse outro, o passado, que se quis conhecer.

Ao delimitar lugares sociais de sujeitos e coletividades, ao circunscrever efeitos de conhecimento próprios, o conceito de *escala de observação* nos insere no entendimento de que uma fronteira não é o ponto onde algo termina, mas, como os gregos reconheceram, "a fronteira é o ponto a partir do qual algo começa a se fazer presente"[14].

Ao elegermos o *local* como perspectiva de abordagem para as histórias de São Gonçalo, estabelecemos um recorte, uma fronteira onde algo começou a se fazer presente: sociabilidades diversas, em temporalidades e territorialidades variadas, passaram a ganhar forma, retratadas que eram na busca de outros efeitos de conhecimento.

Nesse ponto de nossa reflexão, uma interrogação se faz necessária. Em que medida a eleição do *local*, sob a ênfase da valorização das escalas microscópicas de abordagem das relações sociais, se antagoniza ou desqualifica escolhas centradas em outras perspectivas, como as delegadas às histórias da nação?

A resposta para essa questão nos encaminha, por um lado, para o deslocamento da noção de história nacional, e por outro nos remete à discussão de outros conceitos fundamentais para o ofício do historiador; são eles: memória e identidade.

Segundo Benedict Anderson, a nação pode ser compreendida como uma *comunidade imaginada*[15], construída e utilizada, como categoria central, por tantas narrativas históricas oitocentistas fundadoras de identidades, cujas circunscrição e reprodução figuraram como garantias supremas do que poderíamos denominar de processo de naturalização das entidades nacionais, sob a unidade tripartida do Estado, do Território e do Povo.

Seguindo as ponderações de Ernest Renan[16], toda unidade nacional, entendida como ética de partilha de valores culturais, e também como pilar de sustentação de Estados nacionais, foi estabelecida brutalmente e na dependência direta da sedimentação de esquecimentos e lembranças – leiam-se, registros e apagamentos de memória –, atualizados pela escrita da história. Na tríade história-memória-identidade, identificamos a chave de compreensão e de deslocamento da escala da nação como categoria privilegiada das produções historiográficas acadêmicas e didáticas. Uma chave que nos permite responder à interrogação anteriormente proposta, asseverando que não existe antagonismo entre abordagens centradas nos recortes do local e do nacional, mas, sim, complementaridades, fundamentais, no nosso ponto de vista, para a formalização de críticas às diversas éticas de pertencimento que regem nossas inserções existenciais.

Em tempos de globalizações, em que fronteiras culturais cada vez mais se deslocam numa vertiginosa circulação de ideias, valores, práticas e comportamentos, nos parece relevante enfocar as análises sobre as relações entre o local e o nacional como um dos caminhos de esquadrinhamento das identidades sociais.

Nesse ponto, o conceito de escala de observação retorna com todas as suas possibilidades de aplicação e nos faz, mais uma vez, dialogar com os interlocutores da *micro-história*:

> (...) não existe portanto hiato, menos ainda oposição, entre história local e história global. O que a experiência de um indivíduo, de um grupo, de um espaço permite perceber é uma modulação particular da história global. Particular e original, pois o que o ponto de vista micro-histórico oferece à observação não é uma versão atenuada, ou parcial, ou mutilada, de realidades macrossociais: é (...) uma versão diferente.[17]

Nesses termos, podemos concluir que a ênfase sobre a história local não se opõe às histórias nacionais. O recorte sobre a história local apenas designa uma delimitação temática mais ou menos inclusiva, em função das redes de interdependência e sociabilidade entre determinados atores, no lugar escolhido.

A eleição da história local não diminui ou reduz ou simplifica o número de aspectos, variantes e interferentes de uma trama social. No recorte priorizador do local, cada detalhe mais ou menos aparente pode adquirir significação própria, o que não ocorre em uma abordagem centrada em planos mais macroscópicos de análise.

As análises sobre história local permitem redimensionar a aparente dicotomia entre centro/periferia, deslocando tais categorias por intermédio da noção de rede e dos jogos de negociação, apropriação e circulação que informam as relações entre grupos e indivíduos, em especial, no campo das micropolíticas do quotidiano, espaços marcados pela proximidade e pela contiguidade das relações.

Em especial, no curso de nossas indagações sobre os que viveram e vivem em terras gonçalenses, a história local constituiu-se como um campo privilegiado de investigação do traçado e da configuração das relações de poder entre grupos, instituições e indivíduos e, por conseguinte, dos processos movediços de sedimentação das identidades sociais.

Como afirmamos anteriormente, e essa é uma proposição que gostaríamos de frisar, o recorte do local propicia outros efeitos de conhecimento que, nas suas diferenças e especificidades, deslocam hierarquias e sobreposições entre o *nacional* e o *regional*, recortes tradicionalmente utilizados pelas narrativas da historiografia acadêmica. É preciso, contudo, evitar que a história local seja tomada como uma panaceia, espécie de resolução para os inevitáveis impasses e escolhas que envolvem a escrita da história. Equívoco de iguais proporções seria supor o recorte do local como substitutivo do *nacional* e do *regional*. O *local*, o *regional* e o *nacional*, na nossa perspectiva de análise, deixam de possuir uma relação meramente inclusiva, para se constituírem em modulações, cujos sentidos e valores cabem, entre outros, aos historiadores diagnosticar e redimensionar.

Nessas modulações, a história local pode viabilizar uma outra escrita para a história do Brasil, pondo em xeque a própria construção da categoria Brasil como unidade territorial, política, nacional. Nesse ponto, a história local emoldura, na sua narrativa, outros lugares de ação para sujeitos situados nas margens de certos *locus* de exercício de poder, ostentados por uma escrita da história comprometida com a fundação de uma consciência nacional.

Nessa proposição, diríamos, não há nenhuma novidade. Outros, aliás, já a constataram. Alguns, inclusive, a materializaram, em belos trabalhos. Exemplos atuais são: o livro organizado pelos professores Flávio Gomes e Mary Del Priore, *Os senhores dos rios. Amazônia, margens e histórias*, e a obra, resultado de seminário temático, intitulada *Brasil: formação do Estado e da Nação*, dirigida pelo professor István Jancsó[18]. Em ambos, a despeito de todas as diferenças conceituais e metodológicas, encontramos narrativas historiográficas inventoras de outros brasis, ou melhor, encontramos maneiras de contar histórias sobre sujeitos variados que viveram nas terras de um lugar, em algum momento, batizado de Brasil. Olhado sob determinadas escalas de observação, o nome do lugar Brasil pode vir a ser, como nos sugere Blaise Pascal, na epígrafe que abre esse nosso texto, um universo plural.

Se na historiografia acadêmica o uso dos recortes do *local* e do *regional* já informa outras modulações para a história nacional, no âmbito da historiografia didática tais modulações ocorrem em iniciativas, sem dúvida numerosas e valiosas, mas que, em função da dispersão e do isolamento, acabam por não adquirir o merecido reconhecimento institucional, carecendo de um diálogo interdisciplinar viabilizador do maior refinamento das discussões conceituais e metodológicas que toda escrita da história pressupõe e exige.

Nesses termos, no nosso entendimento, o desafio maior da história local hoje é o de produzir outra pedagogia da história, em especial, uma historiografia didática que incorpore o *local*, parta dele e nisso valorize um caminho de sensibilização que configure a consciência histórica, na sua materialidade historiográfica, como possibilidade de "reconhecer a identidade pelo caminho da insignificância". Crianças, jovens e adultos, sensibilizados, por intermédio de uma reflexão sobre o local, unidade próxima e contígua, historicizando e problematizando o sentido de suas identidades, relacionando-se com o mundo de forma crítica, mudando, ou não, como sujeitos, a própria vida.

Bibliografia

ANDERSON, Benedict. *Imagined Communities. Reflections on the origin and spread of nationalism.* Revised edition. London-New York: Verso, 1991.

BAUMAN, Zygmunt. *Comunidade; a busca por segurança no mundo atual.* Trad. de Plínio Dentzien. Rio de Janeiro: Jorge Zahar Editor, 2003.

BOURDIN, Alain. *A questão local.* Trad. de Orlando dos Santos Reis. Rio de Janeiro: DP&A, 2001.

GADAMER, Hans-Georg. *O problema da consciência histórica.* Organização de Pierre Fruchon. Rio de Janeiro: Editora da FGV, 1998.

GADDIS, John Lewis. *Paisagens da História. Como os historiadores mapeiam o passado.* Trad. de Marisa Rocha Motta. Rio de Janeiro: Campus, 2003.

GONÇALVES, Márcia de Almeida e REZNIK, Luís (orgs.). *Guia de fontes para a história de São Gonçalo.* São Gonçalo: Uerj, 1999.

HEIDEGGER, Martin. Building, Dwelling, Thinking. Apud BHABHA, Homi K.. *O local da cultura.* Belo Horizonte: Ed. da UFMG, 1998.

JANCSÓ, István (org.). *Brasil: formação do Estado e da Nação.* São Paulo: Hucitec, 2003.

LEVI, Giovanni. Sobre a micro-história. In: BURKE, Peter (org.). *A escrita da história. Novas perspectivas.* São Paulo: Editora da Unesp, 1992.

MATTOS, Ilmar R. de e MATTOS, Selma R. de. História: uma palavra, múltiplas significações. In: *Ensinar e aprender História, hoje.* Mimeo.

PRIORE, Mary Del e GOMES, Flávio (org.). *Os senhores dos rios. Amazônia, margens e histórias.* Rio de Janeiro: Elsevier, 2003.

RENAN, Ernest. O que é uma nação? In: ROUANET, Maria Helena (org.). *Nacionalidade em questão.* UERJ: Instituto de Letras, 1997, p. 12-43 (Cadernos da Pós/Letras, n° 19).

REVEL, Jacques. Microanálise e construção do social. In: REVEL, Jacques (org.). *Jogos de escalas. A experiência da microanálise.* Rio de Janeiro: Editora da Fundação Getúlio Vargas, 1988.

REZNIK, Luís, FIGUEIREDO, Haydee da Graça F. e GONÇALVES, Márcia de Almeida. *Imagens de São Gonçalo.* São Gonçalo: UERJ, 2001. (Catálogo de exposição fotográfica).

REZNIK, Luís (org.). *O intelectual e a cidade. Luiz Palmier e a São Gonçalo moderna.* Rio de Janeiro: Eduerj, 2003.

RÜSEN, Jörn. *Razão histórica. Teoria da história: os fundamentos da ciência histórica.* Brasília: Editora da Universidade de Brasília, 2001.

VAINFAS, Ronaldo. *Micro-história. Os protagonistas anônimos da História*. Rio de Janeiro: Campus, 2002.

Notas

[1] GADDIS, John Lewis. *Paisagens da História. Como os historiadores mapeiam o passado*. Trad. de Marisa Rocha Motta. Rio de Janeiro: Campus, 2003.

[2] Cf. *Ibid.*, p. 20.

[3] O município de São Gonçalo é hoje um dos mais populosos do estado do Rio de Janeiro, possuindo cerca de um milhão de habitantes. Integra a região metropolitana, ocupando, ao lado de Niterói, a orla oriental da Baía de Guanabara. São Gonçalo sofreu, no decorrer da segunda metade do século XX, um intenso, acelerado e desordenado processo de crescimento urbano e populacional.

[4] Entre os produtos e publicações elaborados pelo projeto em questão, cabe destacar:

- GONÇALVES, Márcia de Almeida e REZNIK, Luís (orgs.). *Guia de fontes para a história de São Gonçalo*. São Gonçalo: Uerj, 1999.

- REZNIK, Luís, FIGUEIREDO, Haydee da Graça F. e GONÇALVES, Márcia de Almeida. *Imagens de São Gonçalo*. São Gonçalo: Uerj, 2001. (Catálogo de exposição fotográfica). A exposição itinerou por escolas da rede municipal de São Gonçalo, tendo sido acompanhada por um caderno de atividades pedagógicas, sob a coordenação da Prof ª Haydee Figueiredo.

- REZNIK, Luís (org.). *O intelectual e a cidade. Luiz Palmier e a São Gonçalo moderna*. Rio de Janeiro: Eduerj, 2003. A publicação acompanhou a exposição fotográfica intitulada *Luiz Palmier – o intelectual e a cidade*.

[5] A discussão sobre o conceito de consciência histórica não se esgota nessa única perspectiva. Entre os textos que nos auxiliaram, além do já citado livro de John Lewis Gaddis, vale acrescentar: GADAMER, Hans-Georg. *O problema da consciência histórica*. Organização de Pierre Fruchon. Rio de Janeiro: Editora da FGV, 1998; RÜSEN, Jörn. *Razão histórica. Teoria da história: os fundamentos da ciência histórica*. Brasília: Editora da Universidade de Brasília, 2001.

[6] Cf. MATTOS, Ilmar R. de e MATTOS, Selma R. de. História: uma palavra, múltiplas significações. In: *Ensinar e aprender História, hoje*. Mimeo.

[7] BOURDIN, Alain. *A questão local*. Trad. de Orlando dos Santos Reis. Rio de Janeiro: DP&A, 2001.

[8] Cf. BAUMAN, Zygmunt. *Comunidade; a busca por segurança no mundo atual*. Trad. de Plínio Dentzien. Rio de Janeiro: Jorge Zahar Editor, 2003.

⁹ Cf. *Ibid.*, p. 25-92.

¹⁰ Cf. REVEL, Jacques. Microanálise e construção do social. In: REVEL, Jacques (org.). *Jogos de escalas. A experiência da microanálise.* Rio de Janeiro: Editora da Fundação Getúlio Vargas, 1988, p.16. Ver também LEVI, Giovanni. Sobre a micro-história. In: BURKE, Peter (org.). *A escrita da história. Novas perspectivas.* São Paulo: Editora da Unesp, 1992, p. 135.

¹¹ Para uma abordagem sintética acerca dessas polêmicas ver: VAINFAS, Ronaldo. *Micro-história. Os protagonistas anônimos da História.* Rio de Janeiro: Campus, 2002.

¹² Cf. REVEL, Jacques. *Op. cit.*, p.16-19.

¹³ *Ibid.*, p.20.

¹⁴ HEIDEGGER, Martin. Building, Dwelling, Thinking. Apud BHABHA, Homi K.. *O local da cultura.* Belo Horizonte: Ed. da UFMG, 1998, p. 19.

¹⁵ ANDERSON, Benedict. *Imagined Communities. Reflections on the origin and spread of nationalism.* Revised edition. London-New York: Verso, 1991.

¹⁶ RENAN, Ernest. O que é uma nação? In: ROUANET, Maria Helena (org.). *Nacionalidade em questão.* Uerj: Instituto de Letras, 1997, p. 12-43 (Cadernos da Pós/Letras, nº 19).

¹⁷ Cf. REVEL, Jacques. *Op. cit.*, p. 28.

¹⁸ Cf. PRIORE, Mary Del e GOMES, Flávio (org.). *Os senhores dos rios. Amazônia, margens e histórias.* Rio de Janeiro: Elsevier, 2003; JANCSÓ, István (org.). *Brasil: formação do Estado e da Nação.* São Paulo: Hucitec, 2003.

O ENSINO DE HISTÓRIA LOCAL E OS DESAFIOS DA FORMAÇÃO DA CONSCIÊNCIA HISTÓRICA

*Maria Auxiliadora Schmidt**

A preocupação com o ensino de História que privilegiasse a História Local não é uma questão nova. Ela percorreu diferentes propostas de ensino de História durante todo o século passado. Segundo Prats, tais perspectivas têm sua origem na posição dos clássicos da pedagogia, desde Rousseau, que orientava a aprendizagem do Emilio na observação da natureza, e também de alguns dos seus seguidores, como Pestalozzi.[1] Já no século XX, a relação entre os estudos da História Local e a perspectiva da aprendizagem infantil foi explorada por John Dewey, para quem "o que interessa, acima de tudo, à criança, é a maneira de viver dos seres humanos (....) a vida dos homens os quais ela está diariamente em relação".[2] A concepção do que seria a "História Local" para as crianças também foi contemplada na proposta de Roger Cousinet para o ensino de História, como afirma – "reconheço o valor que pode ter a história local para esclarecer os pontos obscuros da história geral (....). Reconheço mais na história local um valor pedagógico porque ela coloca a criança em presença de realidades".[3] No entanto, segundo Prats, Cousinet já apresentava algumas restrições e limitações ao trabalho com a história local, quando apontava a ambiguidade do que se considera "meio natural da criança", o qual, para ele, não tem que

> coincidir necessariamente com o meio real, já que este se constrói tomando elementos de seu meio, mas também de outros procedentes

---

* Professora e pesquisadora do Programa de Pós-graduação em Educação da Universidade Federal do Paraná, Linha de Pesquisa Saberes, Cultura e Práticas Escolares.

do jogo, da ficção, das leituras ou do cinema. Duvida também que o estudo da história local favoreça o enraizamento dos estudantes em sua localidade ou região, ou estimule o amor ao seu entorno. E, por último, expõe que a pretendida motivação que pode produzir o contato com objetos de estudo próximos não está clara, já que, para Cousinet, não há objetos interessantes, mas objetos que correspondem a interesses.[4]

É importante lembrar que a História Local esteve presente, desde a década de 1930, nas Referências Curriculares e Instruções Metodológicas que compunham a referida legislação educacional brasileira.[5] Até 1971, o trabalho com a história local era sugerido como um recurso didático, como uma técnica para desenvolver atividades de ensino, principalmente nas quatro primeiras séries do ensino fundamental. No entanto, nesse ano, o Parecer 853 do Conselho Federal de Educação, que fixou o Núcleo Comum para os currículos de 1º e 2º graus (Lei 5692/71), incluiu algumas modificações que mudaram a perspectiva da abordagem da história local. Introduziu-se a Integração Social para as primeiras séries da escola fundamental, que deveria ser desenvolvida como atividade, visando "o ajustamento crescente do educando ao meio". No caso das séries seguintes, o componente curricular recebia outra denominação – Estudos Sociais – e deveria ser compreendido como uma "área de estudos" e não mais como atividade. Os conteúdos de História somente seriam trabalhados no ensino médio.

No documento de 1971, a localidade era entendida como sinônimo de comunidade e como referência para o ensino de Integração Social, articulando atividades de História e Geografia. Esse ensino privilegiava o estudo do meio mais próximo e mais simples, deslocando-se, depois, para o mais distante e mais complexo. Trata-se de uma concepção geográfica de articulação dos conteúdos curriculares, conhecida como "currículo por círculos concêntricos".

Manifestando preocupações quanto à ênfase que as reformas curriculares de História vêm dando ao estudo da História Local, Prats critica o que pode vir a se tornar "um ensino de História em migalhas"[6], mas diz "sim" ao ensino da História Local, sob algumas condições, entre elas: – não ter como objetivo que o resultado da aprendizagem seja a elaboração da História (com maiúscula), mas iniciar o aluno no método histórico para que ele possa ser capaz de compreender como se constroem os conceitos e as leis sobre o passado; – na hora do trabalho com as fontes, sejam selecionadas as mais próximas dos alunos, pois podem ser mais motivadoras e significativas. Além disso, como afirma esse autor, é importante que "o estudo da história local sirva para oferecer e enriquecer as explicações da história geral e não para destruir a história".[7]

Na segunda metade da década de 1990, com a publicação, pelo Ministério da Educação brasileiro, dos Parâmetros Curriculares, novas indicações de concepções, conteúdos e metodologias passaram a ser incorporadas, oficialmente, ao ensino de História. Apesar disso não significar a sua imediata aplicação na prática, é importante ressaltar que a História Local foi tomada como um dos eixos temáticos dos conteúdos de todas as séries iniciais da escola fundamental e como perspectiva metodológica em todas as séries da escola básica. O objetivo era que a adoção dessas perspectivas pudesse contribuir para a construção da noção de pertencimento do aluno a um determinado grupo social e cultural, na medida em que conduziria aos estudos de "diferentes modos de viver no presente e em outros tempos, que existem ou que existiram no mesmo espaço".[8] A História Local foi valorizada também como estudo do meio, ou seja, "como recurso pedagógico privilegiado (...) que possibilita aos estudantes adquirirem, progressivamente, o olhar indagador sobre o mundo de que fazem parte".[9] Pode-se concluir que essas diretrizes curriculares tratam a História Local tanto como conteúdo, particularmente nas séries iniciais, quanto como recurso didático (em todas as séries), ou seja, como fim e como meio do ensino de História nas séries iniciais, consolidando-a como substrato importante na construção da didática da História.

1. Recriar a História: possibilidades da história local na formação da consciência histórica

Segundo Rüsen[10], um dos princípios constitutivos da didática da História é o de ordem teórica, ou seja, estabelecer orientações e discussões sobre as condições, finalidades e objetivos do ensino de História. No que se refere à temática da história local, esse princípio envolve questões como: "Para que serve ensinar História Local?" e "Por que trabalhar a História Local?". De um lado, as respostas estão nas vertentes historiográficas que entendem a História como o estudo da experiência humana no tempo, na perspectiva de Thompson[11]. Este seria um dos critérios principais para a seleção de conteúdos e sua organização em temas a serem ensinados com o objetivo de contribuir para a formação de consciências individuais e coletivas. Por outro lado, essa concepção historiográfica possibilita romper com a supervalorização da história local, desconstruindo perspectivas que a transformaram no "novo ídolo" do ensino de História. Uma das ideias que alimentam essas perspectivas é a que restringe o estudo somente à realidade imediata, como se somente ela fosse útil e importante para o conhecimento e motivadora de problematizações históricas.

É importante observar que uma realidade local não contém, em si mesma, as chaves de sua própria explicação. Ademais, ao se propor o ensino de História Local como indicativo da construção da consciência histórica, não se pode esquecer de que, no processo de globalização que se vive, é absolutamente indispensável que a formação da consciência histórica tenha marcos de referência relacionais e identitários, os quais devem ser conhecidos e situados em relação às identidades locais, nacionais, latino-americanas e mundiais.[12] Estas considerações são reveladoras de que, como critério para seleção e organização dos conteúdos, a História Local traz uma maneira bastante complexa de pensar e fazer a História, em termos de aprendizagens e concepções, colocando em destaque a perspectiva da diversidade e pluralidade das identidades. Tal ordem de questões torna-se mais grave ao levar-se em consideração os perigos do anacronismo – o desenvolvimento de perspectivas etnocêntricas, reducionistas, localistas, bem como o perigo de identificação do local com o mais próximo, o mais conhecido, estabelecendo-se uma relação mecânica entre o próximo e o conhecido.

Como elemento constitutivo da "transposição didática" do saber histórico em saber histórico escolar, a História Local pode ser vista como uma estratégia de ensino.[13] Trata-se de uma forma de abordar a aprendizagem, a construção e a compreensão do conhecimento histórico, a partir de proposições que tenham a ver com os interesses dos alunos, suas aproximações cognitivas e afetivas, suas vivências culturais; com as possibilidades de desenvolver atividades vinculadas diretamente com a vida cotidiana, entendida como expressão concreta de problemas mais amplos. Como estratégia de aprendizagem, o trabalho com a História Local pode garantir controles epistemológicos do conhecimento histórico, a partir de recortes selecionados e integrados ao conjunto do conhecimento. Entre as suas possibilidades, segundo Ossana[14], estão, em primeiro lugar, produzir a inserção do aluno na comunidade da qual ele faz parte, criar a sua própria historicidade e produzir a identificação de si mesmo e também do seu redor, dentro da História, levando-o a compreender como se constitui e se desenvolve a sua historicidade em relação aos demais, entendendo quanto há de História em sua vida que é construída por ele mesmo e quanto tem a ver com elementos externos a ele – próximos/distantes; pessoais/estruturais; temporais/espaciais.

Em segundo lugar, o trabalho com a História Local possibilita gerar atividades e atitudes investigativas, criadas a partir de realidades cotidianas: por exemplos, o trabalho com documentos e materiais auxiliares, buscar informações em arquivos e perguntar-se sobre o sentido das coisas. Em terceiro lugar, pode facilitar a inserção em atividades que possibilitem trabalhar com diferentes níveis de análise econômica, política, social e cultural, pois, no âmbito mais reduzido, sua abordagem fica mais clara, evidenciando as diferenças de durações e ritmos temporais, mostrando as suas articulações e desarticulações, mais ou menos acentuadas, além de explicitar as especificidades do vocabulário de cada um deles. Ademais, o trabalho com espaços menores pode facilitar o estabelecimento de continuidades e diferenças, evidências de mudanças, dos conflitos e das permanências. Ainda, segundo Ossana[15], o trabalho com a História Local no ensino pode ser um instrumento idôneo para a construção de uma História mais plural, menos homogênea, que não silencie as especificidades. Esse trabalho pode também facilitar a construção de problematizações, a apreensão de várias histórias lidas a partir de distintos sujeitos históricos, das histórias silenciadas, histórias que não tiveram acesso à História. Ela favorece recuperar a vivência pessoal e coletiva dos alunos e vê-los como participantes da realidade histórica, a qual deve ser analisada e retrabalhada, com o objetivo de convertê-la em conhecimento histórico, em autoconhecimento. Desta maneira, podem inserir-se a partir de um pertencimento, numa ordem de vivências múltiplas e contrapostas nos espaços nacional e internacional.

O segundo princípio, de acordo com Rüsen[16], mais prático, refere-se ao método de ensino de História. Neste sentido, o trabalho com a história local indica algumas possibilidades, como a exploração de arquivos locais, do patrimônio, da estatuária, da toponímia e da imprensa local. Ao lado dessas possibilidades, destaca-se o importante trabalho com os documentos em estado de arquivo familiar. Estes documentos são, como afirma Artières,

> [os] "antetextos de nossas existências". Encontramos aí passagens de avião, tíquetes de metrô, listas de tarefas, notas de lavanderia, contracheques; encontraríamos também velhas fotos amarelecidas. No meio da confusão, descobriríamos cartas: correspondências adminstrativas e cartas apaixonadas dirigidas à bem-amada, misturadas com cartões-postais escritos num canto de mesa longe de casa, ou ainda, com aquele telegrama urgente, anunciando um nascimento. Entre a papelada, faríamos achados: poderia acontecer de esbarrarmos com nosso diário da adolescência ou ainda com algumas páginas manuscritas intituladas "Minhas lembranças de infância".[17]

Tais documentos, como afirma Germinari, são pertinentes à vida das pessoas comuns e podem ser encontrados no interior das mais diversas residências, arquivados em gavetas, em caixas de papelão, esquecidas temporariamente em cima dos armários.[18]

Tendo como referências esses dois níveis sugeridos por Rüsen, foi criado o projeto "Recriando a História"[19]. As expressões "recontar e recriar", escolhidas para denominarem o projeto, estão justificadas na compreensão de que a História da localidade já está contada, de certa forma, na produção historiográfica sobre a História Regional e Nacional. No entanto, o que se pretende é recontá-la em outra perspectiva, ou seja, a partir dos conteúdos históricos que estão presentes, principalmente, nos documentos em estado de arquivo familiar, coletados pelos alunos em atividades escolares.

Os dois princípios sugeridos por Rüsen[20] estão relacionados também à compreensão de que a organização do ensino deve levar em consideração os conteúdos culturais. Diferentes autores têm trabalhado a partir dessa ideia geral, com entendimentos diferenciados do que isso significa em sala de aula. Na construção do Projeto Recriando Histórias, as contribuições de Freire[21] permitem afirmar que os conteúdos dos processos pedagógicos, no ensino e na aprendizagem, devem ser constituídos a partir da identificação, nos contextos locais e também em âmbitos mais amplos, das diversidades e desigualdades que compõem a realidade social e que se expressam e são compreendidas de diferentes formas pelos sujeitos.

2. Identificar fontes, captar conteúdos, recriar histórias: contribuições de nível prático

A perspectiva de que a universalidade pode estar presente na particularidade levou a uma tentativa de ruptura com a narrativa histórica pautada na linearidade e a opção pelo tratamento temático dos conteúdos a serem ensinados. Estes conteúdos ou temas já estavam definidos nas propostas curriculares dos municípios onde se desenvolveu o projeto. Os temas selecionados em conjunto com os professores foram: População, Famílias, Trabalho, Cultura e Lugares. Com essa opção, buscou-se construir materiais didáticos que levassem a uma maior interatividade entre alunos e texto, particularmente com a proposição de uma pluralidade de fontes históricas e de suas possibilidades de uso na sala de aula. Para a seleção dos conteúdos constitutivos de cada tema, foi organizado um processo de "captação de conteúdos" a serem ensinados, concretizado por meio de um jogo que envolveu a participação de alunos, professores e elementos da comunidade local, o qual foi denominado de "Gincana Recriando Histórias". Todos os envolvidos nas atividades da Gincana procuravam identificar fontes documentais, em arquivos públicos e em estado de arquivo familiar, ao mesmo tempo que havia um trabalho de sensibilização da comunidade para contribuir nessa tarefa, para que houvesse permissão para o acesso aos seus documentos pessoais e às suas memórias.

À medida que as provas foram realizadas, alunos e professores desenvolveram atividades de ensino e aprendizagem em sala de aula, sobre os temas pesquisados, analisando documentos iconográficos e escritos, discutindo e comparando depoimentos colhidos, buscando articular seus conhecimentos prévios com as informações e dados coletados e, portanto, construindo coletivamente um certo tipo de conhecimento sobre aspectos da história local relacionados com a história mais ampla. Essas atividades desenvolvidas puderam gerar uma rica produção dos alunos – textos, desenhos, histórias em quadrinhos, cartazes e entrevistas. Esse conjunto de materiais acabou por se constituir também num acervo de documentos sobre a história local a ser utilizado na elaboração de diferentes materiais pedagógicos para uso em sala de aula. A finalização das atividades da gincana pode ser acompanhada por duas estratégias de divulgação e socialização dos resultados obtidos. A primeira delas foi a publicação de um jornal a ser distribuído para as escolas e para a comunidade em geral, tornando públicos alguns textos sobre o significado do trabalho desenvolvido, fotos e outros documentos encontrados pelos alunos, atividades realizadas por eles como cartazes, desenhos e entrevistas. A segunda estratégia para socializar os resultados foi a realização de exposições com documentos e objetos coletados e com algumas das atividades de ensino desenvolvidas pelos professores com seus alunos. Do ponto de vista metodológico, destaca-se nessa forma de abordagem a preocupação com os conhecimentos prévios dos alunos, com a problematização dos conteúdos de ensino selecionados para o trabalho em sala de aula, estabelecendo relações com o cotidiano dos alunos e com o cotidiano de outras pessoas, em outros tempos e em outros lugares. Enfatiza-se, também, a busca de articulação entre a História Local e a História Nacional e Universal.

De forma geral, é possível afirmar que a gincana foi uma estratégia usada para a coleta de documentos e constitui-se, efetivamente, em uma forma de captação de novos conteúdos, novas temporalidades, novas categorias históricas. Ao organizar o ensino a partir dos documentos coletados nos arquivos familiares, não se substitui o conteúdo básico do currículo por conteúdos da História Local. Entende-se que, a partir desses documentos e dos materiais que os alunos produzem, dá-se um novo sentido àqueles conteúdos, porque encontram referências nas experiências individuais e coletivas dos alunos e professores, na dimensão cultural da própria comunidade. É com essa compreensão que os conteúdos, ressignificados a partir da experiência dos sujeitos na localidade, podem passar a compor os currículos e os materiais didáticos. Neles, a comunidade constata que o documento guardado nas casas, pelas pessoas comuns, ganha *status* de documento histórico. Esses documentos, tratados metodologicamente, produzem possibilidades de construção e reconstrução das identidades relacionadas à memória religiosa, social, familiar e do trabalho; e, articulando as memórias individuais fragmentadas com a memória coletiva, esses materiais podem recriar a história de outra forma. Esse envolvimento pode propiciar uma valorização dos sujeitos locais como produtores do conhecimento histórico. As atividades de coleta de dados e identificação de fontes são extremamente ricas para os alunos, possibilitando, a partir do conhecimento local, uma ampliação do interesse pela aprendizagem da História:

– Fizemos entrevistas, conversamos com as pessoas de nossa família. Trouxemos fotos antigas (...) Isto ajudou a conhecer um pouco mais de nossa cidade. Eu não conhecia praticamente nada. A gincana ajudou a aprender, a estudar história de um jeito diferente. (Daniel Henrique da Silva, 9 anos.)

– As atividades ajudaram a aprender, trouxeram coisas que a gente não sabia. Ficou fácil aprender História. (Elyson Greber, 9 anos.)

Na perspectiva dos professores, a participação dos alunos nas aulas foi um dos aspectos mais positivos do trabalho, além de maior motivação e envolvimento nas atividades, como afirmou uma das professoras: "A possibilidade, através da pesquisa, de ter dados que foram recolhidos pelos alunos fez com que o interesse pela História aumentasse gradativamente. Eles passaram a construir juntos o conhecimento". (Telma da Silva, E.M. Antonio Andrade.)

3. A formação da consciência histórica: contribuições de nível teórico

O conjunto de atividades que foram desenvolvidas para localizar documentos nos arquivos familiares e o processo de transformação desses documentos em ponto de partida para o ensino de História permitiram que se colocasse em discussão a formação da consciência histórica dos alunos e professores que, segundo Rüsen, é "um pré-requisito para a orientação em uma situação presente que demanda ação". Isto significa que a consciência histórica funciona como um "modo específico de orientação" nas situações reais da vida presente, tendo como função específica ajudar-nos a compreender a realidade passada para compreender a realidade presente.[22] Desse ponto de vista, a consciência histórica dá à vida uma "concepção do curso do tempo", trata do passado como experiência e "revela o tecido da mudança temporal no qual estão amarradas as nossas vidas, bem como as experiências futuras para as quais se dirigem as mudanças"[23]. Essa concepção molda os valores morais a um "corpo temporal", transformando esses valores em "totalidades temporais", isto é, recupera a historicidade dos valores. Assim, segundo Rüsen, a consciência histórica relaciona "ser" (identidade) e "dever" (ação) em uma narrativa significativa que toma os acontecimentos do passado com o objetivo de dar identidade aos sujeitos a partir de suas experiências individuais e coletivas e de tornar inteligível o seu presente, conferindo uma expectativa futura a essa atividade atual. Portanto, a consciência histórica tem uma "função prática" de dar identidade aos sujeitos e fornecer à realidade em que eles vivem uma direção temporal, uma orientação que pode guiar a ação, intencionalmente, por meio da mediação da memória histórica.[24] Neste sentido, pode-se afirmar que a experiência desenvolvida no projeto permitiu a sistematização de alguns princípios metodológicos para a formação da consciência histórica. Um primeiro princípio fundamental é que, ao buscar documentos, ao entrevistar familiares em geral, a percorrer os guardados de suas famílias, os alunos se surpreenderam e puderam compreender que a História não se restringe ao conhecimento veiculado principalmente pelos manuais didáticos, instrumento que tem imposto um conhecimento histórico homogeneizador e sem sujeitos; que o conteúdo da História pode ser encontrado em todos os lugares; e que o conhecimento histórico está na experiência humana.[25]

O segundo princípio está relacionado ao fato de que alunos e professores podem identificar indícios da experiência humana do passado sob diferentes formas: a) na realidade cotidiana (observando os objetos, a arquitetura familiar, os espaços de convívio familiar); b) na tradição (nas festas e lazeres familiares); c) na memória (os depoimentos); d) no conhecimento histórico sistematizado. Um terceiro princípio deriva do entendimento de que a experiência humana apreendida, nessa perspectiva indiciária, possui uma dupla dimensão, aquela das experiências individuais e familiares do presente e do passado, e aquela identificada e articulada com as experiências de outras pessoas, de outras épocas e de outros lugares. A sistematização dos três princípios selecionados indica que novas formas de captação e didatização dos conteúdos a serem ensinados em História contribuem para o desenvolvimento da consciência histórica crítico-genética, que supera, mas não exclui formas tradicionais de consciência histórica.[26] Ao se depararem com conteúdos que evidenciam formas diferenciadas da construção de narrativas da história da cidade, apreendidas sob a forma de depoimentos orais, documentos escritos ou iconográficos, os alunos podem se reapropriar deles, de maneira qualitativamente nova, recriando-os a partir de suas próprias experiências. Isto aponta para o fato de que a construção da consciência histórica crítica exige conteúdos que permitam o desenvolvimento de determinadas argumentações históricas indicadoras de uma contranarrativa, na medida em que se pode buscar a mobilização entre os alunos, não de todo o passado, mas de experiências específicas do passado. A partir do seu presente e de suas experiências, alunos e professores podem se apropriar da História como uma ferramenta com a qual romperiam, destruiriam e decifrariam a linearidade histórica, fazendo com que ela perca o seu poder como única fonte de orientação para a compreensão do presente. Para os professores, essa perspectiva permitiu uma alteração de natureza qualitativa em relação ao conhecimento: a vivenciar elementos do método de pesquisa específico da História, como parte de seu processo de formação continuada, eles aprenderam a encontrar o conteúdo nas diferentes fontes históricas e também a trabalhar com esses conteúdos em sua sala de aula. Trata-se, aqui, da possibilidade de aproximar o professor das formas como são produzidos os saberes, permitindo que se aproprie e/ou construa formas pelas quais esses saberes possam ser aprendidos. E, nessa direção, torna-se possível compreender que a maneira pela qual se produz o conhecimento histórico hoje não é a mesma dos historiadores do século XIX e que, portanto, a forma de ensinar a História não será a mesma também.

Bibliografia

ARTIÈRES, P. Arquivar a própria vida. *Estudos Históricos*, Rio de Janeiro, v. 11, n. 21, 1998.

BRASIL, SECRETARIA DE EDUCAÇAO FUNDAMENTAL. *Parâmetros curriculares nacionais*. Brasília: MEC/SEF, 1998.

DEWEY, John. *L'école et l'enfant*. Paris: Delachaux&Niestle, 1913.

DOSSE, François. *A História em migalhas. Dos annales à nova história*. São Paulo: Ensaio; Campinas: Unicamp, 1992.

COUSINET, Roger. *L'enseignement de l'histoire et l'education nouvelle*. Paris: Les presses l'ile de France, 1950.

FREIRE, Paulo. *Educação como prática da liberdade*. Rio de Janeiro: Paz e Terra, 1967.

GERMINARI, G. *O uso metodológico de documentos em estado de arquivo familiar no ensino de história*. Curitiba, 2001. Dissertação Mestrado em Educação da UFPR.

HOLLANDA, G. *Um quarto de século de programas e compêndios de História para o ensino secundário brasileiro*. Rio de Janeiro: INEP, 1957.

OSSANA, Edgardo. Una alternativa en la enseñanza de la Historia: o enfoque desde el local, lo regional. In: VAZQUEZ, J. *Enseñanza de la história*. Buenos Aires: Interamer, 1994.

PRATS, Joaquim. El estudio de la historia local como opción didáctica. ¿Destruir o explicar la Historia?. In: PRATS, J. *Ensenar Historia. Notas para una didactica renovadora*. Mérida: Junta de Extremadura, 2001.

ROMERO, Luis Alberto. *Volver a la Historia*. Buenos Aires: Aique, 1998.

RÜSEN, Jorn. El desarrollo de la competencia narrativa en el aprendizaje historico. Una hipótesis ontogenetica relativa a la consciencia moral. *Propuesta Educativa*, Buenos Aires, n. 7, out. 1992.

RÜSEN, Jorn. The didactics of history in West Germany: Towards a new self-awareness of historical studies. *History and theory*, Wesleyan University, vol. XXVI, n. 3, 1987.

THOMPSON, E. *A miséria da teoria ou um planetário de erros. Uma crítica ao pensamento de Althusser.* Rio de Janeiro: Zahar, 1981.

Notas

[1] PRATS, Joaquim. El estudio de la historia local como opción didáctica. ¿Destruir o explicar la Historia?. In: PRATS, J. *Ensenar Historia. Notas para una didactica renovadora.* Mérida: Junta de Extremadura, 2001.

[2] DEWEY, John. *L'école et l'enfant.* Paris: Delachaux&Niestle, 1913, p. 17.

[3] COUSINET, Roger. *L'enseignement de l'histoire et l'education nouvelle.* Paris: Les presses l'ile de France, 1950, p. 27.

[4] PRATS, Joaquim. *Op. cit.*, p. 73.

[5] HOLLANDA, G. *Um quarto de século de programas e compêndios de História para o ensino secundário brasileiro.* Rio de Janeiro: INEP, 1957.

[6] Neste sentido, Prats faz uma comparação com as reflexões do historiador François Dosse, quando este critica a atomização do saber histórico em sua obra: DOSSE, François. *A História em migalhas. Dos annales à nova história.* São Paulo: Ensaio; Campinas: Unicamp, 1992.

[7] PRATS, Joaquim. *Op. cit.*, p. 83.

[8] BRASIL, SECRETARIA DE EDUCAÇAO FUNDAMENTAL. *Parâmetros curriculares nacionais.* Brasília: MEC/SEF, 1998, p. 9.

[9] *Ibid.*, p. 91.

[10] RÜSEN, Jorn. The didactics of history in West Germany: Towards a new self--awareness of historical studies. *History and theory*, Wesleyan University, vol. XXVI, n. 3, 1987.

[11] THOMPSON, E. *A miséria da teoria ou um planetário de erros. Uma crítica ao pensamento de Althusser.* Rio de Janeiro: Zahar, 1981.

[12] Cf. ROMERO, Luis Alberto. *Volver a la Historia.* Buenos Aires: Aique, 1998, p. 49-50.

[13] OSSANA, Edgardo. Una alternativa en la enseñanza de la Historia: o enfoque desde el local, lo regional. In: VAZQUEZ, J. *Enseñanza de la história.* Buenos Aires: Interamer, 1994.

[14] *Ibid.*

[15] *Ibid.*

[16] RÜSEN, Jorn. *Op. cit.*

[17] ARTIÈRES, P. Arquivar a própria vida. *Estudos Históricos*, Rio de Janeiro, v. 11, n. 21, 1998, p. 9.

[18] GERMINARI, G. *O uso metodológico de documentos em estado de arquivo familiar no ensino de história.* Curitiba, 2001. Dissertação Mestrado em Educação da UFPR.

[19] Projeto desenvolvido por professores/pesquisadores e alunos da UFPR junto a escolas públicas de municípios da região metropolitana de Curitiba/PR, desde 1997.

[20] RÜSEN, Jorn. *Op. cit.*

[21] FREIRE, Paulo. *Educação como prática da liberdade.* Rio de Janeiro: Paz e Terra, 1967.

[22] Cf. RÜSEN, Jorn. El desarrollo de la competencia narrativa en el aprendizaje historico. Una hipótesis ontogenetica relativa a la consciencia moral. *Propuesta Educativa*, Buenos Aires, n. 7, out. 1992, p. 28.

[23] *Ibid.*, p. 29.

[24] Cf. *ibid.*, p. 29.

[25] THOMPSON, E. P. *Op. cit.*

[26] Em Rüsen, são quatro tipos de consciência histórica: **tradicional** (a totalidade temporal é apresentada como continuidade dos modelos de vida e cultura do passado); **exemplar** (as experiências do passado são casos que representam e personificam regras gerais da mudança temporal e da conduta humana); **crítica** (permite formular pontos de vista históricos, por negação de outras posições); e **genética** (diferentes pontos de vista podem ser aceitos porque se articulam em uma perspectiva mais ampla de mudança temporal, e a vida social é vista em sua maior complexidade). Ver RÜSEN, Jorn. El desarrollo de la competencia narrativa en el aprendizaje historico... *op. cit.*

OS DESAFIOS DA HISTÓRIA LOCAL

*Helenice Ciampi**

> Há homens que lutam um dia e são bons
> Há outros que lutam um ano e são melhores
> Há quem luta muitos anos e são muito bons
> Porém há os que lutam toda a vida
> Esses são imprescindíveis.
>
> Bertold Brecht

O título desta Mesa, *Os desafios da História Local,* levou-me a iniciar nossa conversa com esta reflexão de Brecht. Isto porque, ao lado da ambiguidade conceitual (história do presente, história local, história do cotidiano), há o desafio de articular teoria e proposições em práticas e ações coerentes. Paralelamente, o *V Encontro Nacional Perspectivas do Ensino de História* "tem como problemática central a identidade da disciplina escolar história frente às questões postas pelos debates e diálogos epistemológicos com o conhecimento historiográfico, a produção do campo educacional e das demais ciências sociais". Ao eleger o tema central, *Ensino de história: sujeitos, saberes e práticas*, possibilita "um lugar privilegiado de interlocução entre os diversos sujeitos e saberes envolvidos no ensino de História, para a renovação de práticas educativas tendo como perspectiva o avanço na conquista da justiça social e cidadania plena em nosso país".

---

* Professora titular da Pontifícia Universidade Católica de São Paulo.

Nesse contexto, gostaria de *precisar o lugar e a natureza da minha fala*, a de uma professora e estudiosa de metodologia do ensino de História que tem procurado, na vida profissional, refletir sobre a relação teoria e prática, buscando a coerência entre a pesquisa e a sua concretização na docência, através de procedimentos metodológicos que promovam ações coerentes com os princípios que a fundamentam. E, nesta Mesa, pretendendo analisar e socializar uma prática docente que expressa tais preocupações.

Gostaria também de *explicitar sobre quem falo e o contexto de seu trabalho*. A prática desenvolvida expressa a vivência de um professor de História com 15 anos de docência no ensino fundamental e médio, ex-aluno da PUCSP, que optou pela rede pública, lecionando, atualmente, apenas na rede municipal da cidade de São Paulo. O trabalho foi desenvolvido em 2001, com duas turmas de EJA, de alunos com idades entre 14 e 54 anos. Há muito tempo, acompanho de perto o trabalho do professor Wagner Pinheiro, tendo com ele uma parceria: meus alunos da graduação realizam estágio em sua escola. Anualmente, desde os anos 90, Wagner expõe sua proposta de curso para os licenciandos em História da PUCSP, período noturno, para análise e debate.

Para iniciar nossa conversa, relacionei algumas passagens da reflexão dos alunos do professor Wagner Pinheiro, que iremos comentar. Minha intenção é, a partir da produção da escrita, acompanhar o processo de trabalho e a leitura realizada por alunos e professor sobre o tema escolhido para o estudo nos Termos 1 e 2 de História, período noturno.[1]

"Na aula de História estivemos conversando sobre mito. Mito é uma história, uma narrativa, sobre atos heroicos que exagera um pouco e faz uma confusão entre realidade e fantasia.

Na minha escola temos como mito o Tenente Aviador Frederico Gustavo dos Santos que nasceu na Bahia, de família muito rica. Estudou nos melhores colégios de Salvador. Com 4 anos foi com os pais assistir às Olimpíadas em Berlim. Falava 3 idiomas... Conclusão, era bem-sucedido na vida, porém cometia muitos deslizes. Quando estava na 2ª guerra mundial, o comandante mandou ele conhecer o terreno na retaguarda das linhas amigas. Voou muito baixo, caindo nas águas geladas, quase bateu no barco de um pescador que poderia ter matado o pobre homem. Não cumpriu a sua punição, pois teria que ficar 3 meses preso e sem voo... Mesmo assim continuou voando, e mais, foi várias vezes a Roma descansar no Hotel e encontrar com sua namorada para se divertir, mas não foi pouca sua negligência, continuava a cometer deslizes, o que o levou à morte" (Elimar Ribeiro Santos de Almeida-2°T B,25/04/2001.p.8).

"Nas nossas aulas de história discutimos o tema mito e história. Mito é uma palavra de origem Grega, que significa contar, narrar. No decorrer da história encontramos os mitos que envolvem personagem reais ou fictícios. Isso pode ser feito por exemplo estampando-os em faces de moedas ou cédulas, dando-lhes nomes de praça, ruas, estradas, monumentos e lugares públicos.

Assim aconteceu com nossa escola com o nome de um aviador da 2ª guerra mundial, que morreu em combate e virou mito. O nome dele era tenente aviador Frederico Gustavo dos Santos. Ele era um piloto de avião que destruía alvos militares dos inimigos. Morreu por uma fatalidade, quando ele foi destruir o alvo inimigo, o avião estava muito próximo do alvo.

Assim surgiu o mito do Tenente. Estudando sobre o tenente aviador descobrimos que ele era uma pessoa comum, mas a elite engrandeceu seu nome para seu próprio interesse. Assim aconteceu com a vila Cachoeirinha, pessoas de todos os estados, cor, crença ajudaram para elevar o nome do bairro. Mas nós sabemos que a história não é bem assim, nós podemos perceber que também fazemos parte da história.(...)" (Paulo Márcio Ribeiro Jesus - 2°T.A. p.9).

"Nas aulas de História discutimos sobre mito e História. Mito, conforme estudamos são personagens reais ou fictícios que se destacam por qualidades excepcionais e geralmente são criados pela elite.

Um exemplo de mito existe na escola onde estudo. O Tenente Aviador Frederico Gustavo dos Santos, que foi transformado em mito, quando seu nome foi dado a escola em homenagem por ter sido morto em combate durante a II Guerra Mundial. Foi no ano de 1969 quando o então prefeito de São Paulo José Vicente de Faria Lima, através de um decreto mudou o nome de Escolas reunidas de V. N. Cachoeirinha, para Escola Municipal Tenente Aviador Frederico Gustavo dos Santos. Segundo o mesmo decreto, a mudança de nome da escola se justificaria pelo interesse de 'evocar vultos eminentes' que tivessem se destacado pelas suas 'devoções às causas públicas', como um exemplo às novas gerações.(...)

Por isso devemos refletir muito, pois em nossa sociedade existem grupos que defendem interesses individuais e podem construir uma determinada memória, enaltecendo seus heróis. Isso pode acontecer, por exemplo, estampando fotos de pessoas em moedas ou cédulas, colocando seus nome em locais públicos, como avenidas, praças, estradas, monumentos etc.

A intenção é fazer com que todos reconheçam que nossas vidas estão marcadas pelos atos heroicos dos mitos" (América Trindade Santana de Oliveira. 2°T.B-04/2001. p.10).

"O professor Wagner, de História, pediu que nós fizéssemos uma linha do tempo de nossa vida e recordei algumas coisas boas e ruins.

E depois formamos um grupo de quatro pessoas e comparamos a nossa vida para ver se tinha algo em comum. E realmente tinha. Moramos no mesmo bairro, estudamos na mesma escola e classe; e três de nós temos nomes iguais.

Também na aula de história, estivemos descobrindo mito e história. Mito é uma palavra de origem grega que significa narrar, contar no decorrer da história. Um exemplo de mito está situado na história do bairro Vila Nova Cachoeirinha, porque na história só os japoneses aparecem, sendo que existem moradores que não são japoneses e que ajudaram na fundação do bairro e estas pessoas mereciam ser lembradas. Mas isto não aconteceu sendo os japoneses os privilegiados na história. Descobrimos também que o nome dado à nossa escola, Tenente Aviador Frederico Gustavo dos Santos, é um mito.

O que conta a história é que ele era um herói, mas quem contou o fato aumentou. Na verdade ele não era tudo o que falaram, tinha seus erros como todos nós e não defendeu a Pátria sozinho e sim com os outros soldados que tinham a mesma competência que ele. E ele nem fazia parte do bairro para ser elogiado, morava na Bahia.

Por que não um nome de quem ajudou a construir o bairro e a escola, alguém que faz parte da História, como nós moradores do bairro? Por isso que eu acho que ele não é merecedor desta homenagem (...)" (Edna Cristina Alves da Silva Santos. 2ºT.B. 20/04/2001. p. 11).

"Em nossa sociedade, grupos que defendem interesses individuais podem construir uma determinada memória, enaltecendo seus heróis, por exemplo, estampando-os em faces de cédulas ou moedas, colocando seus nomes em mitos, pessoas que, em muitos casos, não merecem todo o mérito que creditam a elas (...)

Outro exemplo de mito, é a história do nosso bairro, Vila Nova Cachoeirinha, que é narrada pela revista da Zona Norte, que é publicada com o apoio dos comerciantes que têm grande interesse econômico no crescimento do bairro (segundo documento, 05/08/1933), e talvez até mesmo na forma do desenvolvimento da Cachoeirinha. Falam muito nos japoneses, dizendo que foram eles que colonizaram o bairro, sendo que, até os dias de hoje, em pleno ano de 2001, é possível encontrar moradores antigos do bairro que contam a história de forma diferente. Moradores inclusive que poderiam ter dado depoimentos para o enriquecimento do texto 'história de Vila Nova Cachoeirinha'. Vemos então, que uma pessoa ou grupo com o poder público e aquisitivo mais elevado, pode transformar qualquer pessoa comum em mito" (Elizabete Cristina Santos Lages. 2ºT.A. p. 21).

Essas vozes dos alunos do professor Wagner Pinheiro expressam o que para ele significa ensinar História hoje. "Contra o ceticismo, a desorientação e a incapacidade de compreender os outros, tão comum nos dias de hoje, o ensino da História pode nos ajudar a conhecer nossos próprios limites, a valorizar as incertezas e a ter um razoável nível de senso crítico. Isso ocorrerá se dermos ênfase a um ensino que trabalhe com problemas e não com a mera transmissão de conhecimentos, um ensino que se preocupe em promover a aproximação entre o conhecimento histórico e o saber histórico escolar, valorizando o aluno como sujeito ativo do processo de aprendizagem e evidenciando os fatores que interferem na construção da história."[2]

Qual foi a problemática levantada por Wagner e proposta aos alunos no início do ano? Realizar uma reflexão sobre as suas trajetórias de vida até o momento em que se encontravam: alunos de suplência de quinta série, curso noturno da escola municipal Tenente Aviador Frederico Gustavo dos Santos, situada no bairro de Vila Nova Cachoeirinha, Zona Norte do Município de São Paulo. Após uma conversa inicial sobre o percurso de vida do professor e dos alunos, estes registraram sua trajetória em eventos datados, numa ordem cronológica. Em grupo, segundo critérios escolhidos pelos próprios alunos, "local de nascimento, idade, gênero ou simplesmente amizade", foi realizada uma comparação entre os registros de vida, com o objetivo de perceber semelhanças e diferenças nas respectivas histórias individuais e construir noções de história comum, relações sociais, sociedade. A discussão encaminhada permitiu concluir que "memória e história são um olhar para o passado a partir do presente".

Segundo Wagner, um "dos pontos comuns a todos nós naquele momento era partilharmos o mesmo espaço geográfico e a mesma instituição educacional. Neles fazíamos nossa história. Como consequência desse fato, propus-lhes uma reflexão sobre aspectos que pudessem contribuir para a construção de um conhecimento histórico pertinente. Levantamos alguns problemas acerca dos livros didáticos de história conhecidos, e constatamos que, quase sempre, pessoas como nós estavam distantes desses livros, quer como sujeitos históricos, quer como produtores de conhecimento. Consequentemente, iniciamos uma reflexão que nos permitisse conhecer a historicidade do próprio conhecimento histórico e os mecanismos sociais que o engendram".

A citação acima evidencia os pressupostos teóricos que embasam a prática do professor Wagner: a história é um conhecimento construído a partir das questões colocadas pelo presente; a dimensão temporal e o contexto no qual as questões são produzidas influem decididamente em sua solução; diversas são as abordagens ou visões sobre o problema em questão, pois diferentes são os sujeitos que com ele dialogam de diferentes espaços sociais; para a sua compreensão, construção/

reconstrução é fundamental o confronto das posições, assim como a identificação de suas argumentações e contra-argumentação.

Explicitando os fundamentos de sua prática pedagógica, o professor esclarece que "se as discussões no campo da produção do conhecimento histórico têm mostrado que as próprias obras historiográficas são fruto do seu tempo, não poderíamos pensar em ensinar a História como um produto acabado ou como 'a verdade'. Esclarece que isso não significa cair num relativismo estreito e irracional, mas, sim, reconhecer que o historiador exerce um papel ativo na elaboração do conhecimento, e que, portanto, no ensino dessa disciplina, o aluno, que se pretende tratar como sujeito da história, deve experimentar algo semelhante".[3]

O professor encaminhou uma investigação sobre a história do bairro e sobre a escola, não simplesmente para sistematizar uma cronologia de fatos e personagens, numa mera apropriação de dados. Realizou, a partir das fontes disponíveis, uma desconstrução da montagem do mito do patrono da escola, assim como dos "heróis" que a versão dos comerciantes cristalizou na história do bairro da Vila Nova da Cachoeirinha. O mais significativo é o processo de descoberta vivenciado pelos alunos. Em nenhum momento, o professor falou sobre os interesses veiculados na construção desta versão. Foi no processo de leitura, compreensão e interpretação das fontes, inclusive de seu confronto, que os alunos foram identificando a perspectiva dos sujeitos envolvidos na versão e construção do mito. Wagner trabalhou as fontes como representação de momentos particulares da realidade examinada e não como espelho fiel dessa mesma realidade.

Fica evidente que os alunos acabaram percebendo estar trabalhando com textos autorais, que evidenciam as vozes de sujeitos que expõem sua visão segundo seus interesses e sua posição social. Entenderam as fontes como criações humanas, num dado espaço e tempo. A análise foi realizada com as fontes disponíveis no momento, isto é, a história do bairro publicada numa revista promocional veiculada sob o patrocínio dos comerciantes da região, na qual foram, também, exploradas imagens e um poema escrito por um dos primeiros moradores do bairro. Sobre a escola, foram analisados o decreto do Executivo municipal, oficializando o nome do patrono, sua biografia e um documento administrativo contendo um pequeno relato sobre a origem da escola.

Se atentarmos para a produção dos alunos, verificamos que trabalharam com vários conceitos e registraram a percepção da íntima relação entre a construção do mito e da história. Foram capazes de identificar que "sujeitos históricos em suas ações constroem representações sobre seus atos, que muitas acabam sendo impostas a outros grupos sociais como as únicas versões ou explicações possíveis sobre os acontecimentos". Segundo o professor Wagner, a intenção não era destruir mitos ou substituí-los, "mas, dentro das limitações, refletir e participar da construção de um conhecimento que, até então, reproduzíamos passivamente." Wagner destaca que o principal papel do professor nas aulas de História foi levar o aluno a tomar consciência dos mecanismos de construção do próprio conhecimento histórico.

É nítida a percepção da articulação e entrelaçamento das histórias de vida, do bairro e da escola, com os alunos assumindo-se como sujeitos que também fazem histórias, quando afirmam, como Raimunda, que *"a minha história é história de muita gente ou a maioria das pessoas que enfrentam muitas dificuldades, que trabalham e lutam para criar seus filhos, mas na sociedade não são exaltadas como outros membros"*.

Interessante a reflexão realizada por Arnaldo: *"Procuro e não encontro em lugar algum algo reverenciando ou homenageando os trabalhadores que alavancaram este país para o bom desenvolvimento, construindo estradas de rodagem, trabalhando o solo, construindo grandes prédios e enormes arranha-céus monstruosos. E quando esses trabalhadores às vezes precisam entrar em um desses prédios para resolver alguma coisa do seu interesse passam humilhações nas quais têm que se identificar, e às vezes têm que se submeter a fotos e até mesmo serem revistados como se fossem mau caráter ou um bandido"*. E, conclui: *"Essas criaturas sofrem estes tipos de preconceitos, por serem pessoas humildes, vindas de famílias pobres, humildes e às vezes sem estudos; mas o que seria do Brasil se não existissem essas bravas pessoas que deram seu suor, seu sangue e suas vidas para o progresso dessa pátria amada e idolatrada, que és tu Brasil?"*[4]

Esta percepção é testemunhada por outros alunos, como Elizabete, ao afirmar que heróis *"somos nós, que conseguimos vencer as lutas diárias, e mesmo com todas as dificuldades encontramos tempo para vir a escola, e força para driblar a falta de dinheiro causada por estes governos corruptos"*. Posição reafirmada por Márcia, ao concluir: *"A minha história é bem simples, não sou heroína e nem participei da guerra mundial. Na V. N. Cachoeirinha moro há mais de 24 anos, por isso eu também faço parte da história do bairro. Por motivos financeiros não pude concluir os meus estudos na época certa e tive que, muito cedo, parar para poder trabalhar. Mas hoje 12 anos depois de abandonar os estudos tive nova chance, uma valiosa oportunidade de voltar, o que muito desejava, fazendo assim parte, como aluna, da história dessa escola."*

José de Souza Martins, na introdução do seu livro *Subúrbio*, procura uma compreensão para o esquecimento e o silêncio das pessoas comuns em São Caetano, do fim do Império ao fim da República Velha. Sua intenção nessa pesquisa foi centrar o foco "no olhar (aturdido) do insignificante em relação à História que se desenrola apesar dele e ao redor dele. Para entender a trama que o envolve, que o captura 'momentaneamente' (momentaneamente visível para ele), para entender o sentido do que ocorre", Martins tomou "como referência o protagonista e significante, ausente e invisível. O significante ganha corpo na circunstância, como um contraponto ao vazio da história local: a visita do Imperador, que faz uma anotação passageira em seu diálogo; cenas e paisagens registradas por fotógrafos anônimos..." Ressalta o autor que a história local pode ser entendida como uma defesa contra esse vazio de sentido, essa "marginalidade histórica" dos protagonistas secundários representados pelos homens e mulheres comuns de nossa sociedade.[5]

Martins nomeia a história do subúrbio como uma *história circunstancial,* pois, para ele, na história local e cotidiana estão as circunstâncias da História. O que permite resgatá-las como História é a junção dos fragmentos das circunstâncias, "quando a circunstância ganha sentido, o sentido que lhe dá a História. A história local não é uma história de protagonistas, mas de coadjuvantes."[6]

O que o autor quer ressaltar é que era o poder e seus agentes que definiam o "modo de ver e conceber a cidade e sua gente e nela o lugar de cada um. A cidade o era a partir da ideia de que nela se encontravam os que decidiam e mandavam"[7]. Nesse sentido, Wagner procurou também "ver" a história do bairro e da escola por outra perspectiva: a de seus próprios alunos.

Por vezes, a produção dos alunos registra, explicitamente, o trabalho de pesquisa desenvolvido. Como, por exemplo, no registro de Adriano: "*Já aprendemos um pouco sobre mito e história da Cachoeirinha e da escola. Graças às aulas de história podemos aprender um pouco como pesquisar-buscar informações e construir conhecimento e não podemos esquecer do professor que está sendo muito explicativo conosco*".[8] Interessante como o processo de pesquisa e discussão foi captado por Arnaldo. A citação é um tanto longa para permitir acompanhar o raciocínio do aluno e não cortar o seu pensamento: "*Após a discussão em forma de debate, a respeito desse 'mito'- Frederico Gustavo dos Santos, o patrono de nosso escola, a partir deste trabalho, o grupo iniciou uma nova fase dos estudos aproveitando as discussões que foram feitas nos estudos anteriores, o grupo permanece; foi um método muito diferente de pesquisa onde os alunos deixam de serem simples alunos e passam a ser aparentemente enormes pesquisadores em busca de explicações para nossas inquietações e curiosidades.*"

Por esses registros, percebemos como, no conjunto dos procedimentos, há a busca de informações com sentido para os alunos: informações estas que, articuladas às questões colocadas e no contexto das discussões, se convertem em conhecimento para eles. Pesquisa, portanto, como algo consequente e não como mera cópia de livros ou "recitação" enfadonha de anotações aleatórias. Mas algo novo, diferente, nem sempre é tranquilamente aceito por todos os alunos, sobretudo porque é trabalhoso. Wagner explicita as dificuldades no processo de trabalho.

"Apesar da impaciência de alguns alunos com o trabalhoso levantamento de informações numa quinta série de suplência, superamos essa fase da atividade com comentários bem-humorados, que lhes permitiram manifestar suas dificuldades sem que perdêssemos o objetivo principal de um trabalho pouco comum para eles. Expliquei-lhes que a excessiva preocupação com o cumprimento de programas, prática cotidiana em nossas escolas, acabaria exigindo a mudança frequente de assuntos, e que isso implicaria, inevitavelmente, um trabalho superficial que eu considerava inadequado para a construção de habilidades na área de história. Superamos esta fase com muito diálogo", explica o professor em seu relato.

Sobre este aspecto, é importante registrar pontos fundamentais da metodologia do ensino desenvolvida pelo professor Wagner. Além de ter o aluno como sujeito do conhecimento e da História, e o professor como mediador deste conhecimento a ser construído, identificamos um outro pilar significativo: o contrato didático, estabelecido desde o início e retomado ao longo do ano, constantemente renovado, como foi acima mencionado: "Superamos esta fase com muito diálogo".

No começo do ano letivo, foi estabelecido "um contrato de convivência mediante uma reflexão sobre Ética-Liberdade-Responsabilidade, proposta pela Secretaria Municipal de Educação na *Revista educAção*. O resultado deste primeiro contato foi registrado nos cadernos e serviu como base para nosso relacionamento ao longo do ano".[9]

Outro aspecto a ser enfatizado é a sequência/seleção de assuntos no decorrer do curso. Eles se articulam com o estudo da escola e de seu patrono, uma vez que o decreto do prefeito Faria Lima em 1969, determinando o nome do Tenente Aviador Frederico Gustavo dos Santos para patrono, informa que ele havia sido morto em combate durante a II Guerra Mundial, na defesa da Pátria, da Liberdade e da Democracia.

Dois temas surgem deste estudo: II Guerra Mundial e o período do militarismo no Brasil. O primeiro, pelo fato de o Tenente Aviador dela ter participado, e o segundo, pelo período no qual foi homenageado o Tenente Aviador como patrono da escola.

Mais uma vez é importante ressaltar a metodologia de ensino desenvolvida pelo professor. Foram discutidas, coletivamente, as questões que os alunos gostariam de saber sobre a guerra. Elas foram redigidas, reelaboradas e assumidas por toda a classe. Entre as questões a serem pesquisadas, destacamos: se houve relação entre a primeira e a segunda guerra mundial; sobre a duração da guerra, os países envolvidos e o que teria motivado este envolvimento; quem governava o Brasil à época e se era um governo democrático; o que teria levado o Brasil a participar do conflito; como terminou e quem foi o vencedor; e, finalmente, se a guerra teve alguma coisa a ver com a presença de japoneses no bairro de Vila Nova Cachoeirinha.

Para respondê-las, a turma foi dividida em grupos. Teve início um longo processo de orientação de leituras nos livros trazidos pelos alunos e pelo professor, de seleção de informações e registro nos cadernos. Segundo Wagner, quando as respostas estavam razoavelmente respondidas, os alunos fizeram o registro final, socializaram as respostas e elaboraram um relatório.

A questão levantada, se o Brasil era um país democrático na época da guerra, encaminhou a discussão para o contexto mundial do pós-guerra, leituras sobre a Guerra Fria, capitalismo, socialismo e a implantação de regimes ditatoriais na América Latina e no Brasil. O passo seguinte foi a exploração de uma hipótese: a possível relação entre o que acontecia no Brasil em 1969 e a assinatura do decreto de nomeação da escola. Esta fase do trabalho ocorreu após o recesso escolar, ou seja, no segundo semestre, com as turmas ligeiramente modificadas pela incorporação de novos alunos para o segundo termo (6ª série). Para tanto, foram retomadas atividades de sensibilização, uma vez que era necessário envolver os novos alunos no processo de trabalho significativo para os mesmos e diferenciado, pois muitos dos alunos retornavam aos estudos depois de anos afastados da vida escolar.

"A partir de algumas falas dos próprios alunos, de que era a 'época dos militares', na qual, para uns, havia mais ordem, segurança e patriotismo, e, para outros, o que havia era miséria e censura, concluímos que poderiam surgir outras explicações plausíveis para o ato do prefeito e procuramos, portanto, estudar esse período".[10]

Vejamos algumas conclusões dos alunos sobre este estudo. Segundo Raimunda, no socialismo as *"pessoas não teriam liberdade de escolha, existiria um planejamento social, quer dizer, uma sociedade controlada por um governo. As pessoas que trabalham teriam seus salários, mais ninguém seria dono de nada, ou seja: as pessoas não teriam posse, mas também ninguém passaria fome. Teria igualdade financeira entre as pessoas. Eu acredito que se no Brasil acontecesse isso talvez as coisas melhorassem, mas no Brasil está muito difícil de acontecer. Nos anos 60 o debate entre o socialismo e o capitalismo era tão apaixonado e provocou muitas mortes. Era o período da Guerra Fria que foi um conflito entre o socialismo e o capitalismo. A Guerra Fria foi um conflito que não usava armas convencionais, era uma guerra econômica, era uma disputa mundial entre os países EUA e URSS pela conquista de zonas de influência."*[11]

Para Elizabete Cristina, *"de agora em adiante o capitalismo estará cada vez mais firmado com o seu sistema ideal de governo, a democracia participativa, mas bem que eu gostaria que os governantes usassem algumas medidas socialistas para distribuir melhor a renda e tirar da miséria aquela parcela da população que sofre sem recursos, e sem perspectivas de melhora."* (p.37)

O estudo do Regime Militar contemplou os desdobramentos do autoritarismo no tocante à organização da sociedade civil, movimento sindical e produção cultural. Foram analisadas composições musicais e o contexto de sua criação. "A questão da anistia foi abordada como conquista da organização da sociedade civil por meio do programa mínimo de ação do Comitê Brasileiro pela Anistia de São Paulo e, por último, um artigo publicado no Jornal *Em tempo* sobre a morte do sindicalista Santos Dias deu-nos alguma ideia sobre a organização dos trabalhadores no período", possibilitando, inclusive, perceber as marcas diferenciais entre o novo sindicalismo do ABC, nos anos 80, e o sindicalismo de resultados dos anos 90, nos informa o relato do professor Wagner. (p. 37)

Vamos acompanhar alguns registros, para podermos avaliar o tipo de análise realizado e a reflexão dos alunos sobre as discussões ocorridas. *"Começamos o estudo do que aconteceu nessa época para vermos se havia alguma relação entre o que acontecia em 1969 e o ato do prefeito de São Paulo Faria Lima em dar o nome do Tenente Aviador Frederico Gustavo dos Santos à nossa escola. Concluímos que nessa época que o Brasil era dominado por um regime militar e que os revolucionários tentavam derrubar o governo (1969), sequestrando o embaixador norte-americano. Os militares ficaram receosos da reação do povo que poderia conscientizar-se e reagir contra a ditadura e com isso denegrir sua imagem. Então resolveram colocar nomes de militares em ruas, praças, avenidas, escolas etc. Foi por isso que nossa escola recebeu o nome do militar Tenente Aviador Frederico Gustavo dos Santos."*[12]

Esta reflexão foi realizada por outro grupo, afirmando que *"também devido aos protestos contra o regime, o governo procurou formas de seduzir a população, usando o artifício da supervalorização dos heróis militares, com a colocação de nomes desses heróis em edifícios públicos, como é o caso da nossa escola, "Tenente Aviador Gustavo dos Santos", um herói da Segunda Guerra Mundial, que morreu na Itália".*[13]

Na conclusão de outro grupo, *"com estes fatos lamentáveis que nessa época os militares fizeram uso do poder que lhes era cabido de forma consciente ou não, contra os interesses da maioria da população. Hoje observamos várias instituições públicas (que vão ao encontro do interesse popular) nomes de figuras ligadas ao militarismo, como é o caso de nossa escola, EMEF Tenente Aviador Frederico Gustavo dos Santos, já falecido, quando teve seu nome usado. Isso com o intuito de amenizar os atos praticados e mudar a opinião da população sobre o que diz respeito ao militarismo."*[14]

Esta perspectiva é também reafirmada pelo trio: "*Quando a escola foi fundada quem governava o país eram os militares e como eles queriam ter a sua imagem bem vista, começaram a dar nomes de heróis militares para que o povo os reconhecesse como pessoas de bem*".[15]

Sabemos da dificuldade de recuperar *a posteriori* e por escrito todo o dinamismo de uma prática pedagógica. Há momentos irrecuperáveis que dificultam avaliar realmente o desencadeamento das discussões realizadas, momentos em que ocorrem as descobertas coletivas e individuais. Mas a intenção desta análise foi desenhar o caminhar metodológico percorrido, identificando os pilares que embasam a prática, concebendo a docência/ensino como o lugar da articulação das questões teórico-metodológicas da produção do conhecimento histórico com o saber histórico escolar.

É conveniente lembrar que a publicação de *Faire de l'histoire*, coleção dirigida por Pierre Nora e Jacques Le Goff, em 1974, propõe à História novos problemas, novas abordagens e novos objetos. A partir dos anos setenta, desestruturaram-se os referenciais explicativos, com a crise dos ismos: humanismo, estruturalismo e determinismos.

Crise que provocou, nos campo das ciências humanas, uma revisão de suas ambições totalizadoras e de explicações racionalistas e materialistas. Esta desestruturação desencadeou, no campo da História, uma reflexão sobre a natureza e a especificidade do trabalho do historiador e suas relações com as ciências sociais. *Faire de l'histoire* representa a passagem da prioridade da análise macroeconômica para uma história centrada nas questões culturais.

Maria Odila Leite da Silva Dias, por outro lado, constata, nos últimos vinte anos, uma tendência convergente, em diversos ramos do conhecimento, de crítica às noções totalizantes, da qual nasce a hermenêutica contemporânea.[16] Seguindo seu raciocínio, lembra os historiadores sociais das mentalidades empenhados na construção de conceitos capazes de relacionar o cotidiano dos indivíduos concretos "aos elementos abstratos e aos processos históricos em que estavam inseridos". Historiadores em busca de verdades aproximadas, para definir o plural e não o universal, uma vez que voltados para o "esforço de encontrar a justa medida do incomensurável, do indefinível". Segundo essa autora,

> na busca de compatibilização de abordagens tão díspares quanto o descontrutivismo de Derrida, a crítica marxista, a história das mentalidades ou a arqueologia textual de Foucault, entre outros, o cerne de nossa contemporaneidade encontra-se no estudo do cotidiano e do poder. O cotidiano concebido como lugar privilegiado de mudança e, portanto,

de resistência ao poder; de intersecções de elementos que possibilitam a transcendência de categorias e maniqueísmos ideológicos.[17]

Parece-me que a ambiguidade conceitual com relação à história local surge no bojo dessa ampliação de objetos e abordagens. Por vezes, associada à história do presente, do cotidiano; por outra, uma dificuldade com relação à própria noção de história local:

> A ideia do local como uma entidade distinta e separada, que pode ser estudada como um conjunto cultural. (...) quase tudo que aconteceu num local podia ser tratado como significativo, não importando sua importância intrínseca ou local, num esquema evolucionário. Greves e tumultos misturaram-se indiscriminadamente com 'acontecimentos notáveis', como enchentes.[18]

Por outro lado, a história local não é necessariamente o espelho da história de um país e de uma sociedade, pois se o fosse negaria a mediação em que se constitui a particularidade dos processos locais e imediatos, que não se repetem nos processos mais amplos, mas com eles se relacionam. E, nesse sentido, auxiliam na compreensão do local com o geral, como podemos perceber no trabalho desenvolvido pelo professor Wagner. A seleção de "momentos da história brasileira" a serem estudados foi feita mediante sua relação com o objeto do curso, contribuindo para articular o local com o nacional. Esse procedimento metodológico evitou que o aluno considerasse a sua vida pessoal, local, como o espaço onde não ocorresse a história, como se o seu espaço estivesse à margem da História. Pelo contrário, eles se integraram, conseguindo perceber a sua própria história na história da escola, do bairro e do Brasil.

Paralelamente, é conveniente lembrar as questões relativas ao tratamento com as fontes. São questões que se referem ao trabalho do historiador, independentemente do seu tema, objeto ou abordagem, embora a história local possa apresentar alguns cuidados específicos. Raphael Samuel, por exemplo, nos alerta para a variedade de fontes que podem ou precisam ser exploradas no trabalho com a história local: "Ele [o pesquisador] a encontra dobrando a esquina e descendo a rua. Ele pode ouvir os seus ecos no mercado, ler o seu grafite nas paredes, seguir suas pegadas nos campo".[19] Ressalta, sobretudo, a importância do uso da fonte oral, dos "papéis de família", concluindo que, ultimamente, os historiadores têm "invocado evidências visuais, numa tentativa de tornar mais compreensível o particular."[20]

A prática pedagógica do professor possibilitou, entre outras, que a história local realizasse a concretização dos princípios definidos, fazendo com que o "subúrbio", muitas vezes pensado como o lugar da reprodução e não como lugar da produção histórica, como lugar da repetição e não da criação, fosse pensado como o lugar da História. "É lugar para morar e trabalhar. Nesse sentido é, também, o lugar do vivido (mas o vivido fragmentado) que cimenta a unidade contraditória dessas aparentes dicotomias. A memória é aí memória do fragmento. Lugar do nada é também lugar da procura da memória".[21]

Por outro lado, possibilitou visualizar que a história local, do cotidiano, não tem sentido quando separada do cenário em que se desenrola. Permitiu repensar a cidade, sua história, suas possibilidades para recuperar o vivido, as experiências do aluno, por vezes esquecidas ou mesmo desfocadas da história do livro didático. Mostrou-nos como evitar, na prática pedagógica, que a lida cotidiana nos leve a ter um olhar rotineiro para os possíveis temas a serem trabalhados no dia a dia da sala de aula.

O trabalho de Wagner e seus alunos, em 2001, sintetiza uma prática comprometida, de 15 anos de magistério. Testemunha o esforço e a criatividade de nossos profissionais que, apesar dos todos os pesares, "fazem o mundo girar" e alimentam nossas utopias num constante recriar do que, um dia, o poeta escreveu: "Quem sabe faz a hora, não espera acontecer". Realiza uma outra leitura das competências desejáveis ao desenvolvimento do aluno: raciocínio e resolução de problemas para ressignificar a sua realidade, contribuindo para a compreensão das contradições sociais e não para atender a interesses da empresa ou mercado.

É, sobretudo, uma prática coerente, procurando concretizar no cotidiano os princípios aceitos teoricamente. Socializar este trabalho significa reconhecê-lo como expressão do estudo e pesquisa de um educador e profissional comprometido, entendendo a educação como prática social.

Bibliografia

CIAMPI, Helenice. *A história pensada e ensinada: da geração das certezas à geração das incertezas.* São Paulo: Educ, 2000.

_____ e outros. *Ensino de História: revisão urgente.* São Paulo: Educ/Inep, 2000.

DIAS, Maria Odila Leite da Silva. Teoria e método dos estudos feministas: perspectiva histórica e hermenêutica do cotidiano. In: COSTA, Albertina de Oliveira e BRUSHINI, Cristina (orgs.). *Uma questão de gênero.* Rio de Janeiro: Rosa dos tempos; São Paulo: Fundação Carlos Chagas, 1992.

MARTINS, José de Souza. *Subúrbio: vida cotidiana e história no subúrbio da cidade de São Paulo: São Caetano, do fim do Império ao fim da República Velha.* São Paulo: HUCITEC; São Caetano do Sul: Prefeitura de São Caetano do Sul, 1992.

PERRENOUD, Philipe. *Construir competências desde a escola*. Tradução Bruno Charles Magne. Porto Alegre: Artmed Editora, 1999.

SAMUEL, Raphael. História Local e História Oral. *Revista Brasileira de História*, São Paulo, vol. 9, n.19, set. 1989/fev. 1990.

TARDIF, Maurice. *Saberes docentes e formação profissional*. Petrópolis, RJ: Vozes, 2002.

VÁRIOS AUTORES. *O Bairro, a escola, minha vida, minha...história?* São Paulo: s/ ed., 2001. (Obra digitalizada)

Notas

[1] Trata-se de alunos de Educação de Jovens e Adultos (EJA), em São Paulo; as 5' e 6' séries são denominadas Termos 1 e 2.

[2] VÁRIOS AUTORES. *O Bairro, a escola, minha vida, minha...história?* São Paulo: s/ed., 2001, p.3.

[3] *Ibid.*, p. 3.

[4] *Ibid.*, p. 17.

[5] MARTINS, José de Souza. *Subúrbio: vida cotidiana e história no subúrbio da cidade de São Paulo: São Caetano, do fim do Império ao fim da República Velha*. São Paulo: Hucitec; São Caetano do Sul: Prefeitura de São Caetano do Sul, 1992, p. 13.

[6] *Ibid.*, p. 13.

[7] *Ibid.*, p. 7.

[8] VÁRIOS AUTORES. *O Bairro,... op. cit.*, p. 13.

[9] Do professor esperava-se que: respeitasse o ritmo de aprendizagem do aluno; fosse claro nas explicações; soubesse ouvir os alunos e permitisse o debate de ideias; tratasse a todos com imparcialidade; se dedicasse ao aprendizado dos alunos; e, por fim, fosse pontual. Dos alunos esperava-se que: estudassem dando o melhor de si; tivessem o caderno organizado e atualizado; trouxessem o material necessário à aula; respeitassem o direito de fala dos colegas e soubessem esperar a vez; prestassem atenção nas orientações coletivas; fizessem os trabalhos propostos; colaborassem para o aprendizado de todos; não circulassem pela sala quando isso pudesse atrapalhar o andamento dos trabalhos. *Ibid.*, p. 4.

[10] *Ibid.*, p. 34.

[11] *Ibid.*, p. 36.

[12] América Trindade Santana de Oliveira, Edna Cristina Alves da Silva Santos, Elimar Ribeiro Santos de Almeida. 2°T.B, 10/2001. *Ibid.*, p. 39.

[13] Elizabete Cristina Santos Lage, Ivone M. Delazari, Renata de Souza Adolfo, Rogério de Carvalho Pereira, Simone Miranda, 2°T.A. *Ibid.*, p. 42.

[14] José Luís Araújo de Melo e Geraldo Barros. *Ibid.*, p. 46.

[15] Edmilson Francisco Fernandes, Jociene Rosa de Jesus e Roberta Henrique. 2° T.B. *Ibid.*, p. 48.

[16] DIAS, Maria Odila Leite da Silva. Teoria e método dos estudos feministas: perspectiva histórica e hermenêutica do cotidiano. In: COSTA, Albertina de Oliveira e BRUSHINI, Cristina (orgs.). *Uma questão de gênero.* Rio de Janeiro: Rosa dos tempos; São Paulo: Fundação Carlos Chagas, 1992, p. 45-46.

[17] CIAMPI, Helenice. *A história pensada e ensinada: da geração das certezas à geração das incertezas.* São Paulo: Educ, 2000, p. 442-443.

[18] SAMUEL, Raphael. História Local e História Oral. *Revista Brasileira de História*, São Paulo, vol. 9, n.19, set. 1989/fev. 1990, p. 227.

[19] *Ibid.*, p. 220.

[20] *Ibid.*, p. 224.

[21] Martins, José de Souza. *Subúrbio...* op. cit., p. 15.

ENSINANDO HISTÓRIA NAS SÉRIES INICIAIS: ALFABETIZANDO O OLHAR

Leila Medeiros de Menezes[*]
Maria Fatima de Souza Silva[**]

> De fato, o que sobrevive não é o conjunto daquilo que existiu no passado, mas uma escolha efetuada quer pelas forças que operam no desenvolvimento temporal do mundo e da humanidade, quer pelos que se dedicam à ciência do passado e do tempo que passa, os historiadores.[1]

Gostaríamos de iniciar nossa conversa situando de qual lugar estamos falando e a partir do que estaremos expondo nossas ideias. Trabalhamos hoje no Instituto de Aplicação Fernando Rodrigues da Silveira da Universidade do Estado do Rio de Janeiro, mais conhecido como Colégio de Aplicação da Uerj, instituição voltada para o ensino, a pesquisa e a extensão, com a vocação definida para a formação de novos professores.

> (...) O ensino, a pesquisa e a extensão surgem, então, como desdobramento natural de uma prática que aposta no redimensionamento da figura do professor, convertendo-o em um pesquisador do próprio trabalho.[2]

---

[*] Professora da Universidade do Estado do Rio de Janeiro.
[**] Professora da Universidade do Estado do Rio de Janeiro.

Nosso fazer em sala de aula está pautado na pesquisa-ação, assumida, assim, como um privilegiado laboratório de pesquisa, onde alunos e professores são instigados a, cotidianamente, vivenciar o processo de ação-reflexão-ação.

A possibilidade não só de praticar o ensino a partir de experimentações, novas concepções e métodos, como também de desenvolver reflexões e pesquisas sobre o ensinado, mantém-nos num estado permanente de buscas, ou seja, aprender-ensinando e ensinar-aprendendo.

Usaremos de uma metáfora musical para definir como compomos este artigo: a execução no piano de uma peça musical a quatro mãos, em que solo e acompanhamento precisam se entrelaçar harmonicamente para conseguir um resultado melodioso. É assim que nos sentimos. Oriundas de espaços diferentes de ensino, nossas trajetórias se cruzaram a partir do interesse comum, manifestado e praticado há anos, qual seja o ensino de História nas séries iniciais, tema desta Mesa que ora temos o prazer de compor.

Estamos vivendo, ao longo de muitas décadas, uma verdadeira aventura pedagógica, com a beleza de eternas aprendizes (para lembrar Gonzaguinha), aprendendo com as crianças, com os nossos pares.

Enfrentamos, ao longo da nossa caminhada, muitas adversidades, mas também muitas alegrias e satisfações. Crescemos no encontro, no confronto, nas descobertas. Desde que nos fizemos professoras, optamos pelas séries iniciais e, ao longo da nossa trajetória, teimamos em permanecer, fazendo do ensino "primário" o ensino "primeiro".

Aproveitamos a ocasião para saudar a organização do *V Encontro Nacional Perspectivas do Ensino de História* pela permanência dessa temática, que consideramos de fundamental importância. Queremos destacar a natureza desse debate, tendo em vista que nosso objeto de reflexão é o ensino das séries iniciais que se organiza de forma interdisciplinar, sendo o alvo, deste Encontro, o conhecimento histórico.

Não temos a pretensão de, aqui e agora, levantar todas as questões sobre o tema proposto. Pretendemos, sim, trazer para discussão algumas questões que são frutos da nossa prática, das nossas reflexões, das nossas pesquisas e dos nossos encontros com professores, no trabalho de extensão que desenvolvemos nas redes públicas de ensino.

Nossa exposição tem início com algumas indagações recorrentes: por que ensinar História nas séries iniciais? De que forma? As crianças conseguem operar com os conceitos específicos da disciplina? É possível trabalhar História com alunos de 6 a 10 anos? O professor, que não é especialista em História, pode trabalhar com os conhecimentos específicos da disciplina? Essas e outras questões fazem parte do senso comum das inquirições cotidianas de muitos de nós.

Pretendemos aqui responder a alguns desses questionamentos de forma propositiva e enfaticamente afirmativa. A esses, ousamos dizer sim. Um sim impregnado da relação teoria-prática que empreendemos no cotidiano da sala de aula e nos espaços de reflexão.

Queremos situar nossas reflexões neste momento entre os saberes e as práticas do processo ensino-aprendizagem, destacando como postulado principal a crença de que é possível operar com a produção do conhecimento histórico nas séries iniciais do Ensino Fundamental, sem que isso signifique perda na transmissão e recepção de informações ou simplificação de conteúdos e conceitos.

O professor deve e precisa buscar estratégias que possibilitem aos alunos a reflexão e a construção de conceitos, através da articulação do "[...] saber histórico como campo de pesquisa e produção de conhecimento do domínio de especialistas e o saber histórico escolar como conhecimento produzido no espaço escolar".[3]

Nessa relação, os conceitos de fato histórico, de sujeito histórico e de tempo histórico, expressos nos Parâmetros Curriculares Nacionais – História e Geografia –, apresentam-se como norteadores da atuação do professor, compondo o corpo central na escolha de conteúdos/atividades, no que se refere à organização do ensino-aprendizagem da História.

A concepção histórica subjacente a esses conceitos determinará "a definição dos fatos que serão investigados, os sujeitos que terão voz e as noções de tempo histórico que serão trabalhadas".[4]

Tomemos como exemplo, o currículo do Instituto de Aplicação Fernando Rodrigues da Silveira da Uerj. Em suas diversas áreas de ensino, tem privilegiado uma proposta pedagógica que trabalha com os pressupostos sociointeracionistas e de natureza interdisciplinar que se refletem nos estudos acerca do conhecimento histórico, buscando a relação indivíduo/sociedade.

> (...) Consideramos que a escola deve, efetivamente, assumir o seu propósito educativo de promover o desenvolvimento e a socialização de seus alunos, configurando-se como espaço de formação e informação, a fim de propiciar a inserção de suas crianças e seus jovens na realidade social.[5]

As estratégias eleitas e as investigações partem de alguns princípios norteadores, quais sejam:
- Pensar em um ensino de História que se prenda em referenciais significativos aos educandos, fundamentados em temas que problematizem o

conhecimento e que tenham como um dos eixos norteadores a contribuição para a formação do cidadão crítico e democrático.

- Possibilitar aos aprendizes a percepção da diversidade de realidades que envolvem o passado e o presente, através do olhar do tempo – os olhos de ver –, observando suas permanências e transformações.
- Perseguir, através do olhar da memória, o (re)significar de identidades sociais, que nos tornam sujeitos de uma época, de um lugar, de um grupo social.
- Trabalhar com metodologias que propiciem aos aprendizes tornarem-se observadores atentos das realidades que os cercam, favorecendo o estabelecimento de relações, comparações e relativizando sua atuação no tempo e no espaço.

Centraremos nossas reflexões, inicialmente, em uma das questões mais amplamente discutida hoje pela história, pela sociologia, pela antropologia, pela psicologia, pela filosofia, pela linguagem: os estudos sobre identidade.

Dessa forma, no ensino de História, a constituição da noção de identidade aparece como um dos objetivos da História ensinada. Não podemos, no entanto, perder de vista a sociedade em que vivemos e suas realidades de tempo e espaço comprimidas, segundo Harvey:

> À medida que o espaço se encolhe para se tornar uma aldeia "global" de telecomunicações e uma "espaçonave planetária" de interdependências econômicas e ecológicas – para usar apenas duas imagens familiares e cotidianas – e à medida que os horizontes temporais se encurtam até ao ponto em que o presente é tudo que existe, temos que aprender a lidar com um sentimento avassalador de compressão de nossos mundos espaciais e temporais.[6]

Em um mundo onde cada vez mais as distâncias estão menores e os "tempos" mais curtos, de sorte que podemos saber imediatamente de acontecimentos ocorridos tanto numa distante ilha da Oceania quanto numa base científica na Antártida, o que dizer do sentimento de pertencimento a um grupo, a uma localidade, a um estado, a um país? Não pertencemos mais a lugar nenhum? Não temos mais identidade? Somos todos cidadãos do mundo?

Esse deslocamento tem a ver com a chamada "globalização", processo que atua em escala mundial, internacionalizando e conectando mercados, hábitos, modificando culturas, provocando rupturas nas formas tradicionais das relações sociais.

Cremos que esse estado de tensão entre o local e o global encontra-se presente no cotidiano da sala de aula. O desafio do professor no ensino de História deve ser o de promover atividades que visem à reflexão das diversas "identidades" assumidas pelos indivíduos-alunos, nos diversos grupos em que participam: familiar, escolar, de lazer, assim como as articulações desses grupos com a sociedade em que se encontram inseridos: a níveis local, nacional e mundial.

Em seguida, queremos apresentar um outro elemento que se articula com a noção de identidade: a memória, considerando que esse suporte conjugado à identidade pode propiciar um desenvolvimento de trabalho pertinente e profícuo para os estudos do conhecimento histórico, não só na faixa etária de 6 a 10 anos, objeto de nossa reflexão, mas em todos os níveis de ensino.

Evocamos Lovisolo, quando trata das contradições e justaposições de uma história baseada na memória:

> Não seria, portanto, despropositado o intento de se escrever uma história das ideias – ou das mentalidades, para sermos mais atuais –, tomando como fio condutor "a memória". Poderíamos antecipar que tal história nos proporcionaria constelações contraditórias de representações e práticas, de sentimentos e atitudes, e de valores organizados em torno da memória. Esta se desdobraria em individual e coletiva, fiel e infiel, objetiva e subjetiva, texto e monumento, oral e escrita, entre outras polarizações (...). [7]

Pois são exatamente essas polarizações que o professor precisa desejar que sejam utilizadas em suas estratégias, extraindo, ao máximo, as possibilidades do trabalho com a memória em suas múltiplas faces e representações, no caminho a que se propõe percorrer com os alunos, qual seja, dentre eles, o do conhecimento histórico.

Uma outra questão que se faz presente é a da memória como construção social. Bosi, aciona Halbwachs, principal estudioso das relações entre memória e história pública de seu tempo, para falar dessa questão:

> (...) A memória do indivíduo depende do seu relacionamento com a família, com a classe social, com a escola, com a Igreja, com a profissão; enfim, com os grupos de convívio e os grupos de referência peculiares a esse indivíduo.[8]

A definição do aluno Felipe de Dios (11 anos), da 4ª série / 2003 do CAp-Uerj, ilustra de forma exemplar as questões colocadas:

> *Memória: existe mais de um tipo de memória, tem a memória das pessoas que é o que as pessoas lembram sobre elas mesmas e sobre seus amigos e parentes, e a outra, a memória das pessoas relacionada com as cidades.*

A partir de suas experiências e dos seus conhecimentos prévios, Felipe pôde ousar definir memória, apontando para o seu caráter individual e coletivo, em uma relação dialógica de memória-identidade.

Assim, o trabalho com a memória pode possibilitar que os alunos relacionem a fisionomia da localidade e da cidade em que vivem, suas próprias histórias de vida, suas experiências sociais e suas lutas cotidianas, bem como experiências sociais e cotidianas de outras épocas. A memória torna-se, assim, elemento essencial na busca da identidade individual e coletiva. Lembremo-nos de Le Goff quando diz que

> (...) a memória é um elemento essencial do que se costuma chamar identidade, individual ou coletiva, cuja busca é uma das atividades fundamentais dos indivíduos e das sociedades de hoje, na febre e na angústia.[9]

A preocupação do professor deve ser, desde sempre, a de viver lembranças; para tanto torna-se urgente e necessário todo um trabalho de (re)alfabetização do olhar, para que os alunos possam se (re)apropriar do conhecimento, assim como Proust nos fala, através de uma "verdadeira viagem do descobrimento"[10], não para encontrar novos referenciais, mas para ter um olhar novo sobre eles. É Paulinho da Viola quem nos fala: "As coisas estão no mundo, só que eu preciso aprender".

Nessa "viagem", os aprendizes descobrem, descobrindo-se. O ontem dialoga com o hoje de forma comprometida, pontuada de prazer, apontando caminhos novos, em contextos novos, marcados pelo que Bakhtin chamou de "grande temporalidade". São as permanências que traçam o fino fio da História.

Essa "grande temporalidade" está presente nos "lugares de memória"[11] que, sobrevivendo à ação do tempo e do homem, formam um verdadeiro cenário, permitindo o diálogo do antigo com o novo, mesclando estilo e épocas; culturas e hábitos.

Tomemos as palavras de Nora:

> Os lugares da memória nascem e vivem do sentimento de que não há memória espontânea, que é preciso criar arquivos, que é preciso manter aniversários, organizar celebrações, pronunciar elogios fúnebres, notariar atas, porque essas operações não são naturais. (...) Os lugares da memória são, antes de tudo, restos.[12]

Assim, as igrejas, os prédios, o traçado e o calçamento das ruas são "restos" que nos foram legados como verdadeiros tesouros, que, inscritos na história, permitem-

-nos o mergulho no ontem, percorrendo as "cicatrizes de vários momentos diferentes de luta."[13] Os "lugares de memória" são tomados aqui como fonte, como documento.

> O ensino primário é imprescindível (...) Não basta ensinar o analfabeto a ler. É preciso dar-lhe contemporaneamente o elemento em que possa exercer a faculdade que adquiriu. Defender o nosso patrimônio histórico e artístico é alfabetização.[14]

É urgente que o professor conscientize seus alunos de que não se sobrevive botando abaixo tudo o que se construiu ao longo de décadas, de séculos. Não podemos continuar perdendo tesouros, apagando a memória, interrompendo processos; para tanto, alfabetizar o olhar do aluno é fundamental nessa empreitada. Olhar e ver. Ver e perceber os "rastros" do passado. Perceber e sentir a força do tempo, teimando em querer ficar, dão ao aluno a verdadeira dimensão das permanências.

É preciso mostrar ao aluno que o presente não existe por si só, e sim como resultado de ideias que se somam, de valores que se multiplicam, de culturas que se entrelaçam, de ideologias que se confrontam ao longo de um processo que se faz por relações interpessoais, quer na sucessividade, quer na concomitância de ações. Como já dizia Cazuza: "O tempo não pára, não para não..."

Segundo Nikitiuk,

> o conteúdo de história não é o passado, mas o tempo ou, mais exatamente, os procedimentos de análise e os conceitos capazes de levar em conta o movimento das sociedades, de compreender seus mecanismos, reconstituir seus processos e comparar suas evoluções.[15]

O conteúdo da história não pode se fixar, portanto, nem no passado, nem no presente tão somente. Ele viabiliza-se em processo, ou, como diria Guimarães Rosa, "ao longo da caminhada".

Knauss nos fala que "o processo de construção do conhecimento requer pesquisa."[16] Tornar os alunos "pesquisadores" não é tarefa difícil, tendo em vista que eles são, por si só, curiosos e questionadores; assim, o professor precisa assumir como norte que "o ensino passa a ser o lugar da animação e a pesquisa, o lugar da aprendizagem, sustentado em estruturas dialógicas".[17] A tarefa do professor será, portanto, a de despertar os aprendizes para a necessidade das buscas e das descobertas.

Knauss ainda nos fala sobre a pesquisa e a investigação "animadas" pelo professor:

> (...) O objetivo deve ser a construção de conceitos, possibilitadores da produção de uma leitura de mundo.

> Dentro dessa orientação, a construção do conhecimento histórico se sustenta no processo indutivo de conhecimento – partindo do nível do particular e do sensível para alcançar a conceituação e a problematização abrangente. Isto significa dizer que o ponto de referência são os documentos a serem trabalhados em sala de aula [e fora dela]. Basicamente, trata-se de exercícios de leitura, não apenas de textos narrativos, mas privilegiando também os iconográficos – mais adequados a faixas iniciais do processo de aprendizagem. (...)[18]

Exercitar a leitura de textos verbais e não-verbais no ensino da História torna-se, portanto, uma necessidade, se entendermos, tanto um quanto o outro, como documentos que estão disponíveis dentro e fora da sala de aula, com as marcas próprias de uma época.

Acreditamos que a prática docente deva se pautar em um ensino que Morin denomina "educativo" [19], ou seja, um ensino que se realiza por atividades significativas, em um diálogo produtivo entre pensamento e ação, despertando, provocando, favorecendo a autonomia do ser e do fazer.

Dessa forma, o trabalho de campo precipita-se para o professor como determinante para as buscas e descobertas dos aprendizes. O olhar perguntador e inquieto dos alunos deve estar para além das paredes da sala de aula e dos muros da escola. O professor precisa também estar aberto para além dos muros e dos textos escritos, trabalhando com os textos inscritos na história da localidade: a paisagem natural, os equipamentos urbanos de valor histórico e de valor significativo para a comunidade, os equipamentos simbólicos de valor afetivo, as personalidades de cada local e seus guardiães de memória.

> Um dos aspectos mais ricos nessas atividades é quando os estudantes têm a oportunidade de conviver e conversar com os habitantes da região, imprimindo em suas lembranças a linguagem local, o vocabulário diferenciado, as experiências, as vivências específicas, os costumes, a hospitalidade.[20]

Trabalhar em campo é uma atividade que requer seleção dos lugares a serem visitados, planejamento e avaliação dos objetivos estabelecidos. Essas verdadeiras "expedições" não devem ser encaradas como um passeio da turma. Elas assumem o caráter de investigação. Os aprendizes devem adotar a postura de pequenos pesquisadores, atentos ao redor e prontos a realizar anotações.

Ressalta-se como fundamental que não é qualquer lugar que deve ser visitado, mas, sim, aqueles que oferecem ao professor possibilidades múltiplas como fonte de pesquisa; aqueles que guardam todo um "acervo" a ser revelado e desvelado para os alunos.

Essas saídas podem propiciar o desenvolvimento do olhar histórico sobre a realidade. Isso não significa apenas observar os dados visíveis. Com auxílio dos habitantes locais e do professor, o aluno pode identificar as características da cultura, percebendo o que não é explícito.[21]

O depoimento do aluno Bernardo Peregrino da 4ª série/2003 do Instituto de Aplicação da Uerj (CAp - Uerj) é revelador no que se refere à sua experiência com o trabalho de campo no bairro do Rio Comprido, bairro onde está situado o Instituto:

O trabalho de campo é importante para nós, alunos, porque nos transmite a magia do lugar visitado e estudado, nos dá a oportunidade de conhecer um lado até então desconhecido de certos lugares. Um belo exemplo disso foi a nossa expedição ao bairro do Rio Comprido (onde se situa o nosso Colégio), onde descobrimos a beleza da arquitetura do Rio Comprido de antigamente, que nos encantou, pois o único Rio Comprido que conhecíamos era o CAp, a avenida Paulo de Frontin e a rua de nosso Colégio. Desvendamos os segredos deste fabuloso e histórico bairro. Conhecemos a Igreja de São Pedro, as casas tão próximas ao nosso Colégio, que até então nunca tínhamos reparado. A partir daí, passamos a observar não apenas o Rio Comprido do CAp, da avenida Paulo de Frontin e da rua do Colégio, mas sim a mística deste bairro maravilhoso e histórico.

Bernardo, ao revelar que o único Rio Comprido que conheciam era o CAp, a Avenida Paulo de Frontin e a rua do colégio, assumindo seus olhos-de-ver, fez emergir à sua frente o outro Rio Comprido ocultado pela presença marcante do novo. A igreja de São Pedro e o casario do início do século XX ressaltam-lhe como marcas da identidade, da singularidade do bairro. Rio Comprido passou a ser visto e respeitado por ele como um lugar que está inscrito na história da cidade do Rio de Janeiro. Há marcas de tempo que não foram apagadas mesmo com a imposição do novo.

Outro depoimento que ilustra bastante bem a importância do trabalho de campo é o da aluna Paula Cardoso Moreira, 4ª série / 2003, CAp-Uerj. Ao saber que já estávamos discutindo com a 4ª série / 2004 a expedição a Paraty, Paula resolveu encaminhar um recadinho para os(as) colegas, o qual intitulou "Cidade..." Suas reticências estão carregadas da emoção do que para ela ficou da nossa expedição, e, cremos, ficará para sempre:

> *Na minha quarta série também trabalhamos com o Projeto Memória. Ele mostrava, lembrava todas as memórias, quero dizer: mostrava todas as "nossas" lembranças. Vocês devem estar se perguntando: como assim? Talvez essas memórias sejam desconhecidas para quem "vê" pela primeira vez.*
> *– Ué, então não são memórias!? (vocês se perguntam)*
> *– São sim! Memórias talvez não suas, mas de alguém. Esse projeto quer dizer isso: descobrir novas - velhas memórias. (...)*
> *A cidade de Paraty é linda e, além de linda, nos fez voltar no tempo, mostrando um passado muito importante. (...) Vimos casas que parecem umas com as outras, igrejas belíssimas, um clima que fez com que nós nos sentíssemos há muitos anos atrás. Foi uma bela "viagem". Vocês vão adorar!*

Vivendo lembranças, Paula incorporou ao seu acervo subjetivo a objetividade de um tempo ido, inscrito na história do país e, agora, na sua história. Paraty inscreveu-se em Paula como uma "tatuagem transparente"[22].

Vivendo lembranças, Paula demonstrou que a (com)vivência em grupo da viagem à Paraty marcou-a profundamente e nos remete mais uma vez ao aspecto, já colocado anteriormente, da construção social da memória. Conforme nos diz Bosi:

> (...) Quando um grupo trabalha intensamente em conjunto, há uma tendência de criar esquemas coerentes de narração e de interpretação dos fatos, verdadeiros "universos de discurso", "universos de significado", que dão ao material de base uma forma histórica própria, uma *versão* consagrada dos acontecimentos. O ponto de vista do grupo constrói e procura fixar a sua imagem para a História. (...) [23]

É sabido que a produção de sentido acontece com maior facilidade na conversa, na troca, na discussão entre pares, mas não é qualquer conversa que vai possibilitar o aprofundamento de questões, as descobertas, a elaboração de novos questionamentos. Para que esses "universos de discurso", "universos de significação" se ampliem, é necessário que o professor assuma, de fato e de direito, a posição de mediador e de instigador do debate, fazendo com que os alunos possam, realmente, com olhos de ver, tomar posse dos saberes, no caso históricos, que lhes estão sendo disponibilizados.

Dessa forma, os alunos apropriam-se, progressivamente, do olhar indagador sobre o mundo de que fazem parte, compreendendo de maneira mais crítica a sua própria época e o espaço em seu entorno. É novamente Bosi que nos dá suporte:

É a essência da cultura que atinge a criança através da fidelidade da memória. Ao lado da história escrita, das datas, da descrição de períodos, há correntes do passado que só desaparecem na aparência. E que podem reviver numa rua, numa sala, em certas pessoas, como ilhas efêmeras de um estilo, de uma maneira de pensar, sentir, falar, que são resquícios de outras épocas.[24]

Discorremos até o momento sobre algumas questões que consideramos fundamentais para o ensino de História nas séries iniciais: a postura investigativa (tanto do professor quanto do aluno), o trabalho com o tempo através das permanências e mudanças, das continuidades e das descontinuidades; o trabalho com a identidade, as diferenças e semelhanças; a utilização do suporte da memória; a proposição de atividades significativas para a criança, como estratégias mediadoras de desenvolvimento do pensamento histórico, destacando-se o trabalho de campo, através de expedições a "lugares de memória"; o trabalho com imagens; as notícias da atualidade, tendo como suporte o jornal; a problematização das datas comemorativas, eleitas como "lugares de memória", por determinados grupos sociais – em sua maioria, pelos grupos que detêm o poder; o trabalho com documentos.

Essas possibilidades, que dizem respeito a conceitos, metodologia, estratégias, estão alinhadas à concepção de não considerar a história uma sucessão de acontecimentos lineares no curso da humanidade, mas, sim, de um movimento dinâmico, que considera a realidade como um processo que se estabelece por "descontinuidades políticas, por rupturas nas lutas, por momentos de permanências de costumes ou valores, por transformações rápidas e lentas."[25]

Acreditamos que muitos de nós realizamos esse trabalho, apesar da falta de condições de materiais, de um investimento na formação continuada dos professores, notadamente em relação aos professores que atuam nas séries iniciais das redes públicas de ensino.

Sabemos também que muitos outros milhares de professores continuam sem acesso às discussões que a Academia promove a partir de suas novas descobertas. Participam pouco, ou, talvez, ainda não tiveram a oportunidade de compartilhar com seus pares as ideias que ora discutimos nesse Encontro. Esse é um grande desafio. Democratizar essas ideias, essas práticas. Um encontro de História precisa e deve ter o compromisso político de desempenhar esse papel.

Para finalizar, afirmamos: é possível e necessário trabalhar História com alunos das séries iniciais, na compreensão de que eles são capazes de questionar, de pesquisar, de relacionar, de temporalizar, de conceituar, respeitadas as experiências e o acervo dos conhecimentos pertinentes à faixa etária a que pertencem.

Cabe ao professor oferecer a problematização, a pesquisa, as situações que impliquem estabelecer relações temporais, fundamentais para o desenvolvimento do pensamento histórico. Aqui está explicitado, para nós, o mote do *Encontro* – sujeitos, saberes e práticas.

O grande desafio que o professor precisa urgentemente se impor é o de preparar os alunos para a grande aventura do conhecimento, da lucidez e da indignação permanente, para que possam se tornar atores críticos do seu tempo. É trabalhar de forma a instigá-los a, como nos fala Cerri: "(...) ousar ler o mundo como um grande documento sobre o qual cumpre atuar".[26] Ensinar História nas séries iniciais é, acima de tudo, escolher o que e como ensinar. É tornar a sala de aula um lugar privilegiado de investigação, de reflexão e de produção de conhecimentos.

Como "o tempo não para", a infância não espera, ela acontece.

Bibliografia

ANDRADE, Mário de. Memória e educação. In: *Instituto Brasileiro do Patrimônio Cultural*. Rio de Janeiro: IBPC / Departamento de Promoção / Paço Imperial, 1992.

BOSI, Ecléa. *Memória e sociedade: lembranças de velhos.* São Paulo: Companhia das Letras, 1994.

CERRI, Luiz Fernando. Direto à fonte. *Nossa História*, Rio de Janeiro, Biblioteca Nacional, nº 7, maio 2004.

Documento norteador das Concepções de Ensino e Aprendizagem no Departamento de Ensino fundamental do CAp – Uerj. Rio de Janeiro. 2000.

HARVEY, David. *Condição Pós-Moderna.* São Paulo: Loyola, 1993.

LE GOFF, Jacques. *História e memória.* Campinas: Unicamp, 1990.

LOVISOLO, Hugo. A memória e a formação dos homens. *Estudos Históricos*, Rio de Janeiro, CPDOC, vol. 2, n. 3, 1989.

MACHADO, Ana Maria. *Bisa Bia Bisa Bel.* 8.ª ed. Rio de Janeiro: Salamandra, 1985.

MAGALDI, Cássia. O público e o privado:propriedade e interesse cultural. In: *O Direito à Memória: Patrimônio Histórico e Cidadania.* São Paulo: DPH, 1992.

MORIN, Edgar. *A Cabeça bem feita: repensar a reforma, reformar o pensamento.* 5ª ed. Rio de Janeiro: Bertrand Brasil, 2001.

NIKITIUK, Sônia. *Ensino de.* História: algumas reflexões sobre a apropriação do saber. In: NIKITIUK, Sônia (org.). *Repensando o ensino de história.* São Paulo: Cortez, 1996.

NORA, Pierre. Entre Memória e História: a problemática dos lugares. *Projeto História*: Revista do Programa de Estudos Pós-Graduados em História e do Departamento de História da PUC-SP, São Paulo, 10, 1993.

KNAUSS, Paulo. Sobre a Norma e o Óbvio: a sala de aula como lugar de pesquisa. In: NIKITIUK, Sônia (org.). *Repensando o Ensino de História*. São Paulo, Cortez, 1996.

Secretaria de Educação Fundamental. *Parâmetros Curriculares Nacionais: Ensino de primeira à quarta série*. Brasília: MEC / SEF, 1997.

Notas

[1] LE GOFF, Jacques. *História e Memória*. Campinas: Editora da Unicamp, 1996, p. 535.

[2] *Documento norteador das Concepções de Ensino e Aprendizagem no Departamento de Ensino fundamental do CAp – Uerj*. Rio de Janeiro: s/ed., 2000, p. 11.

[3] Secretaria de Educação Fundamental. *Parâmetros Curriculares Nacionais: Ensino de primeira à quarta série*. Brasília: MEC / SEF, 1997, p. 35.

[4] *Ibid.*, 1997, p. 38.

[5] *Documento norteador... op. cit.*, p. 3.

[6] HARVEY, David. *Condição Pós-Moderna*. São Paulo: Loyola, 1993, p. 240.

[7] LOVISOLO, Hugo. A memória e a formação dos homens. *Estudos Históricos*, Rio de Janeiro, CPDOC, 1989, p. 16-28.

[8] BOSI, Ecléa. *Memória e sociedade*. São Paulo: T. A. Queiroz Editor, 1983, p. 17.

[9] LE GOFF, Jacques. *Op. cit.*, p. 476.

[10] Referência ao livro *Em busca do tempo perdido*.

[11] Termo utilizado por: NORA, Pierre. Entre Memória e História: a problemática dos lugares. *Projeto História*: Revista do Programa de Estudos Pós-graduados em História e do Departamento de História da PUC-SP, São Paulo, 10, 1993, p. 13.

[12] *Ibid.*

[13] MAGALDI, Cássia. O público e o privado: propriedade e interesse cultural. In: *O Direito à Memória: Patrimônio Histórico e Cidadania*. São Paulo: DPH, 1992, p. 21.

[14] ANDRADE, Mário de. Memória e educação. In: Instituto Brasileiro do Patrimônio Cultural. Rio de Janeiro: IBPC / Departamento de Promoção / Paço Imperial, 1992, p.23.

[15] NIKITIUK, Sônia. Ensino de história: algumas reflexões sobre a apropriação do saber. In: NIKITIUK, Sônia (org.). *Repensando o ensino de história*. São Paulo: Cortez, 1996, p. 16.

[16] *Ibid.*, p. 29.

[17] KNAUSS, Paulo. Sobre a Norma e o Óbvio: a sala de aula como lugar de pesquisa. In: NIKITIUK, Sônia (org.). *Op. cit.*, p. 30.

[18] *Ibid.*

[19] Termo usado por: MORIN, Edgar. *A Cabeça bem feita: repensar a reforma, reformar o pensamento.* 5.ª edição. Rio de Janeiro: Bertrand Brasil, 2001, p. 20.

[20] Secretaria de Educação Fundamental. *Parâmetros Curriculares Nacionais:... op. cit.*, p. 94.

[21] *Ibid.*

[22] Expressão utilizada por Ana Maria Machado no livro de literatura infanto-juvenil *Bisa Bia, Bisa Bel.*

[23] BOSI, Ecléa Bosi. *Op. cit.*, p. 27.

[24] *Ibid.*

[25] Secretaria de Educação Fundamental. *Parâmetros Curriculares Nacionais:... op. cit.*, p. 31.

[26] CERRI, Luiz Fernando. Direto à fonte. *Nossa História*, Rio de Janeiro, Biblioteca Nacional, nº 7, maio 2004, p. 68.

PARTE V

DOCUMENTO E ENSINO

REPENSANDO O DOCUMENTO HISTÓRICO E SUA UTILIZAÇÃO NO ENSINO

*Vera Cabana Andrade**

No processo de construção do saber histórico, tanto historiadores quanto professores consideram imprescindível o trabalho com as fontes documentais, partindo-se do princípio firmado por Paul Veyne de que "por essência a história é conhecida através dos documentos".[1] Contudo, na reflexão acerca do fazer histórico e do fazer pedagógico, nas salas de aula dos Ensinos Fundamental e Médio, destacam-se algumas questões relacionadas à concepção, ampliação e utilização do que se reconhece teórica e metodologicamente como *documento*.

O termo latino *documentum* assumiu, no fim do século XIX e início do XX, o significado de *prova* para os historiadores positivistas que apresentavam o *documento/texto* como fundamento do fato histórico, como testemunho escrito do historiador, apesar da subjetividade do historiador frente ao texto, como criticava, em tese, Fustel de Coulanges (1888, *La Monarchie Franque*): "A única habilidade (do historiador) consiste em tirar dos documentos tudo o que eles contêm e em não lhes acrescentar nada do que eles não contêm. O melhor historiador é aquele que se mantém o mais próximo possível dos textos."

O primado da fonte documental textual se tornou forte elemento da análise histórica, não obstante a "história científica" permitir a utilização crítica do documento. Todavia, a definição do termo *documentum* foi retomada, ainda do latim, como derivado do verbo *docere* – ensinar, e, neste contexto, embora sua concepção original tenha sido ratificada, seu conteúdo foi se modificando, à medida que seus

---

*Professora do Colégio Pedro II (CPII) e coordenadora do Núcleo de Documentação do CPII (Nudom).

limites de entendimento foram-se ampliando pelos historiadores dos *Annales*. Os pioneiros da *"nova história"* situaram a questão – "Não há história sem documentos" – em outras bases, para além do texto, como afirmam Samaran e Lefebvre.

Charles Samaran, enunciando os princípios do método histórico, registra: "Não há história sem documentos. Há que tomar a palavra documento no sentido mais amplo, documento escrito, ilustrado, transmitido pelo som, a imagem, ou de qualquer outra maneira."[2]

Lucian Lefebvre, no seu curso de historiografia moderna na Sorbonne (1945-46), reafirmava que: "Não há notícia histórica sem documentos (...) Pois se dos fatos históricos não foram registrados documentos, ou gravados ou escritos, aqueles fatos perderam-se." (1971, *La naissance de l'historiographie moderne*, p.17). Sua reflexão crítica sobre a questão reencaminha a análise para a necessidade de ampliar a noção de documento, quando reitera:

> A história faz-se com documentos escritos, sem dúvida. Quando estes existem. Mas pode fazer-se, deve fazer-se sem documentos escritos, quando não existem. [Faz-se]Com tudo o que a habilidade do historiador lhe permite utilizar (...) Logo, com palavras. Signos. Paisagens e telhas. Com as formas do campo e das ervas daninhas. Com os eclipses da lua e a atrelagem dos cavalos de tiro. Com os exames de pedras feitos pelos geólogos e com as análises de metais feitas pelos químicos. Numa palavra, com tudo o que, pertencendo ao homem, depende do homem, serve ao homem, exprime o homem, demonstra a presença, a atividade, os gostos e as maneiras de ser do homem (Artigo da *Revista dos Annales*, ed. 1953).

O alargamento do conteúdo do conceito de *documento/monumento* é retomado nos processos de balanços historiográficos e perspectivas, principalmente a partir das décadas de 70 e 90 do século XX: a *Nouvelle Histoire e o Passés Recomposés*. Na primeira coletânea, dirigida por Jacques Le Goff e Pierre Nora, obra clássica da historiografia francesa, que propôs novos objetos, novas abordagens e novos problemas para o fazer histórico, o próprio Le Goff elucida: "Uma estatística, uma curva de preços, uma fotografia, um filme, ou para um passado mais distante, um pólen fóssil, uma ferramenta, um ex-voto são, para a História Nova, documentos de primeira ordem."[3]

Vinte anos após o *Faire de l'histoire*, nova obra coletiva, organizada por Jean Boutier e Dominique Julia, reapresenta e atualiza as questões inerentes ao fazer histórico; a volta ao arquivo e ao documento bruto, a especificidade da narrativa histórica e a noção de sentido da História. O caráter inovador dessa coletânea começa pela proposta do próprio título e subtítulo: *Passados recompostos: campos e canteiros da História.*[4] Passados no plural, indicando uma variedade e multiplicidade de tempos, e recompostos, no dizer do professor Francisco Falcón, "refeitos mas não exatamente reconstituídos ou simplesmente revelados". Por outro lado, continua o professor, "a ideia de campos vale como afirmação da pluralidade dos espaços postos à disposição do conhecimento histórico, o sem sentido das fronteiras rígidas e as possibilidades infinitas das trocas com os campos vizinhos – das ciências humanas e sociais."[5]

A partir dessas proposições teóricas, podemos pressupor que a leitura de um recorte do passado, isto é, o exercício de estabelecer o diálogo entre o passado e o presente, se desenvolve em torno da documentação e do lugar socioinstitucional de produção do conhecimento. A hierarquização das fontes documentais se (re)organizam na confluência das fronteiras da produção dos saberes (história, sociologia, antropologia, geografia etc.), na (re)definição dos objetos e métodos da História, na dilatação dos campos da memória coletiva, na categorização dos lugares de memória e na (re)construção da relação das temporalidades do passado/presente. Ou seja, o inverso do estudo do passado morto, acabado, afastado do presente pela tradição positivista. A exclusão do presente do campo da História justificada, na interpretação positivista, pela pretensa falta de objetividade e cientificidade atribuída à sua análise, é refutada pelo professor Marcos Silva, quando afirma que "o historiador do presente aparece não como um intérprete que fala em nome da objetividade, mas como um agente da historicidade que, inevitavelmente, também se interpreta" (1987, *O puro objeto e a vontade de impotência*).

A intervenção do historiador no passado começa quando ele escolhe um documento num conjunto de dados e constrói um objeto de análise, ponto de partida do seu ofício de historiador. O documento como construção histórica é resultante de uma época, de uma sociedade que o produziu, o manipulou ou o silenciou. Como conclui Jacques Le Goff:

> O documento é uma coisa que fica, que dura, e o testemunho e o ensinamento (para evocar a etimologia) que ele traz devem ser em primeiro lugar analisados desmistificando-lhe o seu significado aparente. O documento é monumento. Resulta do esforço das sociedades históricas para impor ao futuro – voluntária ou involuntariamente – determinada imagem de si próprias.[6]

Transpondo a questão do fazer histórico para o fazer pedagógico, podemos partir da apropriação da conhecida frase de Pierre Vilar – "A história fala da história" –, uma vez que entendemos que a *história-disciplina* e a *história-matéria* devam existir de forma correlacionada, pois, principalmente na atualidade, é impossível pensar a Escola como mera instituição reprodutora do saber, à medida que se transforma, cada dia mais, em espaço complexo de poder e saber. Considerando que "o ato educacional é fundamentalmente um ato político", como afirmava Paulo Freire, e que a escola na sua dimensão democrática deve atender a alunos provenientes de todas as camadas sociais, a professora Circe Bittencourt adverte que

> as propostas curriculares devem responder ao desafio de construir um conhecimento histórico significativo, cujas problemáticas formuladas são aquelas vividas pela sociedade brasileira que, evidentemente, não se identificam com uma História restrita a um passado [pronto, único e homogêneo] de valorização de uma elite.[7]

Ensinar História hoje – história como construção, diálogo passado/presente, problematização de questões oriundas do presente, mas que se apresentam em diferentes tempos históricos –, nos parece, encerra uma questão básica: como ensinar os alunos a pensar historicamente? Em outras palavras: como direcionar as ações pedagógicas no sentido do desenvolvimento do pensamento histórico dos alunos? Sem dúvida, tarefa das mais complexas, considerando que o exercício mental de pensar historicamente não é uma capacidade inata, ou mesmo dada, mas, sim, uma forma de raciocinar adquirida através da prática sistemática e específica de operações cognitivas e afetivas. Tarefa das mais difíceis para o professor formado na história tradicional – visão evolucionista do tempo linear e da narrativa cronológica, em que o antes explica o depois – e que não foi "educado", aqui entendido como sinônimo de treinado e/ou preparado para "perceber a dimensão temporal das ações humanas manifestas, no presente, sob as mais diferentes formas, [o que] aumenta a dificuldade de problematizar a relação presente, passado, futuro" [8] argumenta a professora Lana Siman.

As novas concepções pedagógicas paralelas aos novos aportes teóricos e metodológicos da História legitimam o uso escolar do documento histórico, não apenas como suporte informativo, mas aqui entendido como "todo conjunto de signos, visual, textual, produzido numa perspectiva diferente da comunicação de um saber disciplinar, mas utilizado com fins didáticos." (1992, INRP)

O trabalho do professor-pesquisador tem início com o planejamento pedagógico, quando seleciona conteúdos, libertando-se da tirania conteudística dos programas – priorizando a construção de conceitos, a análise do contexto temporal, a aplicação de categorias e o emprego específico de vocábulos; quando faz a opção pela criatividade na sala de aula –, experimentando novas e diferentes metodologias e utilizando diversos recursos pedagógicos. No cotidiano da sala de aula, problematiza o ensino, colocando questões do universo acadêmico e da vivência dos alunos, fazendo com que o conteúdo, tantas vezes completamente externo e estranho à vida deles, adquira significado para os educandos. Especificamente inerente ao nosso tema, orienta seus alunos a construírem o sentido da História através da observação, descrição, comparação e análise dos documentos. Ao escolher um documento, ao qual também atribui um valor de testemunho, sugere um procedimento didático capaz de conduzir seus alunos à superação da compreensão do documento como prova real, passando a ser entendido como fonte, isto é, marca(s) do passado, fragmentos de memória, vestígios de um tempo vivido, indícios de situações vividas, representação de uma época: "Elementos que possibilitam a construção de saberes e significados que não existem em si mesmos, mas a partir de problemáticas, olhares e questões que lhe são colocadas", na definição da professora Maria Auxiliadora Schmidt[9].

A nova concepção de *documento*, que explicita sua utilização para muito além da mera função de ilustração e/ou motivação, aponta para o redirecionamento da atividade didática do professor como condutor do processo ensino-aprendizagem. Em contato com os *documentos*, professores e alunos constroem, no ato de ensinar e aprender, as relações e representações entre o passado e o presente, numa experiência possível de leitura do mundo. O ensino de História a partir do trabalho com fontes documentais possibilita, ainda, a professores e alunos identificarem, recuperarem, registrarem e (re)significarem no cotidiano vivido as marcas do passado.

Na atualidade, as principais discussões acerca do ensino de História encaminham a análise da questão da utilização de diferentes documentos como fundamento do método de ensino: "O desafio de usar diferentes documentos como fonte de produção para o conhecimento histórico e também como veículo para o ensino da História (...) com o objetivo de construir propostas de ensino identificadas com as expectativas dos alunos."[10]

Concluindo, chamamos a atenção para algumas questões presentes no cotidiano escolar: 1ª) a necessária reflexão sobre a pesquisa e o ensino como faces de um mesmo fazer histórico/pedagógico, à medida que qualquer prática pedagógica nasce de uma concepção teórica; 2ª) o necessário entendimento dos limites e das possibilidades de renovação do ensino nos níveis fundamental e médio, que ocorre, impreterivelmente, no interior do projeto político-educacional institucional; 3ª) a necessidade de dar significado ao ensino de História e aos fazeres e saberes de professores e alunos, com ênfase nos processos de construção de conhecimento e não no produto final; 4ª) a necessária renovação da concepção de documento histórico pressupõe o repensar de sua utilização em sala de aula, em consonância com as linguagens contemporâneas. Esses questionamentos nos remetem à grande questão do debate atual: a formação continuada do professor, em suas dimensões de necessidade e prioridade, de direito e dever.

Bibliografia

BITTENCOURT, Circe. Identidade Nacional e Ensino de História do Brasil. In: KARNAL, Leandro (org). *História na sala de aula: conceitos, práticas e propostas.* São Paulo: Contexto, 2003.

BOUTIER, Jean e JULIA, Dominique (orgs.). *Passados recompostos: campos e canteiros da História.* Rio de Janeiro: EdUFRJ / Ed FGV, 1998.

LE GOFF, Jacques (org.). *A História Nova.* São Paulo: Martins Fontes, 1990.

LE GOFF, Jacques. Documento/Monumento. In: *Enciclopédia Einaudi. Memória e História.* Lisboa: DIFEL, s/d.

SAMARAN, Charles (org). L´histoire et ses méthodes. In: *Enciclopédia La Pleiad.* Paris: Gallimard, 1961, v. XV.

SIMAN, Lana Mara de Castro. A temporalidade histórica como categoria central do pensamento histórico: desafios para o ensino e a aprendizagem. In: ROSSIE, Lucia Sabongi e ZAMBONI, Ernesta. *Quanto tempo o tempo tem?* Campinas: São Paulo: Ed. Alínea, 2003.

SCHIMIDT, Maria Auxiliadora. A formação do professor de História e o cotidiano na sala de aula. In: BITTENCOURT, Circe (org). *O saber histórico na sala de aula: conceitos, práticas e propostas.* São Paulo: Contexto, 2003.

_____ e CAINELLI, Marlene. *Ensinar História.* São Paulo: Scipione, 2004.

VEYNE, Paul. *Como se escreve a História.* Brasília: UNB, 1982.

Notas

[1] VEYNE, Paul. *Como se escreve a História.* Brasília: UNB, 1982.

[2] SAMARAN, Charles (org). L´histoire et ses méthodes. In: *Enciclopédia La Pleiad.* Paris: Gallimard, 1961, v. XV, p. XII.

[3] LE GOFF, Jacques (org.). *A História Nova.* São Paulo: Martins Fontes, 1990, p. 28.

[4] BOUTIER, Jean e JULIA, Dominique (orgs.). *Passados recompostos: campos e canteiros da História.* Rio de Janeiro: EdUFRJ / Ed FGV, 1998.

[5] *Ibid.*, p. 10-11.

[6] LE GOFF, Jacques. Documento/Monumento. In: *Enciclopédia Einaudi. Memória e História.* Lisboa: DIFEL, s/d, p. 103.

[7] BITTENCOURT, Circe. Identidade Nacional e Ensino de História do Brasil. In: KARNAL, Leandro (org). *História na sala de aula: conceitos, práticas e propostas.* São Paulo: Contexto, 2003, p. 198.

[8] SIMAN, Lana Mara de Castro. A temporalidade histórica como categoria central do pensamento histórico: desafios para o ensino e a aprendizagem. In: ROSSIE, Lucia Sabongi e ZAMBONI, Ernesta. *Quanto tempo o tempo tem?* Campinas: São Paulo: Ed. Alínea, 2003, p. 116.

[9] SCHIMIDT, Maria Auxiliadora. A formação do professor de História e o cotidiano na sala de aula. In: BITTENCOURT, Circe (org). *O saber histórico na sala de aula: conceitos, práticas e propostas.* São Paulo: Contexto, 2003, p.62.

[10] SCHIMIDT, Maria Auxiliadora e CAINELLI, Marlene. *Ensinar História.* São Paulo: Scipione, 2004, p. 105. (Pensamento e ação no magistério)

UMA IMAGEM VALE MAIS QUE MIL PALAVRAS!

Regina Maria da Cunha Bustamante[*]

Introdução

As imagens sempre acompanharam o homem, desde o tempo das cavernas, com as pinturas parietais, até a atualidade, com a profusão de imagens pela televisão, cinema, vídeo, dvd, jogos eletrônicos, internet, história em quadrinhos, cartazes, murais, *outdoors*, fotografia convencional e digital, celulares com dispositivos fotográficos... Paradoxalmente, a nossa sociedade, em sua sede de imagem, aproxima-se das sociedades antigas, onde o uso da imagem estava também generalizado: na cerâmica, nas estátuas, nos baixos e alto-relevos, nas pinturas, nos mosaicos, nas moedas, nos amuletos, nos adornos... Em uma época em que o domínio da escrita era privilégio de poucos e os documentos escritos tinham uma circulação restrita, a imagem constituiu-se em uma forma de comunicação com maior amplitude. Inseria-se ainda, e muito mais profundamente que os textos escritos, na vida cotidiana do mundo clássico, recontando narrativas míticas, nas quais se apresentavam deuses ou reis, mas também familiarizando seus integrantes uns com os outros através de representações de situações vivenciadas e idealizadas. Contemplando ou fabricando-a, cotidianamente as sociedades antigas a utilizavam, decifravam e interpretavam. Mas, como trabalhá-la para as sociedades antigas?

---

[*] Professora doutora do Programa de Pós-graduação em História Comparada (PGHC) / UFRJ e pesquisadora do Laboratório de História Antiga (Lhia) / UFRJ.

1. História Antiga e imagem: em perspectiva

A relação entre os estudos sobre a Antiguidade Clássica e a imagem foi marcada por diferentes atitudes, condizentes com o processo de construção do saber histórico acerca da sociedade greco-romana. Até pelo menos meados dos anos 1960, a História se construía através dos textos escritos, com os quais o historiador se sentia mais à vontade[1]. As imagens eram consideradas quase como "ilustrações", quer de fatos históricos, quer da "vida cotidiana", reduzidas à condição de confirmar ou não um texto escrito[2]. Tradicionalmente, os historiadores da Antiguidade utilizavam a documentação, originária da Arqueologia, para extrair uma informação pitoresca sobre a vida privada e a arte, visando apenas complementar e/ou ilustrar a história "real", advinda da documentação escrita (ver críticas a esta postura em Meneses[3] e Trabulsi[4]). Assim, durante muito tempo, este tipo de documentação foi o preferencial dos historiadores da Antiguidade e aos arqueólogos cabiam as tarefas de localização, descrição e datação dos artefatos da cultura material.

A partir de meados dos anos 1960, surgiram novas perspectivas de abordagem da imagem. A concepção de História da Arte de Panofsky[5] apresentou a preocupação com a relação entre imagem e mensagem, o que mais tarde confluirá para o âmbito da "iconologia": estudo da imagem como "texto" permeado de códigos culturais construídos socialmente pela correlação dos seus elementos icônicos, pois, apesar de a imagem ser uma maneira de se reconhecer e se elaborar o dado sensível[6], não há um isomorfismo com a "realidade". Historiadores, antropólogos e arqueólogos, participando das discussões referentes às Ciências Humanas, ao tratarem de problemas ligados à teoria, aos métodos e técnicas dos seus respectivos saberes, levantaram questões sobre a comunicação social, a circulação e os significados das mensagens. Ao estudar a documentação imagética, procura-se encontrar a mensagem possível dos discursos imagéticos, na medida em que são considerados como um ato de comunicação. Os historiadores da Antiguidade, que já tinham a prática do diálogo multidisciplinar, sentiram a necessidade de se aproximarem das teorias da Comunicação e da Semiótica ao trabalharem as imagens como uma linguagem[7], reforçando, assim, a relação entre imagem e mensagem. Nesta perspectiva, a cultura material e as imagens produzidas pelas sociedades antigas são consideradas suportes de informação (documentos históricos) sobre a sociedade que as produziu e consumiu, procurando construir, a partir delas, novos problemas e objetos de pesquisa, o que frutificou em temas como gênero e espaço, dentre outros. As imagens deixaram de ser meras ilustrações e tornaram-se tão importantes quanto os textos escritos. Para tanto, o historiador deve deixar de ser um *"analfabeto visual"*[8]. Ainda mais no caso da Antiguidade, quando havia muitas sociedades ágrafas, a comunicação era predominantemente oral, a cultura escrita estava restrita à elite[9] e sobreviveram vestígios escritos apenas de alguns períodos e sociedades[10]. Há de se considerar também que, diferentemente das fontes escritas, evidencia-se um significativo aumento na quantidade de informação arqueológica, favorecendo novas abordagens da História, pautadas em outros interesses, o que ocasiona a formulação de novas problemáticas. Como, então, deixar de trabalhar com um tipo de documentação que se encontra disseminada de uma forma mais ampla, seja em termos espaçotemporais, seja em termos sociais, seja em termos até meramente numéricos? Estudando um período histórico em que a documentação escrita é extremamente lacunar, bem diferente da situação contemporânea em que o historiador se vê às voltas com uma massa documental avassaladora, seria um contrassenso não dialogar com a documentação de natureza imagética. Hartog já atentara que o classicista tem o difícil desafio de enfrentar a heterogeneidade documental:

> (...) um texto, uma escavação, uma imagem são "discursos" diferentes, cada um seguindo sua trilha própria, com sua lógica particular, que, no entanto, precisam ser entrecruzados em algum lugar. Tarefa bastante delicada, tendo em vista que o texto, a escavação e a imagem são, cada qual a seu modo, múltiplos, complexos e conheceram, segundo o ritmo de diferentes temporalidades, mudanças e variações. Eis o que implica ser historiador da Antiguidade – ou a tarefa impossível de situar-se, com acuidade e finura, na encruzilhada de múltiplas competências.[11]

2. Lhia enfrentando o desafio da imagem: banco temático de dados imagéticos

Condizente com esta nova abordagem sobre a imagem, o Laboratório de História Antiga (Lhia) da UFRJ elaborou o PROJETO IMAGEM & HISTÓRIA ANTIGA CLÁSSICA, que objetiva a construção, sistematização, organização e disponibilização de um acervo documental especializado em imagens da Antiguidade Clássica (Grécia e Roma), acessível em meios digitais (CD-Rom e internet)[12]. Este acervo se constituirá de um banco de dados imagéticos, tendo inicialmente como suportes a cerâmica grega e os mosaicos romanos, que serão organizados a partir de quatro eixos temáticos: gênero, espaço doméstico, espaço rural e espaço urbano. A formação deste banco de dados implica uma abordagem multidisciplinar, pois envolve e amplia o diálogo desta natureza ao criar um espaço conjugando matrizes teórico-metodológicas da História Antiga, Arqueologia, História da Arte, Comunicação, Semiótica e Informática.

A digitalização de acervos vem sendo alvo de diversas instituições voltadas para o ensino e a pesquisa. Os meios digitais se apresentam como aliados na preservação e divulgação das fontes de informações históricas, em qualquer suporte. No Brasil, em relação à documentação imagética da Antiguidade, este trabalho está para ser feito. Há os acervos do MAE (Museu de Arqueologia e Etnologia da USP), do Museu Histórico Nacional (coleção de antigas moedas) e do Museu Nacional da UFRJ, que foram focos de alguns estudos acadêmicos[13]. No exterior, os historiadores e arqueólogos realizam, desde o século XIX, a catalogação, classificação e publicação de imagens através do Corpus Vasorum Antiquorum (CVA), das publicações do J. D. Beazley, do Lexicon Iconographicum Mythologiae Classicae (LIMC) e do Bulletin de l'Association International pour l'Étude de la Mosaïque Antique (AIEMA). O Lhia, ao propor a constituição de um acervo imagético temático, apresenta algo original, não apenas no que concerne aos centros brasileiros de estudos clássicos, mas também por ser uma tarefa ainda incipiente em termos de arquivos imagéticos em âmbito mundial. Todos os esforços no sentido de sistematizar *corpora* imagéticos até hoje foram em direção ao tipo dos suportes materiais (CVA com cerâmica e AIEMA com mosaicos) e aos temas religiosos e mitológicos (LIMC). O presente banco de dados diversificará os suportes das imagens (cerâmica grega e mosaicos romanos, inicialmente) e introduzirá novas temáticas (gênero, espaços urbano, rural e doméstico), condizentes com uma abordagem historiográfica mais social e cultural. Um acervo formado exclusivamente com este tipo de documentação é inovador e fará do Lhia/UFRJ um centro ainda mais atualizado de ensino, de pesquisa, de produção, de conservação e de usos diversificados de material imagético para professores, alunos e pesquisadores em História e de outras áreas afins de conhecimento.

O formato do banco de dados do Lhia segue uma ficha básica, que serve como modelo para armazenamento das informações. Para a definição desta ficha, foi fundamental a prática da equipe do Lhia em trabalhar este tipo de documentação[14], o que permitiu a modelagem e normatização do banco de dados. Esta ficha contém informações de identificação da imagem (o suporte no qual está contida; a forma deste suporte que indica o seu uso social; estilo da imagem; dimensões; proveniência; datação; autoria e acervo no qual se encontra atualmente a peça); a reprodução da imagem procurando sempre que possível apresentar todas as imagens nos objetos selecionados, ou seja, toda a superfície de cada objeto e as imagens nela confeccionadas, uma vez que o artista cria o tema/mensagem de forma global e de acordo com a forma da superfície e os esquemas de composição conhecidos; a descrição das imagens reproduzidas; palavras-chave que auxiliem num cruzamento de dados; e, por fim, as referências bibliográficas relacionadas a cada uma das imagens do banco de dados. Determinada a ficha, está ocorrendo a conversão dos dados organizados: digitalização das imagens impressas de livros pertencentes à equipe do Lhia, importação de imagens já digitalizadas também advindas das pesquisas do Lhia e preenchimento dos campos da ficha básica. Deve-se ressaltar que a ficha é um protótipo, podendo ser aperfeiçoada no decorrer da alimentação do banco de dados. A título de exemplificação, apresenta-se uma das fichas:

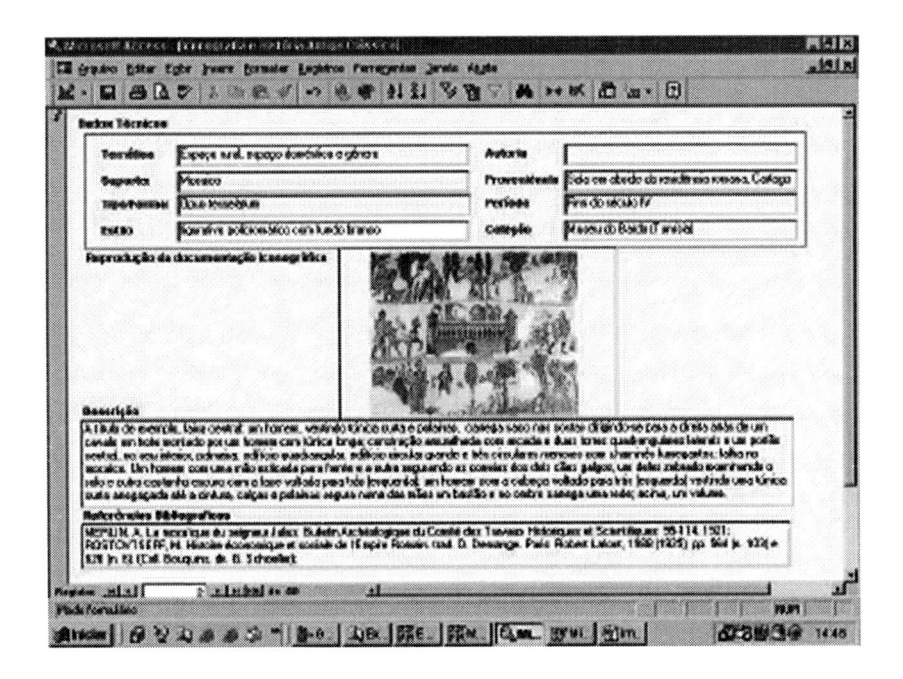

Para auxiliar o usuário do banco, haverá uma introdução sobre os suportes trabalhados (cerâmica e mosaicos) atentando para a sua história, características e usos sociais nas sociedades antigas, um glossário com os termos técnicos e um mapa mostrando os locais de proveniência dos artefatos.

Um banco de dados imagéticos pressupõe trabalhar em um novo campo de atuação do historiador, o das imagens, ultrapassando o seu caráter meramente estético ao considerá-las um objeto de pesquisa ou mesmo um suporte de informações para a criação de novos objetos. Seu poder de apresentação e de difusão se amplia com o uso de meios digitais, explorando melhor as peculiaridades da imagem, que atraem o usuário, e tornando mais acessível este tipo de documentação a um maior número de pessoas. A natureza imagética dos dados confere-lhes originalidade, importância e interesse por: serem relevantes ao estudo das sociedades antigas, entretanto, pouco trabalhados; serem de difícil acesso no nosso país; apresentarem dados sobre a vida cotidiana (trabalho rural, pesca, espetáculos, crenças religiosas...) e grupos sociais "excluídos" (mulheres, trabalhadores, crianças...) das sociedades antigas, permitindo analisar aspectos não privilegiados pela documentação textual, que abordava preferencialmente os campos político, militar e filosófico, a partir de uma ótica da elite, que dominava e usava majoritariamente o código escrito, cuja circulação era bem mais restrita que a das imagens. Além disso, o presente projeto responde a uma demanda do saber histórico em nível escolar específico do Rio de Janeiro[15], pois História Antiga, infelizmente, não é estudada no ensino médio no nosso estado, já que não consta do conteúdo programático do seu vestibular. Sem dúvida, a existência de um banco de dados, acessível em meios digitais, terá um efeito multiplicador e dinamizador nas atividades de ensino e pesquisa em História Antiga. Somam-se a isto as temáticas escolhidas e a forma de apresentação do banco de dados imagético como outros fatores inovadores e de atração para os futuros usuários. Assim, o banco de dados imagético – seja na internet, seja no CD-Rom – seria um recurso novo e útil tanto ao professor quanto ao aluno, pois ampliaria a compreensão sobre as sociedades clássicas, oferecendo uma perspectiva diferente e uma abordagem atraente.

 A fácil disponibilização de dados de uma forma organizada e dinâmica incentiva tanto o ensino quanto a pesquisa. Trata-se de modificar o conceito da informação em História, conferindo a todos os interessados meios de acessar essa informação e enriquecendo-a a partir de um acervo fundamentado na relação Imagem – História Antiga Clássica. Assim, contribui-se de forma original para o saber histórico e a sua difusão. Um banco de dados possui sempre um caráter dinâmico. Especificamente sobre a Antiguidade, sempre podem ser acrescentadas novas informações, advindas da publicação e divulgação das descobertas arqueológicas. Além dos novos exemplares de imagens nos suportes trabalhados (cerâmica grega e mosaicos romanos), existem imagens em outros suportes (estátuas, pinturas, vestígios arquitetônicos, moedas, adornos...), que poderão ser tratados, alimentando a base em desenvolvimento. Concomitantemente, poder-se-á ampliar também as temáticas das imagens, tais como sobre o corpo e o trabalho. O projeto produz uma base sólida para futuras inserções em pesquisa, ensino e publicações, servindo assim como um polo irradiador e fomentador de saber. As fichas do banco de dados poderão servir como subsídio para as eventuais análises interpretativas realizadas pelos usuários do banco, constituindo-se em um rico e fértil material organizado, que incentivará atividades de ensino e futuras pesquisas. O PROJETO IMAGEM & HISTÓRIA ANTIGA CLÁSSICA apresenta, portanto, soluções pedagógicas inovadoras com efeitos irradiadores em todos os níveis de ensino (Educação Básica, Graduação e Pós-graduação).

Para a operacionalização deste projeto, obteve-se o auxílio da *webdesigner* Vânia Polly da Silva (bolsista de Apoio Técnico pela Faperj e mestranda do Programa de Pós-graduação em História Comparada – PGHC / UFRJ), de bolsistas graduandos de Iniciação Científica da Faperj (de 2002-2003)[16] e de estagiários do ensino médio do Colégio de Aplicação da UFRJ (desde 2001)[17], participantes do Programa de Iniciação Científica Jr., que objetiva integrar o aluno do ensino médio do CAp. a grupos de pesquisa das unidades da UFRJ sob orientação de professores/pesquisadores, o que, no caso do Lhia, abarca professores, pós--graduandos e graduandos[18]. Assim, o Lhia envolve, neste projeto, professores, pós-graduandos, graduandos e estudantes do ensino médio, não apenas como prováveis usuários do produto final do banco de dados imagéticos, mas como participantes da sua produção. Desta forma, o banco de dados imagético temático relaciona-se duplamente com a pesquisa: por um lado, a criação de um *corpus* imagético temático em Antiguidade Clássica na forma de um banco de dados é realizada a partir das pesquisas feitas pela equipe do Lhia (professores, pós--graduandos e graduandos); e, por outro, fomenta a pesquisa ao dispor dados de forma sistematizada, que poderão ser utilizados como base para novos trabalhos com múltiplos enfoques, conforme o interesse e a formação dos distintos usuários do banco (professores, pós-graduandos, graduandos e estudantes).

Conclusão

Cultura, autocompreensão e linguagem são importantes mediadores para se entenderem as diferentes sociedades, suas transformações e interações com outras sociedades, pois as sociedades são realidade em movimento, apresentando uma dinâmica extraordinária e plural. A valorização da dinâmica própria dos "saberes locais", para utilizar uma expressão de Geertz[19], e a sua articulação com uma história "local" não significam que exista alguma cultura em estado isolado[20], pois sendo a identidade fruto da interação de diferentes tradições culturais, a "história local" é também uma "história global". Neste contexto, as interações culturais implicariam dinamismo/transformação/alteração/variação de culturas, seja em termos diacrônicos ou sincrônicos[21]. A concepção do "outro" está profundamente associada ao processo de identificação, pois este opera por meio da diferença, produzindo "efeitos de fronteiras", na medida em que sua consolidação requer aquilo que é deixado de fora: o exterior é constitutivo da identificação[22]. Portanto, o "outro" contribui na construção social da identidade do "eu". A alteridade permite inferir elementos de identidade cultural, que fazem com que se reconheça como "eu". Quando se constrói a explicação do "outro", produz-se a própria identidade.

Konder[23] já salientara que, mesmo que se tenha consciência da alteridade do passado, quer dizer, mesmo que se saiba que o passado é um outro, deve-se insistir em debruçar-se sobre ele, porque se percebe que, no movimento que vem dele e que – heterogeneamente – chega ao presente (e o ultrapassa), está a chave para se compreender um pouco melhor os problemas atuais. No aprendizado da História, é sempre o passado do outro que se torna nosso. O que é decisivo, na realidade, é o presente, do qual ninguém pode fugir. Tenta-se conhecer melhor o presente através do estudo da História e da inesgotável diversidade humana, que nela se manifesta. Renunciando à presunção dos julgamentos definitivos e irrevogáveis, empenha-se na observação da dimensão plural da existência dos homens, isto é, no exame crítico e autocrítico das ações e das especificidades das sociedades humanas. Ao se tentar avaliar o sentido das ações e das aspirações dos nossos "antecessores" – nossos "semelhantes", ao mesmo tempo tão diversos de nós –, procuramos, de certo modo, dialogar com eles; fazemos um esforço para nos colocarmos nos lugares específicos do passado, onde eles se moviam, mesmo sabendo que os resultados alcançados por essa aventura serão, muitas vezes, precários.

Tal postura coaduna-se com a de Hartog[24], que defende justamente a "manutenção desse jogo do mesmo e do outro, com sua sucessão de problemas e sua história, com suas tensões e suas reviravoltas", o que faz com que os antigos despertem interesse no presente por serem paradoxalmente "nem mesmo, nem outros e, ao mesmo tempo, um e outro". O estudo da História Antiga Clássica desenvolve indubitavelmente uma perspectiva de alteridade espacial e temporal, que é operada com a intenção de projetar uma reflexão sobre nós e o hoje, estimulando e desenvolvendo um olhar crítico e criativo sobre o social. Problemas urgentes do mundo contemporâneo trazem, para o âmbito da História Antiga, campos de visibilidade da vida social ainda inexplorados; e esta visibilidade nos ajuda a compreender, através do encontro com a diferença, nossos próprios caminhos e opções. Uma cidadania ativa está associada à capacidade de analisar a sociedade por meios racionais de reflexão, de ler criticamente os atos e linguagens socioculturais, de desenvolver percepção abstrata e de circular do particular ao público, do singular ao universal. Tais capacidades devem ser despertadas e cultivadas para fundamentar a sua *práxis* de escolha como cidadão consciente e atuante. O estudo das sociedades antigas tem, portanto, um importante papel neste processo e o atual projeto é uma das estratégias elaboradas pelo Lhia para efetivá-lo.

Bibliografia

BOTTERO, J., MORRISON, K. et alii. *Cultura, pensamento e escrita*. São Paulo: Ática, 1995.

BOWMAN, A., WOOLF, G. (org.). *Cultura escrita e poder no mundo antigo*. São Paulo: Ática, 1998.

BURKE, P. *Visto y no visto: el uso de la imagen como documento histórico*. Barcelona: Crítica, 2001.

CAVALLO, G., CHARTIER, R. (org.). *História da leitura no mundo ocidental*. São Paulo: Ática, 1998.

FINLEY, M. I. O estudioso da história antiga e suas fontes. In: _____. *História Antiga: testemunhos e modelos*. São Paulo: Martins Fontes, 1994. (Col. O Homem e a História)

GASKELL, J. História das imagens. In: BURKE, P. (org.). *A escrita da História: novas perspectivas*. São Paulo: Editora Unesp, 1992.

GEERTZ, C. *O saber local: novos ensaios em antropologia interpretativa*. 4. ed. trad. V. M. Joscelyne. Petrópolis: Vozes, 2001.

HARTOG, F. História Antiga e História. In: _____. *Os antigos, o passado e o presente*. trad. S. Lacerda et alii. Brasília: Editora Universidade de Brasília, 2003.

HALL, S. *A identidade cultural na pós-modernidade*. 7. ed. trad. T. T. da Silva e G. L. Louro. Rio de Janeiro: DP&A, 2002.

JOLY, M. *Introdução à análise de imagens*. trad. M. Apenzeller. Campinas: Papirus, 1997. (Col. Ofício de Arte e Forma)

KONDER, L. Por que aprender/ensinar História? *Ensino de História – Revista do Laboratório de Ensino de História da UFF*, Niterói, Faculdade de Educação, 3 (3), out. 1999.

LÉVI-STRAUSS, C. *Raça e história*. trad. I. Canelas. Lisboa: Presença, 1989.

MENESES, U. B. de. A cultura material no estudo das civilizações antigas. In: ANAIS DO I SIMPÓSIO NACIONAL DE HISTÓRIA ANTIGA. *Pesquisas, problemas e debates*. João Pessoa: Imprensa Universitária, 1984.

METZ, C. *A análise das imagens*. trad. L. C. Lima e P. V. Siqueira. Petrópolis: Vozes, 1973.

PANOFSKY, E. *Significado nas artes visuais*. São Paulo: Perspectiva, 1991.

SAHLINS, M. *Ilhas de História*. 3. ed. trad. B. Sette. Rio de Janeiro: Jorge Zahar, 1997.

THEML, N. Linguagem e comunicação: ver e ouvir na Antiguidade. In: _____ (org.). *Linguagens e formas de poder na Antiguidade*. Rio de Janeiro: Mauad / Faperj, 2002.

_____. Editorial. *PHOÎNIX*, Rio de Janeiro, 2, 1996.

TRABULSI, J. A. D. Elementos para uma crítica da leitura semiológica das representações na cerâmica grega antiga. *CLÁSSICA*, 3, 1990.

Notas

[1] GASKELL, J. História das imagens. In: BURKE, P. (org.). *A escrita da História: novas perspectivas*. São Paulo: Editora Unesp, 1992, p. 237.

[2] METZ, C. *A análise das imagens*. trad. L. C. Lima e P. V. Siqueira. Petrópolis: Vozes, 1973, p. 12-13.

[3] MENESES, U. B. de. A cultura material no estudo das civilizações antigas. In: ANAIS DO I SIMPÓSIO NACIONAL DE HISTÓRIA ANTIGA. *Pesquisas, problemas e debates*. João Pessoa: Imprensa Universitária, 1984, p. 34-42.

[4] TRABULSI, J. A. D. Elementos para uma crítica da leitura semiológica das representações na cerâmica grega antiga. *CLÁSSICA*, 3, 1990, p. 181-190.

[5] Edição original em inglês é de 1955. Edição brasileira recente: PANOFSKY, E. *Significado nas artes visuais*. São Paulo: Perspectiva, 1991.

[6] THEML, N. Linguagem e comunicação: ver e ouvir na Antiguidade. In: _____ (org.). *Linguagens e formas de poder na Antiguidade*. Rio de Janeiro: Mauad / Faperj, 2002, p. 17.

[7] JOLY, M. *Introdução à análise de imagens*. trad. M. Apenzeller. Campinas: Papirus, 1997, p. 48. (Col. Ofício de Arte e Forma)

[8] BURKE, P. *Visto y no visto: el uso de la imagen como documento histórico*. Barcelona: Crítica, 2001.

[9] BOTTERO, J., MORRISON, K. et alii. *Cultura, pensamento e escrita*. São Paulo: Ática, 1995; BOWMAN, A., WOOLF, G. (org.). *Cultura escrita e poder no mundo antigo*. São Paulo: Ática, 1998; CAVALLO, G., CHARTIER, R. (org.). *História da leitura no mundo ocidental*. São Paulo: Ática, 1998.

[10] FINLEY, M. I. O estudioso da história antiga e suas fontes. In: _____. *História Antiga: testemunhos e modelos*. São Paulo: Martins Fontes, 1994, p. 11-35 e 144-148. (Col. O Homem e a História)

[11] HARTOG, F. História Antiga e História. In: _____. *Os antigos, o passado e o presente*. trad. S. Lacerda et alii. Brasília: Editora Universidade de Brasília, 2003, p. 195.

[12] O LHIA sempre esteve aberto às novas tecnologias: o site www.lhiaufrj.com.br, a colaboração na revista eletrônica Hélade (www.heladeweb.net) e a editoração eletrônica da Gaîa (www.ifcs.ufjr.br). Assim, utilizando-as e dominando-as, divulgamos e promovemos os estudos sobre as sociedades antigas. A produção do banco de dados imagéticos, acessível por meios digitais, é, portanto, uma extensão desta prática do LHIA, consolidando o emprego dos meios digitais como forma de geração de informações para o ensino e a pesquisa.

[13] Ver THEML, N. Editorial. *PHOÎNIX*, Rio de Janeiro, 2, 1996, p. 9-15. Devemos destacar que existem trabalhos referentes à imagética greco-romana e, mais especificamente

com peças do acervo da reserva técnica do Museu Nacional do Rio de Janeiro, desenvolvidos pela equipe do MAE-USP, pesquisadores da USP (Profª. Drª. Haiganuch Sarian e Prof. Dr. Norberto Luiz Guarinello) e da Unicamp (Prof. Dr. Pedro Paulo de Abreu Funari). Há outros historiadores brasileiros da Antiguidade que utilizam documentação iconográfica, tais como: Prof. Dr. Ulpiano Bezerra de Meneses da USP (afrescos da Ilha de Delos), Prof. Dr. Ciro Flamarion Santana Cardoso da UFF (representações do culto funerário egípcio raméssida) e Prof. Dr. Fábio Vergara da UFPel (o músico na cerâmica grega), dentre outros.

[14] Especificamente sobre o trabalho com imagens pelo Lhia, houve, em novembro de 1998, a realização de um workshop sobre "Imagem e História Antiga", com participação de pesquisadores brasileiros, voltado para o aperfeiçoamento teórico-metodológico dos pesquisadores (professores, pós-graduandos e graduandos) em termos de análise iconográfica. Neste mesmo ano, professores e pós-graduandos do Lhia participaram do livro *História & Imagem*, organizado pelo Prof. Dr. Francisco Carlos Teixeira da Silva. O Lhia reúne um grupo de professores, pós-graduandos e graduandos que estudaram e estudam imagens, resultando em trabalhos acadêmicos, livros, artigos de revistas, comunicações... Assim sendo, o Lhia já possui um acervo imagético considerável, advindo das pesquisas de sua equipe, bem como a experiência no manuseio da documentação desta natureza, possibilitando, com grande destreza, a formação do acervo proposto no presente projeto. E mais, há condições para a constante alimentação e ampliação de dados imagéticos através das pesquisas, que continuam a ser efetuadas pela sua equipe.

[15] A preocupação do Lhia em estabelecer um diálogo entre a universidade e a escola também se evidencia anualmente no PROJETO UNIVERSIDADE-ESCOLA, sob responsabilidade do Prof. Dr. Fábio de Souza Lessa. Durante dois meses, professores, pós-graduandos e graduandos do Lhia realizam oficinas centradas em temas da Antiguidade Clássica em escolas da rede pública. Em 2004, a temática foi "Jogos e Lazer" em vista da realização dos Jogos Olímpicos, cujo interesse foi acentuado por ocorrerem em Atenas.

[16] Eduardo Januário Newton e Marcus Vinicius de Azevedo Miranda.

[17] Em 2001, as estagiárias foram: Fabíola Ortiz dos Santos e Raquel Reine Arenas Gandra. Em 2002, foram Amanda Martins de Brito e Matheus Azevedo Vieira. Em 2003, foi Daniel Ferreira. Em 2004, Júlia Rubim Pimentel.

[18] O projeto tem efetivamente contribuído na melhoria da formação dos estudantes do ensino médio: por um lado, a atuação dos estagiários constitui-se em importante elemento para a execução do banco de dados; e, por outro, a sua participação no projeto leva ao aperfeiçoamento de sua formação: trabalham com uma relevante documentação material pouco conhecida, mas que está ganhando um espaço significativo no estudo das sociedades em geral; familiarizam-se os bolsistas com a tecnologia digital; adquirem experiência em trabalho de pesquisa em equipe; e aprendem a preparar e fazer apresen-

tação oral e em painel, seja em eventos universitários, seja em eventos escolares. Assim, o projeto, além de oferecer dados imagéticos organizados para melhorar a atividade de ensino, treina profissionais capazes de circular nas novas esferas da informática.

[19] GEERTZ, C. *O saber local: novos ensaios em antropologia interpretativa.* 4. ed. trad. V. M. Joscelyne. Petrópolis: Vozes, 2001.

[20] LÉVI-STRAUSS, C. *Raça e história.* trad. I. Canelas. Lisboa: Presença, 1989.

[21] SAHLINS, M. *Ilhas de História.* 3. ed. trad. B. Sette. Rio de Janeiro: Jorge Zahar, 1997.

[22] HALL, S. *A identidade cultural na pós-modernidade.* 7. ed. trad. T. T. da Silva e G. L. Louro. Rio de Janeiro: DP&A, 2002.

[23] KONDER, L. Por que aprender/ensinar História? *Ensino de História – Revista do Laboratório de Ensino de História da UFF*, Niterói, Faculdade de Educação, 3 (3), out. 1999.

[24] HARTOG, F. *Op. cit.*, p. 198.

PARTE VI

DESAFIOS ATUAIS: INCLUSÃO E INFORMAÇÃO

ENSINO DE HISTÓRIA E EDUCAÇÃO INCLUSIVA: SUAS DIMENSÕES FORMATIVAS

Valdelúcia Alves da Costa[*]

Desejo compartilhar com vocês, que estão participando do *V Encontro Nacional Perspectivas do Ensino de História*: *sujeitos, saberes e práticas*, alguns elementos para a reflexão acerca da educação inclusiva (que, penso, se contrapõe à educação especial), das necessidades educacionais especiais advindas das deficiências dos educandos e da formação de professores para a diversidade.

A História, como disciplina e área de conhecimento, tem um papel central na sociedade contemporânea, sobretudo no desvelamento do silenciamento e ofuscação impostos aos indivíduos com deficiência, considerando que historicamente as experiências dos indivíduos com deficiência foram desconsideradas ou mesmo negadas pela escola denominada regular. A História, como teoria e prática, deve resgatar a história desses indivíduos, encoberta por preconceito. Preconceito que revela mais do sujeito que discrimina do que do objeto alvo da discriminação. No que se refere à escolarização de educandos com deficiência ou com necessidades educacionais especiais, historicamente denominada educação especial, faz-se urgente refletir sobre sua relação teoria e prática, pois é possível afirmar que o conhecimento posto em prática no cotidiano escolar desses educandos até então não foi suficiente para democratizar a escola, para torná-la acolhedora à diversidade.

---

[*] Professora adjunta da Faculdade de Educação da UFF. Docente do Programa de Pós-graduação em Educação da UFF. Doutora em Educação: História e Filosofia da Educação pela PUC-SP.

Diante disto, devemos provocar questionamentos nos professores, tais como: temos efetivamente buscado conhecimento? Se não temos conhecimento, é por isso, então, que não é possível colocá-lo em prática? Assim, no que se refere a esses educandos, reproduzimos práticas sociais históricas sem fundamento teórico, portanto, excludentes, ou seja, ideológicas? E, se são ideológicas, essas práticas pedagógicas são desmoronáveis, por serem frágeis, isto é, à mercê de modelos educacionais que aprisionam educandos com deficiência e seus professores em espaços segregados da educação especial.

A prática não percebida revela as lacunas históricas, marcadas pela ausência do registro das experiências dos indivíduos com deficiência, pela segregação. Dessa maneira, o desvelamento da ideologia reinante na educação especial dar-se-á, obrigatoriamente, pelo conhecimento que possibilitará sua consciência e seu esclarecimento aos professores e demais profissionais da escola que atuam com os educandos que apresentam necessidades educacionais especiais advindas de deficiências.

Isso posto, pensemos sobre o modelo pedagógico até agora adotado na educação especial – integracionista. O termo "integração" tende a indicar a eliminação da diferença daquele que é integrado. Logo, a integração escolar só foi e é possível para aqueles que têm sua diferença negada (embora não deixe de existir). Isso é, para os que se tornam homogêneos, abrindo mão de sua demanda humana e de sua possibilidade de se diferenciar como indivíduos – portadores de uma subjetividade –, quando a diferença deveria ser considerada a essência humana.

Isso implica refletirmos sobre a adaptação e a emancipação pela educação. A educação na sociedade contemporânea vem se reproduzindo com base em modelos que visam predominantemente à adaptação, não se voltando à autorreflexão crítica para a emancipação dos educandos e professores.

A urgência de uma educação democrática, inclusiva e emancipadora parece constituir-se, dessa maneira, como alternativa para a superação da diferença significativa – a deficiência – como obstáculo para o acesso e permanência na escola regular dos educandos com deficiência e na possibilidade de se pensar uma sociedade justa e humana, contrapondo-se à prática institucional de controle do destino de sua "clientela", ou seja, os educandos com deficiência.

Adorno, ao criticar a educação para a adaptação no texto *Educação e Emancipação*, refere-se à Caroline Kennedy como uma criança cada vez mais adaptada, afirmando que "(...) o simples fato de a adaptação ser o êxito principal da educação infantil já deveria ser motivo de reflexão (...)"[1], pois sua continuidade implicará uma educação não-emancipadora para todos os educandos, deficientes ou não--deficientes.

A educação para a adaptação, como destacado por Adorno, tem a função de preparar os indivíduos para se orientarem no mundo.[2] Ou seja, a questão da adaptação é importante e a educação deve tê-la como meta, mas deve ir além dela, no sentido da emancipação. Como se pode verificar, não cabe falar em educação e sim em pseudoeducação dos educandos com deficiência. O que não é surpreendente, pelo fato de que mesmo a educação regular torna-se pseudoformação ao não atender a exigência de emancipação dos educandos ao longo do processo histórico civilizatório.

Consequentemente, a crítica à educação especial é, obrigatoriamente, crítica à educação regular e desta não poderá estar desvinculada. Ou seja, a educação para a adaptação imposta aos educandos com deficiência nas classes e instituições especializadas reproduz o que é praticado com os educandos "ditos normais" e, nesse sentido, revela a educação regular.

Constata-se assim que não somos educados para a emancipação, necessária para o enfrentamento e possível superação da sociedade burguesa de classes e de tantos segregados e excluídos historicamente.

Diante dessa emergência é possível, pois, se pensar em uma educação emancipatória, para além da adaptação? Sem dúvida, é possível apreender as muitas possibilidades de um projeto de educação voltado para a reflexão e a autorreflexão, para a emancipação, a resistência e a superação, para a formação e o esclarecimento dos indivíduos, deficientes e não-deficientes. Isso é possível por meio do exercício constante da crítica reflexiva. Destaca-se, então, a concepção de educação para Adorno que, evidentemente, não é

> (...) a chamada modelagem de pessoas, porque não temos o direito de modelar pessoas com base em seu exterior; mas também não a mera transmissão de conhecimentos, cuja característica de coisa morta já foi mais do que destacada, mas a produção de uma consciência verdadeira. Isso seria da maior importância política; sua ideia, se é permitido dizer assim, é uma exigência política. Isso é: uma democracia com o dever de não apenas funcionar, mas operar conforme seu conceito, demanda pessoas emancipadas. Uma democracia efetiva só pode ser imaginada como uma sociedade de quem é emancipado.[3]

Ao refletir sobre a função educativa da reflexão, resgata-se uma dimensão para além do círculo da mercadoria do repetitivo, do reprodutivo, da mesmice, da modelagem. E, sem dúvida, isso é educativo, é formativo, é possibilidade de emancipação pela educação para todos os educandos, deficientes e não-deficientes.

Portanto, é urgente pensar nas concepções de categorias como educação, escola, ensino, aprendizagem, avaliação escolar, metodologia de ensino, dentre outras, que norteiam historicamente as práticas pedagógicas da educação. Discute-se muito sobre repensar e/ou ressignificar essas concepções e práticas pedagógicas. Não cabe apenas essa proposta diante da importância e da demanda por educação política e inclusiva na sociedade contemporânea.

O momento, sem dúvida, é de se buscar conhecimento teórico para tornar possível avaliar a escolarização das crianças e jovens com diferenças significativas decorrentes de suas deficiências. É importante destacar que essa avaliação deve se processar, igualmente, no contexto do encaminhamento desses educandos ao sistema escolar sem separação entre classes regulares e especiais.

A discussão acerca da inclusão escolar e social dos educandos com deficiência vem se ampliando nos últimos anos e os caminhos para a escola inclusiva vêm se alargando, o que é muito significativo. Isso significa, nesse momento, principalmente o atendimento aos dispositivos legais, como a Constituição Federal/1988; a Constituição Estadual/1989; a Lei nº 8.069/1990; a Declaração Mundial de Educação para Todos, Jomtien, Tailândia/1990; a Declaração de Salamanca e Linha de Ação, Espanha/1994; a Lei nº 9.394/1996, de Diretrizes e Bases da Educação Brasileira; o Plano Nacional de Educação/1997; e a Resolução nº 2/2001/CNE/CEB, quanto à formação de professores para a diversidade e à não-discriminação dos educandos com deficiência, ao preconizarem sua matrícula na rede regular de ensino, embora a não-discriminação quanto à matrícula na escola regular não impeça a manifestação do preconceito que é dirigido a esse segmento escolar, contribuindo, sobremaneira, para o seu enfrentamento e entendimento, sobretudo por dar oportunidade a uma experiência entre diferentes subjetividades.

Quanto a isso, vale lembrar Umberto Eco em um ensaio intitulado "Em nome da razão". Ao tratar do choque de civilizações ao longo da história, destaca o uso da análise e da crítica contra o terror e a intolerância às diferenças. Destaco um trecho no qual Eco afirma:

> Um dos valores sobre os quais muito se fala na civilização ocidental é a aceitação das diferenças. Como se ensina a aceitação das diferenças? Como ensinar aos educandos a aceitarem aqueles que são diferentes deles? Deve-se ensinar às crianças que os seres humanos são muito diferentes entre si e explicar-lhes em que se diferenciam, para então mostrar que essas diferenças podem ser uma fonte de enriquecimento.[4]

Nesse sentido, emerge um singular movimento na sociedade contemporânea, denominado "INCLUSIVO", não sendo politicamente correto discriminar os significativamente diferentes. Daí o movimento de inclusão desses na escola regular e nas demais instâncias sociais. Mas isso não significa que estejamos combatendo o preconceito. Quando, sob a alegação de falta de condições para o atendimento dos educandos com necessidades educacionais especiais na escola regular, como professores especializados e recursos pedagógicos específicos, justificamos a existência da dicotomia regular x especial, reforçamos o preconceito, embora procuremos não discriminar ao aceitar aqueles que não reúnem condições exigidas pela escola para a sua adaptação, quando a escola é que deveria se reestruturar para acolher a todos os educandos.

Em relação à educação inclusiva, faz-se necessário inicialmente pensar sobre o que queremos e o que podemos fazer neste momento acerca da educação dos educandos com necessidades educacionais especiais decorrentes de deficiências:

– Queremos a inclusão da educação especial na educação regular?

ou

– A inclusão dos educandos com necessidades educacionais especiais (hoje considerados educandos das modalidades de atendimento da educação especial) na educação regular que, então, a partir de agora passa a ser denominada educação escolar e não mais educação regular como até hoje o é, para se contrapor à educação especial, delimitando espaços separados de aprendizagem?

Em sendo nosso pensar e nosso debate voltados para a educação especial como modalidade escolar segregada, não se pronuncia nenhum avanço nessa área de conhecimento. Apenas estaremos reproduzindo o que estabelecem os documentos legais brasileiros e legitimando a nossa sociedade contemporânea como sendo de classes, de incluídos e excluídos do sistema regular de ensino, ou seja, de dicotomias e contradições não-dialéticas, não-humanizadoras.

Mas se, por outro lado, pensamos em abrir caminhos para a escola inclusiva, acolhedora na perspectiva de uma educação política e democrática, este é o momento de começarmos a torná-la uma realidade.

Primeiramente, precisamos procurar entender o significado de educação democrática. Esse significado não pode ser abstrato, especulativo ou atrelado a novos paradigmas ou modelos/modismos que só contribuem para aprisionar o objeto que queremos apreender e aprender, reforçando a reprodução de modelos educacionais homogêneos e, consequentemente, excludentes.

Modelos contrários à diversidade e à diferença, esta transformada em desigualdade em uma sociedade que exige de todos se tornarem iguais para serem aceitos em suas instâncias, pois não aprendemos sobre diferenças, por isso não as reconhecemos como inerentes à essência humana.

Educação democrática implica, necessariamente, reestruturação das escolas, formação de professores e demais profissionais da educação escolar para se conseguirem o acesso e a permanência dos educandos com necessidades educacionais especiais na escola, na perspectiva da inclusão escolar e educacional.

Assim, o esforço para o alcance da educação democrática, para Ainscow, deve considerar que

> (...) em vez de se sublinhar a ideia da integração, acompanhada da concepção de que se devem introduzir medidas adicionais para responder aos educandos especiais, em um sistema educativo que se mantém, nas suas linhas gerais, inalterado, assistimos a movimentos que visam a educação inclusiva, cujo objetivo consiste em reestruturar as escolas, de modo a que respondam às necessidades de todas as crianças.[5]

Dessa maneira, a educação democrática e emancipadora parece constituir-se em uma alternativa capaz de favorecer: a superação das diferenças significativas entre deficientes e não-deficientes; o acesso e a permanência na escola regular dos educandos com deficiência; e a possibilidade de se pensar uma sociedade justa e humana.

Em segundo lugar, faz-se necessário discutir as formas para tornar possível a educação democrática e para a escola acolher as diferenças. Nessa perspectiva, Ainscow destaca duas questões: "Como os professores podem ser apoiados a organizar as suas salas de aula de modo que assegurem a aprendizagem a todos os seus educandos? Como as escolas podem ser reestruturadas de forma a apoiarem os professores nesse esforço?"[6]

Para a valorização profissional dos professores o referido autor destaca as seguintes estratégias, dentre outras: "Oportunidades de considerar novas possibilidades; apoio à experimentação e reflexão."[7]

Ainscow destaca também que encorajar os professores a explorarem formas de desenvolver a sua prática, de modo a facilitar a aprendizagem de todos os educandos, é um convite a experimentarem métodos que "(...) no contexto da sua experiência anterior, lhes são estranhos."[8]

Isso implica que os professores precisam ser estimulados à experiência, embora sabendo que nossa escola é pobre em experiências porque as relações históricas e sociais dificultam a experiência entre os indivíduos.

Na educação especial há a ênfase no planejamento individual e no empobrecimento da experiência entre educandos deficientes e não-deficientes. Na perspectiva da educação inclusiva, é importante planejar pedagogicamente considerando todos os educandos, deficientes e não-deficientes. Eles próprios representam uma rica fonte de experiências e a aprendizagem é, em grande parte, um processo social. É preciso que os professores sejam encorajados a permitir esse processo social de aprendizagem entre os educandos e eles próprios.

Essas estratégias exigem mais que técnicas. O mais importante é a capacidade de resposta dos professores às experiências dos educandos, à medida que são desenvolvidas as atividades em sala de aula.

Essa capacidade implica modificar planos e atividades em seu decorrer, em resposta à demanda dos educandos. Agindo assim, os professores podem encorajar uma participação ativa e, ao mesmo tempo, levar cada um a viver experiências formativas em sala de aula.

Essa orientação implica que a formação dos professores, para se contrapor à sociedade burguesa de classes, deve abranger/incluir o desenvolvimento de sua sensibilidade, para que possam ajustar seu planejamento e sua prática pedagógica à demanda de seus educandos, considerando novas possibilidades de atuação junto a eles.

O desenvolvimento da sensibilidade dos professores possibilitará o exercício da reflexão crítica sobre sua prática, viabilizando torná-la componente de sua formação profissional e humana; questionando-se sobre o que fazem; para que fazem; como fazem; e, principalmente, por que os educandos não conseguem aprender em uma única escola para todos, sem separação entre classe especial e classe regular?

Tenho observado em eventos e conferências que ministro em diferentes lugares uma grande preocupação, por parte dos professores (da educação regular e especial), em aprenderem novas técnicas e métodos para utilizar em suas salas de aula com educandos que apresentam deficiências. Procuro sempre fazer com que eles pensem sobre "suas" maneiras de atuação docente com base nos conhecimentos teóricos adquiridos e, consequentemente, na reflexão crítica sobre suas concepções de aprendizagem, de ensino, de professor, de educando, de escola, de formação docente, de métodos e técnicas, dentre outras categorias, que povoam os cursos ministrados a esses professores, pois a prática não percebida como diferenciação da teoria é mera reprodução de conteúdos curriculares, ou seja, segundo Adorno, com característica "de coisa morta".[9]

Chamo a atenção dos professores também para o fato de que os métodos, as técnicas ou abordagens de ensino são elaborações sociais e históricas, portanto, não são neutras. Baseiam-se e refletem ideologias que os impedem de compreender as implicações pedagógicas das relações de poder no seio da educação. É necessário contribuir, com ênfase no ensino de História, para que os professores se aperfeiçoem como profissionais reflexivos e críticos, de modo a ultrapassarem as limitações baseadas na deficiência e no mundo estreito das necessidades educacionais especiais historicamente mantidas e reproduzidas como socialmente impostas, para justificar a exclusão escolar e social e a segregação dos indivíduos com deficiência nas instituições "especializadas". O professor deve ir em busca do atendimento da demanda humana de seus educandos e do entendimento de sua própria demanda humana, considerando o movimento inclusivo que vem se configurando na sociedade contemporânea com a chegada dos educandos com necessidades educacionais especiais no ensino regular. Isso demanda da escola e dos professores estratégias a serem adotadas no processo de ensino e aprendizagem, tais como eliminação de barreiras arquitetônicas e de atitudes, decorrentes do preconceito, e adaptações curriculares e recursos pedagógicos específicos para educandos com deficiência motora, auditiva, visual e mental.

Vale destacar que o avanço tecnológico tem contribuído para a educação de educandos com paralisia cerebral e deficiência visual, com programas de computadores, além do método Braille, e do uso de recursos pedagógicos alternativos como gravadores. Para deficientes auditivos, é importante o aprendizado da Língua Brasileira de Sinais (Libras). Esta é considerada sua língua materna, importante na formação de suas estruturas cognitivas.

Considerando-se a demanda por inclusão escolar, faz-se necessário que a formação e a atuação docente sejam crítico-reflexivas, havendo necessidade de reestruturação dos espaços escolares para a concretização da democratização da educação escolar. Para viabilizá-la, é fundamental a valorização humana e profissional dos professores, para que possam considerar como estratégias pedagógicas as oportunidades de novas possibilidades, apoio à experimentação, reflexão, de modo a encorajá-los a explorarem formas de desenvolver sua prática, de modo a facilitar a aprendizagem de todos os educandos, como discutido anteriormente.

Finalizando, meu objetivo maior é refletir sobre a educação inclusiva, considerando o seu potencial emancipatório. Tal reflexão leva em conta o caráter historicamente excludente da nossa sociedade, que impede ou dificulta o convívio entre indivíduos deficientes e não-deficientes. Além disso, é favorável à explicitação das diferenças desses, educandos e professores, na escola e nas demais instâncias sociais. Mesmo considerando o caráter excludente da sociedade é possível pensar na possibilidade de uma escola e de uma educação inclusivas para educandos com deficiência, tendo em vista que esses desejam desenvolver suas potencialidades. Para tal, necessitam viver experiências com diferentes sujeitos. Tomara que nesta sociedade os indivíduos não sejam separados uns dos outros e de si mesmos, seja na escola ou em qualquer outra instância social. Os professores, por intermédio do ensino de História, têm um papel central nesse movimento inclusivo.

Bibliografia

ADORNO, Theodor W. *Educação e emancipação*. São Paulo: Paz e Terra, 1995.

AINSCOW, Mel. Educação para todos: torná-la uma realidade. In: *Caminhos para as escolas inclusivas*. Lisboa: Instituto de Inovação Educacional, 1997.

BRASIL. *Constituição da República Federativa do Brasil*. Senado Federal, Brasília, DF, 1988.

BRASIL. *Estatuto da Criança e do Adolescente*, Lei n° 8.069, Senado Federal, Brasília, DF, 1990.

BRASIL. *Lei de Diretrizes e Bases da Educação Nacional*, n° 9.394, Brasília, DF, 1996.

BRASIL. *Resolução n° 2*, Câmara de Educação Básica do Conselho Nacional de Educação. Institui Diretrizes Nacionais para a Educação Especial na Educação Básica, Brasília, DF, 2001.

CORDE. *Declaração de Salamanca* e Linha de Ação sobre Necessidades Educativas Especiais, Brasília, DF, 1994.

DECLARAÇÃO MUNDIAL DE EDUCAÇÃO PARA TODOS. Jomtien, Tailândia, 1990.

ECO, Umberto. Choque de Civilizações: em nome da razão. Eu &. *Valor Econômico*, 26, 27 e 28 de outubro, São Paulo, 2001.

PLANO NACIONAL DE EDUCAÇÃO. II Congresso Nacional de Educação, Belo Horizonte, MG, 1997.

RIO DE JANEIRO. *Constituição do Estado do Rio de Janeiro*, Assembleia Legislativa, Rio de Janeiro, RJ, 1989.

Notas

[1] ADORNO, Theodor W. *Educação e emancipação*. São Paulo: Paz e Terra, 1995, p. 174.

[2] *Ibid.*

[3] *Ibid.*, p. 141-142.

[4] ECO, Umberto. Choque de Civilizações: em nome da razão. Eu &. *Valor Econômico*, 26, 27 e 28 de outubro, São Paulo, 2001, p. 13.

[5] AINSCOW, Mel. Educação para todos: torná-la uma realidade. In: *Caminhos para as escolas inclusivas*. Lisboa: Instituto de Inovação Educacional, 1997, p. 13.

[6] *Ibid.*, p. 14.

[7] *Ibid.*, p. 15.

[8] *Ibid.*, p. 16.
[9] ADORNO, Theodor W. *Op. cit.*, p. 141.

SOCIEDADE DA INFORMAÇÃO NO ENSINO DE HISTÓRIA: ROTEIRO DE UMA ABORDAGEM CRÍTICA

Lídia Silva de Freitas[*]

Segui o caminho da Análise do Discurso para perseguir o sentido desta Mesa. Um aspecto ficou patente: ela **não** está inserida na temática dos **Sujeitos**, nem na dos **Saberes**, e **sim** na temática das **Práticas,** como os subtemas que nos acompanham nas mesas-redondas das **Práticas**: *Formação de Professores, Ensino de História e fontes documentais* e *Ensino de História e patrimônio*. Resguardadas as enormes lacunas – preenchidas de inúmeros debates – que envolvem os termos **formação** e **patrimônio**, e a expressão **fontes documentais**, penso que há, por esse conjunto, uma reificação da expressão **Sociedade da Informação**.

Fiquei articulando os caminhos discursivos que poderiam juntar **Práticas, Ensino de História** e **Sociedade da Informação** e cheguei à seguinte montagem, que aqui parece se confirmar: relatos e análises do ensino de História na Sociedade da Informação, ou seja, numa sociedade pautada *em* e mediada *por* mecanismos informacionais, ou seja, *Ensino de História a Distância via Internet*. Neste enfoque eu teria muito pouco ou nada a contribuir. Mas penso que os organizadores me convidaram para analisar, isto sim, a noção – que se quer conceito ou mesmo teoria integral – de Sociedade da Informação, objeto que venho estudando já há algum tempo.

E aí sim: faz muito sentido para mim refletir sobre as **práticas** do **ensino de História** que incluam a noção de **Sociedade da Informação** em seus conteúdos,

---

[*] Professora do Departamento de Ciência da Informação da Universidade Federal Fluminense e do Programa de Pós-graduação em Ciência da Informação do convênio UFF/Ibict.

como parte da periodização histórica, descrevendo esta forma de contemporaneidade como dada e baseada num possível consenso entre historiadores, cientistas sociais, economistas e outros. Mas esse consenso não existe e a trajetória acadêmica desta noção é recente, instável e polêmica – apesar de menos polêmica do que mereceria ser.

Pautarei esta palestra em texto que publiquei em 2002 sobre a memória polêmica da noção de sociedade da informação e em texto do estudioso da comunicação e da informação Armand Mattelart, publicado mais recentemente: *História da Sociedade da Informação*.[1]

Vou abrir minha fala como abro o meu artigo, um pouco na defensiva: José Luís Fiori em palestra aqui na Uerj, em 2000, afirmou: "*A preocupação em não nos inscrever no que chamam de 'visão conspiracionista da história' pode impedir que reconheçamos as agendas estratégicas dos que têm poder para implementá-las.*" A defensiva se justifica porque, ao longo da pesquisa sobre as origens, pressupostos, desenvolvimento e usos da noção de sociedade da informação, encontrei algumas conspirações, em maior número e mais profundas do que imaginava. Porém aqui não vamos centrar nossa atenção nestes fatos.

Por seus usos, Sociedade da Informação funciona como teoria da história (da era industrial para a era da informação); teoria econômica (informação como fator de produção e recurso estratégico); e teoria sociológica (estratificação social emergente baseada no acesso a bens e serviços informacionais).

Apesar da escassez de fundamentação científica para a noção, Mattelart constata a ascensão irresistível, quando se representa a contemporaneidade, de clichês como *era global*, *era* ou *sociedade da informação*. Em seu livro vai perseguindo a construção desta nova narrativa tecnocrática. Mas que traz embutida, ao lado de promessas de democratização de todas as relações sociais, a superação das injustiças e conflitos político-ideológicos. Enfim, a solução de problemas sociais por dispositivos técnicos. Ele mostra que esta abordagem vem no rastro da *tese dos fins*: fim da ideologia, do político, das classes e de suas lutas, dos intelectuais contestadores e, mesmo, fim da história.

Desde a teoria da informação de Shannon (teoria matemática em que não importa a mensagem), as noções de comunicação e de informação vão se separar da noção de cultura, transformando-se na linha de frente dos conceitos imprecisos. Contribuição para o fetichismo informacional.

A tendência a ver informação apenas onde há dispositivos técnicos vai se acentuar, cada vez mais deslocando o social e as implicações sociopolíticas da expressão que designaria o novo destino do mundo: Sociedade da Informação. O discurso-

-fetiche não aborda a historicidade dos modos de implantação das técnicas, sua construção social, suas funções e usos. Aliás, a concepção histórica que sustenta esta visão é a da história em fatias, história como progresso, desenrolando-se segundo um modelo de evolução mecanicista. É o novo difusionismo modernizante que irradiará do centro para a periferia, num novo projeto de universalismo.[2]

As condições de produção e difusão deste ideário estão historicamente na valorização da quantificação como modelo de ação útil, protótipo do discurso verdadeiro. Essa condição surge desde o capitalismo mercantil, em suas necessidades de coletar, arquivar e tratar dados para negociantes, financistas e especuladores e, pouco depois, para a inteligência de Estado: a estatística. Crença na transparência perfeita e no **cálculo** *versus* o **caos**.

Mattelart também, como outros, aponta a relação que muitos analistas através da história vêm estabelecendo entre meios de comunicação e democratização: tudo era um problema técnico. O telégrafo, o telefone, o rádio e agora a Internet, promoveriam a concórdia universal, a justiça social e a prosperidade geral. Somada à amnésia com relação à promessa anterior não cumprida... Aliás, o pós-industrialismo – designação pela negação – que antecede a Sociedade da Informação – designação afirmativa – também prometia o fim das mazelas do industrialismo.

Em que critérios os teóricos da Sociedade da Informação se baseiam para afirmar que há transformações suficientes que justifiquem uma nova denominação? Webster[3] listou em sua análise da literatura sobre o tema critérios tecnológicos, econômicos, ocupacionais, espaciais e culturais. E esta é a grande questão levantada por ele e outros teóricos de peso:[4] em que ponto as transformações quantitativas passam a ser qualitativas?... As mudanças teriam que ultrapassar as relações sociais simplesmente e alcançar as relações de poder ou as relações de produção, o que efetivamente não se deu. Estes autores consideram que o que vivemos é o avanço do capitalismo internacional e suas mutações tecnológicas, não havendo nada radicalmente novo que justifique novas teorias.

Levanto também outras questões: houve transformações importantes nos fundamentos da atual acumulação capitalista quanto às instâncias de geração do valor? Se a Sociedade da Informação é inevitável, ou mesmo fato consumado, por que tantos esforços nacionais e internacionais para implementá-la?

Bourdieu[5] chama o processo de repetição de teses e noções para a construção de evidências de ***conta-gotas simbólico***, ressaltando o papel de alguns intelectuais neste trabalho. Mesmo porque passam a ser necessárias novas teorias sociais para a construção discursivo-ideológica dos *novos tempos*. Vejamos dois diferentes momentos históricos desta construção.

Ao final da Segunda Guerra – e início da Guerra Fria – nos EUA surge um novo tipo de "intelectual militante": especialistas das ciências sociais, economistas, matemáticos, engenheiros e físicos partilhando conhecimentos, polivalentes e pluridisciplinares, abastecendo os *think tanks* ou *reservatórios de ideias*, produzindo um saber orientado para a planificação da sociedade do futuro: origem da futurologia. Neste período, os EUA tentavam legitimar junto aos organismos das Nações Unidas sua doutrina do "livre fluxo da informação", oposta à visão soviética de defesa da soberania nacional em matéria de comunicação e informação.

Inicia-se a luta internacional pelos sentidos de "informação". O contexto norte-americano da formulação e espraiamento – como sabemos[6], nada autônomo – da concepção de um *novo tempo* na forma de SI, *Sociedade do Conhecimento* etc. foi de extremos reveses nos campos econômico e militar. A década de 1970 apresentou muitos desafios para as políticas interna e externa dos EUA, envolvendo séria crise de sua hegemonia junto ao bloco capitalista, que vinha sendo mantida desde o final da Segunda Guerra.

Naquela conjuntura internacional, a correlação de forças nos organismos internacionais se transformava. Após o acelerado processo de descolonização das décadas de 1960 e 70, transformou-se o quadro de forças das duas potências da Guerra Fria. A chamada "Terceira Força", formada pelos países periféricos – que se constituiu a partir de 1964, com a primeira reunião do *Grupo dos 77*, que em 1985 havia se expandido para cerca de 130 países –, em 1974 lança a ideia da necessidade do estabelecimento de uma Nova Ordem Econômica Internacional (Noei), tanto em organismos do sistema ONU quanto em novos organismos que se fortaleciam, como o Movimento dos Países Não-Alinhados. Logo esses países constataram o grande peso da comunicação e da informação na manutenção ou na transformação das relações internacionais, criando as bases do movimento que passou a lutar por uma Nova Ordem Informativa Internacional (Noii). Era reconhecido um forte desequilíbrio informacional, não apenas quantitativo com relação aos fluxos informacionais internacionais, mas também relativo ao seu controle e apropriação política e econômica.

Obviamente, a implementação das diretrizes indicadas pelos países periféricos implicaria profundas modificações em áreas sensíveis da economia e da política internacionais, atingindo muitos interesses estratégicos de corporações transnacionais e de governos dos países centrais capitalistas. Liderados pelos EUA, esses países apresentavam, como contraproposta de enfrentamento das inegáveis desigualdades informacionais, acordos bilaterais para a implantação de infraestruturas de informação nos países periféricos. Argumentavam pelo *livre fluxo da informação*, contrapondo-a às tentativas de regulamentação dos fluxos informacionais. Tais argumentos não sensibilizaram os integrantes do movimento pela Noii, por considerarem que sua implementação apenas garantiria a continuidade das relações informacionais anteriores, além de reproduzir a dependência tecnológica preexistente. Situamos aí as origens do atual discurso do *livre fluxo da informação* e da *infraestrutura informacional global*, que hoje povoa o discurso da SI.

O órgão que terminou por concentrar a maior parte dos debates internacionais sobre a informação foi a Unesco, que na ONU tem como objetos a comunicação, a informação, a cultura e a educação. Seu grande fórum foi a Comissão MacBride, que investigava a situação mundial da informação e da comunicação. O relatório final e a sua votação cristalizaram as posições em choque. Um dos principais focos da divergência na Unesco era exatamente o sentido da abordagem da informação: mercadoria, propriedade privada ou bem social, produto cultural da humanidade?

Hoje os países centrais inserem os debates sobre os usos das tecnologias de comunicação e informação, assim como a atual *Cúpula Mundial sobre a Sociedade da Informação*, em organismos com "competência técnica" sobre a questão, como a UIT (União Internacional das Comunicações), retirando-os dos organismos com vocação cultural, como a Unesco.

Inicia-se, assim, a luta contra a regulação pública no domínio da cultura. As regulamentações que buscam disciplinar política e economicamente a comunicação e a informação são tratadas como sequelas ideológicas do séc. XIX.

É irônico constatar que a comercialização da cultura e da informação, embutida nos projetos de SI, fundamente sua argumentação no discurso da liberdade de expressão e do livre fluxo da informação.[7]

Sobre a questão educacional, os projetos de Sociedade da Informação são bastante evasivos, mas alguns estudos demonstram a inclinação mercadológica da *industrialização da educação*: educando passa a ser *usuário da formação*, o ensino equivale à *oferta*, o aprendizado equivale à *demanda*. É um *self-service* de formação. Mattelart chama a atenção para os riscos da desconstrução da universidade através da multiplicação dos projetos de megauniversidades virtuais de vocação global.

Listamos alguns problemas, apontados por Mattelart, da utilização acrítica da noção de Sociedade da Informação e sua rede de sentidos:

- ◆ Tal concepção centra-se nas relações técnicas do trabalho, sem considerar a permanência da acumulação capitalista como base para as transformações informacionais, nos mesmos conjuntos de relações de propriedade e controle.
- ◆ A produção e a disseminação da noção deram-se principalmente via *lobby* da indústria de informação: o pós-industrial é sumamente industrial.

- O princípio da autorregulação dos mercados, básico para a noção de livre fluxo informacional, tira a legitimidade da análise, do debate e da formulação de políticas públicas sobre o tema.
- Deixada a cargo da "mão invisível" do mercado, a chamada revolução da informação tenderá a aumentar o fosso entre países e entre classes, e não o oposto.
- A continuidade da possibilidade de **especialistas em educação** das grandes **instituições financeiras** (atentem para esta relação...) promoverem a renovação do difusionismo (etnocêntrico) que fundamentava a ideologia da modernização.
- O simplismo da representação de um Estado abstrato e maléfico, oposto à representação de uma sociedade civil idealizada, espaço livre das trocas entre indivíduos plenamente soberanos, traça indivíduos sem peso social.
- Discurso da obsolescência das formas anteriores de resistência social, quando na verdade estas vêm se misturando com formas inéditas, como as formas de exploração e opressão: os movimentos sociais tradicionais começam a se dar conta de que constituem um arquipélago planetário de resistências.

Mattelart também chama a atenção de que esta questão tem sido tratada de forma estereotipada e não tem recebido a atenção merecida nas prioridades de reflexão e luta das organizações cidadãs. Sobre o tema da Sociedade da Informação tem faltado senso crítico e curiosidade intelectual. É importante proteger os campos do conhecimento e da informação como bens culturais e como parte constitutiva da esfera pública.

É importante que fiquemos atentos à obsolescência programada, promovida não apenas quanto aos nossos equipamentos e máquinas, mas, principalmente, sobre as concepções de mundo, memória e aspirações coletivas.

Bibliografia

BOURDIEU, Pierre. *Contrafogos: táticas para enfrentar a invasão neoliberal*. Rio de Janeiro: Zahar, 1998.

DRAHOS, Peter. Information feudalism in the information society. *The Information Society*, London, v. 11, 1995.

FREITAS, Lídia S. de. A memória polêmica da noção de sociedade da informação e sua relação com a área de informação. *Informação & Sociedade: Estudos*, João Pessoa, v. 12, n. 2, 2002. Disponível em: http://www.informacaoesociedade.ufpb.br/.

_____. A teia dos sentidos: o discurso da Ciência da Informação sobre a atual condição da informação. In: ENCONTRO NACIONAL DE PESQUISA EM CIÊNCIA DA INFORMAÇÃO, 5, 2003, Belo Horizonte. *Encontro Nacional de Pesquisa em Ciência da Informação*. Belo Horizonte: Ancib, 2003. CD-ROM.

HARVEY, David. *A Condição Pós-Moderna*. São Paulo: Loyola, 1992.

MATTELART, Armand. *História da sociedade da informação*. São Paulo: Loyola, 2002.

ROSZAK, Theodore. *O culto da informação*. São Paulo: Brasiliense, 1988.

SCHILLER, Herbert I. *Information and the crisis economy*. Norwood, NJ: Ablex, 1984.

WEBSTER, Frank. What information society? *The Information Society*, London, v.10, n.1, jan./marc. 1994.

Notas

[1] MATTELART, Armand. *História da sociedade da informação*. São Paulo: Loyola, 2002.

[2] *Ibid.* e FREITAS, Lídia S. de. A teia dos sentidos: o discurso da Ciência da Informação sobre a atual condição da informação. In: ENCONTRO NACIONAL DE PESQUISA EM CIÊNCIA DA INFORMAÇÃO, 5, 2003, Belo Horizonte. *Encontro Nacional de Pesquisa em Ciência da Informação*. Belo Horizonte: Ancib, 2003, p. 132-152. CD-ROM.

[3] WEBSTER, Frank. What information society? *The Information Society*, London, v.10, n.1, p. 1-23, jan./marc. 1994.

[4] HARVEY, David. *A Condição Pós-Moderna*. São Paulo: Loyola, 1992; SCHILLER, Herbert I. *Information and the crisis economy*. Norwood, NJ: Ablex, 1984; ROSZAK, Theodore. *O culto da informação*. São Paulo: Brasiliense, 1988.

[5] Cf. BOURDIEU, Pierre. *Contrafogos: táticas para enfrentar a invasão neoliberal*. Rio de Janeiro: Zahar, 1998, p. 43.

[6] FREITAS, Lídia S. de. A memória polêmica da noção de sociedade da informação e sua relação com a área de informação. *Informação & Sociedade: Estudos*, João Pessoa, v. 12, n. 2, 2002. Disponível em: http://www.informacaoesociedade.ufpb.br/.

[7] Cf. DRAHOS, Peter. Information feudalism in the information society. *The Information Society*, London, v. 11, 1995, p. 213.

REFLEXÕES ACERCA DE INFORMAÇÃO, CONHECIMENTO, HISTÓRIA E ENSINO

*Raquel Goulart Barreto**

Este texto é composto por quatro partes. A primeira delas pretende mapear o lugar do dizer, explicitar seus pressupostos e implícitos e, com eles, as suas filiações ideológicas e discursivas. A segunda corresponde a uma tentativa de encaminhar a questão central: o estatuto da expressão "sociedade do conhecimento", no labirinto dos discursos acerca das tecnologias da informação e da comunicação. A terceira parte trata da incorporação educacional destas tecnologias, destacando algumas questões para o ensino na atualidade. Finalmente, a quarta corresponde a uma síntese ilustrativa, representada pelo recurso a um produto da indústria cultural.

1. Pressupostos

A demarcação do lugar do meu dizer inclui, necessariamente, o cruzamento de duas condições. A primeira delas diz respeito ao fato de que não sou professora de História. A segunda se refere ao fato de não ser pós-moderna, de não aceitar o pressuposto do fim da História e, até, de contestar as bases ideológicas que sustentaram a revisão ortográfica que apagou os limites entre estória e história.

Proponho-me a pensar a História, a da luta de classes, nas práticas de linguagem que constituem o ensino, em meio às práticas sociais. Sem esquecer que tem havido cada vez mais espaço para a história em nível micro, histórias de vida, nos movimentos de aproximação das parcelas recortadas do real. Como

---

* Professora da Faculdade de Educação da Universidade do Estado do Rio de Janeiro e pesquisadora do CNPq.

afirma Jameson[1], concebendo o materialismo histórico-dialético como a ciência do capitalismo (tardio), de tal modo que só o fim do último pode remeter ao fim do primeiro.

Proponho-me a pensar as questões postas no título (informação, conhecimento, História e ensino) a partir de uma perspectiva histórico-discursiva, objetivando o discurso como instância histórica da linguagem e pretendendo dar conta das relações entre os sentidos e as mudanças sociais.[2]

Parto do pressuposto de que as questões aqui postas são indissociáveis das centradas nos sentidos de que as tecnologias da informação e da comunicação (TIC) têm sido investidas, uma vez assumidas como "origem" de mudanças nas práticas sociais, como se não fossem, também elas, produzidas no interior destas relações. Em outras palavras, proponho-me a pensar os deslocamentos operados para que estas tecnologias sejam postas no centro da "cena pós-moderna", enquanto a sociedade do trabalho parece banida das reflexões teóricas.[3]

2. Que sociedade é essa?

Cedendo a palavra a Paul Virilio:

> Depois do "fim da História" prematuramente anunciado por Francis Fukuyama há alguns anos, o que se revela aqui é o engodo do "fim do espaço" de *um pequeno planeta suspenso no éter eletrônico de nossos modernos meios de telecomunicação* [...] Na falta de um "fim da História", assistimos ao fim da Geografia.[4] (grifos meus)

Diante desta provocação, cabe a pergunta: o que é a sociedade informática[5], a sociedade da informação[6], a sociedade do conhecimento, apontando para um passo além da informação? Será uma dessas variações um conceito explicativo da realidade? Ou será uma construção ideológica semelhante à da globalização?

Em que termos esta noção ou suposto conceito reflete ou mesmo refrata o real? Se na também suposta passagem da modernidade à pós-modernidade, o projeto iluminista é abandonado, de que modos é possível lidar com as cintilações do visível, de que fala Deleuze[7] sobre Foucault, na caracterização da história do presente?

No ciberespaço, segundo Pierre Lévy, o processo de mutação é tão forte que parece não dar lugar para o passado ou história, apontando apenas para o futuro.[8] O que um historiador diria diante disso? Recorro a Peter Burke, em sua recente visita ao Brasil, para o lançamento do livro *Uma história social da mídia*. Arguído acerca da "ciber-revolução", ele afirmou que existem duas maneiras de interpretá-la:

A primeira é considerá-la uma verdadeira revolução, que marca o início de uma nova era, que chamamos, por conveniência, de "pós-modernidade". A segunda é entendê-la como uma combinação da revolução eletrônica, que passou por diversos estágios desde 1844. Então não deveríamos chamar a era que estamos vivendo de pós-modernidade, mas, sim, como os franceses dizem, de *surmodernité* – supermodernidade, se você gosta dela, ou sobremodernidade, se você a odeia. Como historiador, eu acredito que levará alguns anos, ou mesmo décadas, até termos certeza de que se trata de uma etapa realmente nova, de forma que eu ainda não decidi qual das duas interpretações é a mais plausível.[9]

Nas tentativas de aproximação dos modos de apropriação social das TIC, a tendência do recurso à metáfora tem sido constante. Do ponto de vista do conhecimento, as metáforas da árvore e da rede são chave. A "cartografia" atual quer ultrapassar a condição de decalque, de modo a mapear os elementos sem descolá-los, mantendo as múltiplas ligações entre eles. A lógica do pensamento rizomático, em "platôs", tem como desdobramento, sem pretender uma ironia, a Internet como representação atual da tecnologia da inteligência na sociedade da informação.

Nesse labirinto metafórico, quero retomar um texto que procura mapear as questões aqui tematizadas pelo caminho da metáfora.[10] No momento e para este tema, o recurso imagético é especialmente oportuno, porque permite dimensionar os diferentes modos de apropriação da imagem como prática significante socialmente desenvolvida. No limite, demarca a dinâmica do trabalho simbólico e a armadilha da simplificação icônica, que, por sua vez, tem sido recorrente nos modos de aproximação das novas tecnologias.

A imagem do mapa é fundamental: clássica, romântica e sedutora. Indicações que, minimalizando a infinitude, remetem à possibilidade de contato com a própria, o acesso a todos os lugares, reais e virtuais, pontos tão específicos quanto longínquos. Mapas situam, representam caminhos, estabelecem ordenações, dão conta dos traçados, indicam saídas (*windows*?), "resolvem" enigmas. Um enigma nos "mares nunca dantes navegados" do soneto de Camões. Um outro, no dito popular que Fernando Pessoa usou como epígrafe: "Navegar é preciso. Viver não é preciso". Dito cantado por Chico Buarque e Caetano Veloso. De qualquer modo, enigma. Para os mares por onde os homens ainda não ousaram, não há cartas de navegação. Essas só registram os riscos de outros bordados, menos arriscados. Para ir além, é preciso aprender outras possibilidades no próprio percurso. Na vida, os mapas só se podem referir a outros viveres e seus discursos. Porque viver é mesmo muito impreciso e os mapas nunca correspondem ao universo representado.

A navegação está posta como a metáfora chave na utilização da tecnologia informática. Segundo Machado: "O processo de leitura é designado pela metáfora bastante pertinente da navegação, pois se trata realmente de 'navegar' ao longo de um imenso mar de textos que se superpõem e se tangenciam."[11]

No caso, o mar, "nunca dantes navegado", dá conta de outra metáfora: o hipertexto, feito de remissões e diálogos potenciais.

A metáfora do hipertexto dá conta da estrutura indefinidamente recursiva do sentido, pois já que ele conecta palavras e frases cujos significados remetem-se uns aos outros, dialogam e ecoam mutuamente para além da linearidade do discurso, um texto já é sempre um hipertexto, uma rede de associações.[12]

Cabe assinalar que, nas ondas do hipertexto, o autor como que tangencia a questão da intertextualidade, mas a ela, entretanto, superpõe a suposta linearidade discursiva. Os textos não parecem favorecer a gestação de outros. Não mantêm relações dialógicas. A rede que os sustenta estaria, também segundo Lévy, restrita à superfície, em um dilúvio sem fim:

> Aquilo que Einstein chamou de bomba das telecomunicações foi chamado, por meu amigo Roy Ascott (um dos pioneiros e principais teóricos da arte em rede), de "segundo dilúvio", o das informações. [...] A arca não repousará no topo do monte Ararat. O segundo dilúvio não terá fim. Não há nenhum fundo sólido sob o oceano das informações. [...] Estas arcas estarão eternamente à deriva na superfície das águas.[13]

No deslocamento do mar para o "oceano das informações", duas perdições podem ser identificadas: (1) o limite: a superfície; e (2) a condição eternizada: à deriva. É o fim da História (com H maiúsculo). Resta a navegação ou o surf. E a impossibilidade de mergulhar. Se os "pós-modernos", sobreviventes ao naufrágio da História, não podem ir além da superfície das águas, sequer podem ser considerados náufragos.

Cabe a tentativa de mapear as respostas que têm sido dadas em nível de política educacional. Sem dúvida, cabe remeter este enredo de pontuações à fabulação de um projeto coletivo de ensinar e aprender que, sem se sujeitar à lógica da "deriva", possa ir muito além da superfície.

3. As questões do ensino

Para introduzir as questões relativas ao ensino, é importante pontuar os modos pelos quais as tecnologias da informação e da comunicação aparecem representadas nas *Diretrizes Curriculares Nacionais para a Formação de Professores da Educação Básica, em nível superior, curso de licenciatura, de graduação plena. Parecer CNE/CP 009/2001* (www.mec.gov.br/cne/pdf/009.pdf).

Um movimento enfatizado nas Diretrizes diz respeito à incorporação educacional das TIC. Ainda no diagnóstico, é dito que: "O avanço e a disseminação das tecnologias da informação e da comunicação estão impactando as formas de convivência social, de organização do trabalho e do exercício da cidadania".[14] E este impacto, metáfora repudiada por Lévy na concepção da *cibercultura*[15], é "traduzido" pelo documento nos seguintes termos:

> Com relação ao mundo do trabalho, *sabe-se* que um dos fatores de produção decisivo passa a ser o conhecimento e o controle do meio técnico-científico-informacional, reorganizando o poder advindo da posse do capital, da terra ou da mão de obra.[16] (grifo nosso)

Do ponto de vista discursivo, é importante sublinhar a indeterminação do sujeito de "sabe-se": quem sabe? É sabido por todos? Quem não sabe? Quem não sabe, devia saber? O exame do objeto, a "ser sabido", permite verificar a filiação ideológica do documento que, por alguma razão, omite a fórmula da chamada "sociedade do conhecimento" (ou da informação), mesmo trabalhando com os elementos que a constituem.

O professor deve saber, no sentido de conhecer e *controlar* (o termo é fundamental) o "meio técnico-científico-informacional", acompanhando o movimento da "diversificação dos espaços educacionais [que passam a incluir] a televisão e os meios de comunicação de massa em geral, as tecnologias, o espaço da produção, o campo científico e o da vivência social"[17], "em tempos e espaços nunca antes imaginados"[18].

A perspectiva hegemônica – e discursivamente, ideologia é hegemonia de sentido – é a de que vivemos em um mar de informações, sejamos náufragos ou estejamos à deriva. As informações estão disponíveis, o conhecimento pode ser (re)construído a cada onda desta "democratização" sem fim. Daí a importância de uma fala de Boaventura Sousa Santos:

> Um dos paradoxos da sociedade de informação é que, quanto mais vasta é a informação potencialmente disponível, mais seletiva é a informação efetivamente posta à disposição dos cidadãos. E, como nesse tipo de sociedade o exercício ativo da cidadania depende mais do que nunca da informação que o sustenta, a luta democrática mais importante é a luta pela democratização dos critérios da seleção da informação.[19]

Ainda em relação às Diretrizes citadas, uma observação específica acerca da incorporação das TIC pode ser bastante esclarecedora:

> Urge, pois, inserir as diversas tecnologias da informação e das comunicações no desenvolvimento dos cursos de formação de professores, preparando-os para a finalidade mais nobre da educação escolar: a gestão e a definição de referências éticas, científicas e estéticas para a troca e negociação de sentido, que acontece especialmente na interação e no trabalho escolar coletivo. Gerir e referir o sentido será o mais importante e o professor precisará aprender a fazê-lo em ambientes reais e virtuais.[20]

É possível a incorporação das TIC como modernização conservadora. No caso, é possível abraçar a multimídia para submetê-la à legitimação da univocidade. Reforçar a ideia de um único sentido, supostamente verdadeiro, e ir além, submetendo a sua circulação à "gerência" do professor. É a "comodificação"[21], com o discurso empresarial invadindo o pedagógico. De novo, e ao mesmo tempo "de velho", são as comunicações plurais cedendo lugar à informação singular. É reprodução dos sentidos hegemônicos, indo de encontro aos valores proclamados nas Diretrizes, especialmente no que tange à leitura crítica esperada dos alunos.

4. Que história é essa?

Em busca de uma síntese, proponho a reflexão sobre as leituras possíveis de um produto da indústria cultural. Trata-se do primeiro episódio da série *Cidade dos Homens*, intitulado "A coroa do Imperador", roteirizado por César Charlone, Fernando Meirelles e Jorge Furtado, com Darlan Cunha e Douglas Silva.

O episódio começa com uma aula de História, em que a professora, mesmo respaldada por recursos audiovisuais, tenta, aparentemente sem êxito, abordar a vinda da Corte Portuguesa para o Brasil. Fala das guerras napoleônicas como um processo que não teria quaisquer conexões com a vida cotidiana dos alunos de uma escola pública situada em uma favela carioca. Fala sem ser ouvida e ouve perguntas que, considerando impertinentes, se recusa a responder. Chega à exasperação, mas termina a sua aula com a proposta de uma visita ao Museu Imperial. Os alunos se agitam mais e ela parece ser salva pelo gongo: a campainha indicativa do término da aula.

Na aula seguinte, ou no outro *round*, dá o aviso de teste oral sobre a matéria, posto como condição para a realização do passeio. Na aula do teste, entrando na sala agitada por uma guerra de bolinhas e chocada com o fato de que os alunos não sabem a "matéria dada", a professora decreta o fim do passeio. Em meio à revolta e ao desânimo, um aluno (Acerola) resolve aceitar o desafio de falar da "matéria". Vai para o quadro e, diante do mapa da Europa, a "traduz" como luta pelo poder entre os traficantes, vivenciada no cotidiano. A professora a princípio parece surpresa com as analogias, mas aceita a tradução com entusiasmo. Em seguida, enquanto seu discurso verbal continua centrado na vinda da Família Real para o Brasil, os *slides* mostram cenas da guerra no entorno da escola. Os alunos se interessam, compreendem e vão ao passeio.

São duas aulas e uma grande provocação em termos de informação e conhecimento. É a representação que põe em xeque o discurso pedagógico restrito à dimensão técnica do ensino, descolado das condições históricas e situacionais da sua produção.

Bibliografia

ANTUNES, Ricardo. *Os sentidos do trabalho: ensaio sobre a afirmação e a negação do trabalho*. São Paulo: Boitempo, 1999.

BARRETO, Raquel Goulart. Novas tecnologias e implicações na formação do leitor--professor. In: MARINHO, M. *Ler e navegar: espaços e percursos da leitura*. Campinas, SP: Mercado de Letras: Associação de Leitura do Brasil, 2001.

_____. *Formação de professores, tecnologias e linguagens: mapeando novos e velhos (des)encontros*. São Paulo: Loyola, 2002.

_____. Globalização, mídia e escola: luzes no labirinto audiovisual. *Comunicar*, Andalucía, n. 22, mar. 2004.

BURKE, Peter. Quando o novo e o velho coexistem. *O Globo*, Rio de Janeiro, 23 de junho de 2004, Segundo Caderno, p. 4.

DELEUZE, Gilles. Michel Foucault. In: _____. *Conversações – 1972-1990*. Rio de Janeiro: Ed. 34, 1992.

FAIRCLOUGH, Norman. *Discurso e mudança social*. Brasília: Editora da UNB, 2001.

JAMESON, Fredric. *Espaço e imagem: teorias do pós-moderno e ouros ensaios*. Rio de Janeiro: Editora da UFRJ, 1995.

LÉVY, P. *As tecnologias da inteligência*. Rio de Janeiro: Editora 34, 1993.

_____. *Cibercultura*. Rio de Janeiro: Editora 34, 1999.

MACHADO, A. Formas expressivas da contemporaneidade. In: PEREIRA, C. A. P. & FAUSTO NETO, A. (orgs.). *Comunicação e cultura contemporâneas*. Rio de Janeiro: Notrya, 1993.

SANTOS, Boaventura de Sousa. Economia de cassino. *Folha de São Paulo*. São Paulo, 15 de março de 1998.

SCHAFF, A. *A sociedade informática: as consequências sociais da segunda revolução industrial*. São Paulo: Editora da Unesp: Brasiliense, 1995.

VIRILIO, P. *A bomba informática*. São Paulo: Editora Estação Liberdade, 1999.

Notas

[1] JAMESON, Fredric. *Espaço e imagem: teorias do pós-moderno e ouros ensaios*. Rio de Janeiro: Editora da UFRJ, 1995.

[2] FAIRCLOUGH, Norman. *Discurso e mudança social*. Brasília: Editora da UNB, 2001.

[3] ANTUNES, Ricardo. *Os sentidos do trabalho: ensaio sobre a afirmação e a negação do trabalho*. São Paulo: Boitempo, 1999.

[4] VIRILIO, P. *A bomba informática*. São Paulo: Editora Estação Liberdade, 1999, p. 15-17.

[5] SCHAFF, A. *A sociedade informática: as consequências sociais da segunda revolução industrial*. São Paulo: Editora da UNESP: Brasiliense, 1995.

[6] SANTOS, Boaventura de Sousa. Economia de cassino. *Folha de S. Paulo*. São Paulo, 15 de março de 1998, p. 8.

[7] DELEUZE, Gilles. Michel Foucault. In: _____. *Conversações – 1972-1990*. Rio de Janeiro: Ed. 34, 1992.

[8] LÉVY, P. *As tecnologias da inteligência*. Rio de Janeiro: Editora 34, 1993.

[9] BURKE, Peter. Quando o novo e o velho coexistem. *O Globo*, Rio de Janeiro, 23 de junho de 2004, Segundo Caderno, p. 4.

[10] BARRETO, Raquel Goulart. Novas tecnologias e implicações na formação do leitor--professor. In: MARINHO, M. *Ler e navegar: espaços e percursos da leitura*. Campinas, SP: Mercado de Letras: Associação de Leitura do Brasil, 2001.

[11] MACHADO, A. Formas expressivas da contemporaneidade. In: PEREIRA, C. A. P. & FAUSTO NETO, A. (orgs.). *Comunicação e cultura contemporâneas*. Rio de Janeiro: Notrya, 1993, p. 206.

[12] LÉVY, P. *Op. cit.*, p. 73.

[13] Idem. *Cibercultura*. Rio de Janeiro: Editora 34, 1999, p. 13-15.

[14] BRASIL. MEC. *Diretrizes Curriculares Nacionais para a Formação de Professores da Educação Básica, em nível superior, curso de licenciatura, de graduação plena, Parecer CNE/CP 009/2001*, p. 3-4. (www.mec.gov.br/cne/pdf/009.pdf)

[15] LÉVY, P. *Cibercultura... op. cit.*, p. 21.
[16] BRASIL. MEC. *Diretrizes... op. cit.*, p. 9.
[17] *Ibid.*, p. 18.
[18] *Ibid.*, p. 25.
[19] SANTOS, Boaventura Sousa. Op. cit., p. 8.
[20] BRASIL. MEC. Diretrizes... op. cit., p. 25.
[21] FAIRCLOUGH, Norman. Op. cit.

Características deste livro:
Formato: 15,5 x 23,0 cm
Mancha: 11,6 x 18,4 cm
Tipologia: Times New Roman 10,2/13,6
Papel: Ofsete 75g/m² (miolo)
Cartão Supremo 250g/m² (capa)
1ª edição: 2007
2ª edição: 2009
3ª edição: 2012

*Para saber mais sobre nossos títulos e autores,
visite o nosso site:*
www.mauad.com.br